社交媒体场域下两岸同胞亲情关系的数字再造与现实、2027.06，课题编号：25NDJC061YBM，2025 年度浙江省哲学社会科学规划常规课题成果。

社交媒体传播视域下两岸同胞群体认同实现路径研究，2023.09—2025.09，课题编号：2024N104，2024 年度浙江省社科联研究课题、浙江省社会科学界联合会研究课题成果。

新媒体时代社交媒体对人际关系的数字重塑与多维影响

章　磊◎著

中国商务出版社

·北京·

图书在版编目（CIP）数据

新媒体时代社交媒体对人际关系的数字重塑与多维影
响／章磊著. -- 北京：中国商务出版社，2025.3.
ISBN 978-7-5103-5609-4

Ⅰ. G206.2；C912.11

中国国家版本馆 CIP 数据核字第 2025M2Z862 号

新媒体时代社交媒体对人际关系的数字重塑与多维影响

章　磊◎著

出版发行：中国商务出版社有限公司
地　　址：北京市东城区安定门外大街东后巷 28 号　邮　　编：100710
网　　址：http://www.cctpress.com
联系电话：010—64515150（发行部）　　010—64212247（总编室）
　　　　　010—64515164（事业部）　　010—64248236（印制部）
责任编辑：丁海春
排　　版：北京天逸合文化有限公司
印　　刷：宝蕾元仁浩（天津）印刷有限公司
开　　本：710 毫米×1000 毫米　1/16
印　　张：16.5　　　　　　　　　　字　　数：262 千字
版　　次：2025 年 3 月第 1 版　　　印　　次：2025 年 3 月第 1 次印刷
书　　号：ISBN 978-7-5103-5609-4
定　　价：79.00 元

前　言

　　本书聚焦新媒体时代社交媒体对人际关系的重塑与影响，深入且系统地展开剖析。第一章深入剖析社交媒体与人际关系的基础理论，从社交媒体平台的构成要素到传统人际关系的基本方面，再到人际关系网络的初始形成与社交行为驱动因素，为后续论述奠定根基。第二章探讨社交媒体信息传播在内容、速度、范围以及失真问题上对人际关系的深度塑造，展现其多元效应。第三章聚焦互动方式对人际关系的重构作用，详细阐述点赞评论、分享转发、私信交流和群组互动如何重构人际关系。第四章探讨社交媒体中的人际关系网络结构，分析其核心节点、强弱关系、网络层次与密度的变化机制。第五章从情感维度揭示社交媒体中情感表达、共鸣激发、距离调控及冲突处理方式。第六章探讨社交媒体中人际关系信任构建与危机，梳理从建立条件到危机根源及修复策略的全过程。第七章深入研究了社交资本的积累、运用、竞争与风险防范。第八章着眼于未来，探讨技术演进、社会文化变迁、用户行为改变以及行业规范治理对社交媒体人际关系的潜在走向影响，全面且系统地展现这一领域的复杂图景，为读者理解新媒体时代人际关系的新态势提供深度洞察与理论支撑。

作　者

2025. 1

目　录

第一章　社交媒体与人际关系的基础理论剖析 / 001

　　第一节　社交媒体平台的基础构成 / 003

　　第二节　传统人际关系的基本要素 / 010

　　第三节　人际关系初始网络的形成 / 018

　　第四节　社交行为的基础驱动因素 / 025

第二章　社交媒体信息传播对人际关系的深度影响 / 033

　　第一节　信息内容的多维效应 / 035

　　第二节　传播速度与关系节奏 / 042

　　第三节　传播范围与关系拓展 / 049

　　第四节　信息失真与关系信任 / 056

第三章　社交媒体互动方式对人际关系的重塑作用 / 065

　　第一节　点赞评论的关系反馈 / 067

　　第二节　分享转发的社交扩散 / 074

　　第三节　私信交流的私密维系 / 082

　　第四节　群组互动的群体动力 / 089

第四章　社交媒体对人际关系网络结构的改变 / 097

　　第一节　核心节点与关系中心性 / 099

　　第二节　强弱关系的转化与平衡　／ 107

　　第三节　网络层次与关系分层　／ 114

　　第四节　网络密度与关系紧密程度　／ 121

第五章　社交媒体对人际关系情感维度的作用　／ 131

　　第一节　情感表达的新形式　／ 133

　　第二节　情感共鸣的激发机制　／ 140

　　第三节　情感距离的调控因素　／ 145

　　第四节　情感冲突的处理方式　／ 153

第六章　社交媒体中的人际关系信任构建与危机　／ 161

　　第一节　信任建立的基础条件　／ 163

　　第二节　信任发展的动态过程　／ 170

　　第三节　信任危机的根源剖析　／ 177

　　第四节　信任修复的策略方法　／ 185

第七章　社交媒体对人际关系社交资本的影响　／ 195

　　第一节　社交资本的积累途径　／ 197

　　第二节　社交资本的运用策略　／ 204

　　第三节　社交资本的竞争态势　／ 211

　　第四节　社交资本的风险防范　／ 218

第八章　社交媒体与人际关系的未来发展展望　／ 227

　　第一节　技术演进的潜在影响　／ 229

　　第二节　社会文化变迁的作用　／ 236

　　第三节　用户行为变化的趋势　／ 243

　　第四节　行业规范与治理　／ 250

参考文献　／ 257

第一章
社交媒体与人际关系的基础理论剖析

第一节　社交媒体平台的基础构成

一、平台类型与功能分布

社交媒体平台具有丰富性和多样性的特点，不同种类平台的功能分布各有偏重，满足了用户的多样化社交需求。Facebook、微信等社交网络类平台的核心是人际关系网络的构建与维系。用户可通过添加好友这个功能来建立属于自己的社交圈子并覆盖亲人、好友、同事及其他各类联系人。微信还有通讯录功能，便于用户对朋友进行管理，并以分组和备注的形式，明确地区分各种关系群体。与此同时，此类平台还具有较强的信息共享功能，使用者可以发布文字、图片和视频，交流生活点滴和观点见解。以 Facebook 个人动态页面为例，用户可以通过发布状态更新来展现生活时刻，朋友们可以在页面下通过点赞、留言、分享等互动方式，实现社交网络上的信息传播和沟通。从群组功能来看，社交网络类平台为用户建立或者添加不同话题的群组提供了支持，例如兴趣小组、校友群和工作群。微信群组给了会员一个集中交流、便于特定人群交流协作、共享群组主题有关信息的场所。微博客类平台是微博的典型代表，它的功能集中在信息快速发布和广泛扩散两个方面。微博关注功能可以让用户关注到自己感兴趣的明星、媒体、组织等账号并获得多元化信息来源。比如用户可关注知名作家并随时掌握他们的新书发布和创作心得的动态；关注新闻媒体账号可以获取海内外时事新闻。微博转发功能对信息传播至关重要，用户可一键将自己感兴趣的信息转发出去，从而快速传播信息。一条火爆微博，几小时之内也许就能转发上千条，实现信息裂变式扩散。话题功能是微博的另一个显著特点，允许用户参与各种话题的讨论，通过发布话题内容，使更多关注该话题的人可以看到自己的观点，从而形成大规模的公众讨论。比如微博中流行的社会话题就吸引了大量用户参与讨论进而引起社会关注。短视频类平台如抖音、快手等，以短视频内容创作和分享为主。视频拍摄和编辑功能给使用者提供了大量创作工具，能够方便使用者拍摄短视频和通过增加特效、滤镜和音乐来编辑和生成个性化内容。比如抖音特效功能丰富多彩，用户可使用多种创意特效拍出趣味视频。推荐算法在短视频类平台中具有核心作用，该算法根据用户的观看历史、点赞和评论行为数据准确地分析出用户感兴趣的内容并推送满足用户偏好的短视频。这样用户就可以很快找到自己感兴趣的东西，提高了用户与平台之间的黏性。同时，短视频类平台的互动功能也十分活跃，用户可以在视频下方进行点赞、评论、分享，创作者与用户之间还可以通过私信等方式进行互动交流，形成良好的社交氛围。即时通信类平台，例如 WhatsApp、QQ 等，其主要作用在于提供信息即时交流。文字、语音、视频聊天等功能，满足了用户在各种场景中交流的需要。工作场景下的用户可通过 QQ 实现文字沟通和工作信息的迅速传递；与远方亲友的沟通中，语音、视频聊天功能可以实现面对面的沟通体验。文件传输功能为用户共享各种文档提供了便利，不管是工作文档、照片或者视频等都可以迅速地发送到彼此的手中。以工作群为例，用户可通过 QQ 迅速发送项目文件便于团队成员合作。另外，即时通信类平台也有部分社交拓展功能，比如 QQ 空间用户可发表说说和日志来展现个人生活和朋友交流。社交媒体平台种类丰富，且不同种类的平台功能分布各具特点。社交网络类侧重于人际关系维护和信息分享；微博客类注重信息的快速传播和大众的讨论；短视频类主要为内容创作和个性化推荐；即时通信类侧重于即时沟通，同时具备一定的社交拓展功能。这些不同种类的平台满足着用户社交、信息获取和内容创作的诸多需求，并共同构建起一个丰富多彩的社会媒体生态。

二、用户界面与操作逻辑

社交媒体平台用户界面及操作逻辑是用户和平台功能之间的一座桥梁，在提升用户体验及平台使用效率方面发挥着至关重要的作用。不同种类的社交媒体平台在用户界面设计和操作逻辑等方面既存在相通之处又各有特色，从而适配各自核心功能和目标用户群体。Facebook、微信等社交网络类平台的用户界面设计强调简洁、直观，操作逻辑以人际关系管理、信息分享为核心。以微信为例，在其界面最下面的菜单栏里有"通讯录""发现""我"几大版块。"通讯录"以列表的方式显示朋友，便于用户查找和管理。用户可以在搜索栏中迅速定位到具体的联系人，单击进入聊天窗口就可以启动会话。这一操作逻辑与用户每天寻找并与其他人接触的习惯是一致的。"发现"版块集朋友圈、小程序、摇一摇功能入口于一体。朋友圈作为一个重要的信息分享窗口，使用者可以通过首页往下滑动来浏览好友的动态，而点击右上角的相机图标则可以迅速地发布文字、照片或者视频内容。发布方法简单，使用者可以增加文字描述，在定位信息的同时，也可以设定可见的范围，操作流程一目了然。"我"这一板块主要负责个人信息的管理和配置，涵盖了头像、昵称、钱包以及其他相关设置。用户通过单击即可进入相应的设置页面中，修改个人信息或者调整平台功能设定，其操作逻辑与用户个人信息管理认知一致。微博客类平台以微博为例，用户界面强调信息的传播和互动功能。首页以时间轴的方式出现，按发布时间的先后顺序显示用户所关注的微博内容。顶部搜索栏，便于用户寻找自己关心的主题、用户或者内容。用户单击搜索结果，就可以访问对应的网页。微博在操作逻辑上注重快速浏览和发布信息。用户在浏览微博过程中，可以在屏幕上快捷地看到多个内容，对于有兴趣的微博可以一键点赞、评论或者转发。转发功能的设计简单明了，使用者点击转发按钮就可以选择直接进行转发或者在加入评论之后转发，使消息可以快速地传播。话题功能操作起来也非常方便，用户发布内容的时候带着具体的话题标签或者点击话题标签访问话题页面就可以参与到话题讨论中来。这一操作逻辑促使使用者广泛地参与到信息传播和讨论中，从而形成了信息的大范围互动。短视频类的平台，例如抖音和快手，其用户界面设计主要集中在视频内容的展示和创作上。开启抖音默认竖屏视频播放界面，竖屏的显示方式与手机的操作相适应，用户在屏幕上上下左右滑动就可以进行视频切换。视频播放界面简单明了，用户可以在下方寻找点赞和评论以及分享的互动按钮，简单易用。对创作者来说，点"+"键就可以进入拍摄界面了。拍摄界面上提供了大量的拍摄模式及特效功能，使用者可以根据自己的需要选择拍摄时长、拍摄速度并加入特效、滤镜及音乐等。拍完之后，也可以简单地编辑一下视频，比如裁剪和拼接。整个创作操作流程简单明朗，就新手都可以很快上手并生成个性化短视频。同时推荐算法对操作逻辑起到了至关重要的作用，平台会根据用户观看行为准确地推送用户可能关心的视频，让用户不断地找到自己关心的东西，提高了用户在平台的驻留时间。即时通信类平台，例如 WhatsApp、QQ 等，用户界面注重交流的便捷性和高效性。以 QQ 为例，聊天界面简洁清晰，将用户和联系人之间的交谈用气泡的方式展现出来，便于观看交流内容。上方的菜单栏可以实现语音通话、视频通话和文件传输。对于群组聊天功能来说，群聊界面的操作也是非常方便的，用户能够很容易地发出文字、语音、照片等消息，也能够将文档上传到群文件里进行下载，便于团队协作。另外，QQ 空间具备社交拓展功能，用户可以通过主界面进行点击访问。在 QQ 空间里，用户可发表说说、日志和图片来展现个人生活。其他的用户可以在下面进行点赞、评论等互动，操作逻辑和社交网络类平台的信息分享和互动相似，这使得用户可以在即时通信的基础上，进行更加丰富的社交活动。社交媒体平台用户界面和操作逻辑紧紧围绕核心功能设计。社交网络类强调人际关系管理和信息分享便捷性；微博客类凸显了信息传播和交互的高效性；短视频类重点关注视频内容呈现和创作易用性问题；即时通信类注重交流的及时性和高效性。这些设计特点及操作逻辑满足了不同场景中用户的社交需求，改善了用户体验，推动了社交媒体平台的广泛使用和发展。通过对用户界面和操作逻辑的持续优化，社交媒体平台可以较好地满足市场竞争和用户越来越多样化的诉求，从而促进社交媒体生态蓬勃发展。

三、数据存储与安全机制

社交媒体平台数据存储和安全机制，是平台平稳运行、用户信息安全和社交生态良性发展的关键。在用户数量持续增加、数据量爆发式累积的今天，有效的数据存储和严格的安全机制是社交媒体平台持续发展的基石。从数据存储角度来看，社交媒体平台正面临大量数据存储带来的挑战。以 Facebook 为例，它有几十亿的用户，一天所产生的数据量异常大，覆盖了用户个人信息、发布内容、互动记录以及其他类型的数据。为高效地存储此类数据，该平台一般使用分布式存储系统。分布式存储是把数据分散存储到若干个服务器节点中，采用冗余备份的方式提高了数据存储的可靠性。以谷歌的分布式文件系统（GFS）为例，它为谷歌下属的各种服务，包括与社交媒体相关的数据，奠定了坚实的存储基础。该存储方式既可以应对海量数据的存储要求，又可以通过负载均衡来改善存储系统性能，保证用户上传、下载及存取数据时能得到迅速响应。数据库管理在数据存储中同样起着重要作用，社交媒体平台上数据呈现多样化特征，其中包含了用户注册信息等结构化数据，非结构化数据如用户发布的图片、视频，以及半结构化数据如用户的动态文本。为对不同种类的数据进行管理，该平台通常使用各种数据库组合。关系型数据库，例如 MySQL，非常适合存储结构化的数据，可以轻松地进行数据查询、更新和事务处理。如用户好友关系、群组信息都可存入关系型数据库，方便复杂关联查询。对非结构化、半结构化的数据来说，MongoDB 等非关系型数据库是比较合适的。MongoDB 可以对多种格式数据进行灵活存储与处理，扩展性强。以微博为例，用户所发布的微博内容包括文字、图片、视频等形式，利用 MongoDB 能够对这些数据进行有效的存储与检索。数据存储中也涉及数据分层存储策略问题，社交媒体平台为提高数据访问效率一般会把数据分为热、温、冷三类。热数据指的是用户频繁访问的信息，例如用户近期发布的内容或好友的最新动态等，这些信息会被储存在高性能的存储设备上，例如固态硬盘（SSD），以保证读取速度的快速提升。温数据就是用户访问频率比较低的信息，有可能保存到普通硬盘中。冷数据是很少被访问的数据，例如用户很久以前发布的内容，这种数据可以存储在成本较低的存储介质上，例如磁带库。该分层存储策略不仅可以满足用户快速获取常用数据的要求，还可以减少存储成本，同时保证数据的可用性。从安全机制上看，用户的身份验证是首道防线。社交媒体平台一般使用多种身份验证的方法，例如用户名密码组合、短信验证码和第三方登录。以微信为例，用户可通过手机号注册和短信验证码验证自己的身份，还可选择用 QQ、微信等第三方账户登陆。多样化身份验证方式不仅便于用户登陆，还能增强账号安全性。与此同时，为避免暴力破解密码现象，该平台还设定了密码强度要求和限制登录尝试的次数。若短期内出现多次错误登录尝试，系统将临时锁定账号并要求用户认证后方可解锁。数据加密作为用户数据安全保护的核心机制之一，社交媒体平台在数据传输时使用加密协议，例如 SSL/TLS 协议等，加密用户数据，保证数据不会在网络传输时被盗用和篡改。比如，用户通过 Facebook 发布动态后，在将数据由用户设备传送至 Facebook 服务器过程中会进行加密，而只有接收者所在服务器才能对其进行解密和正确读取。平台还对存储阶段的敏感数据进行加密存储。对用户个人信息，聊天记录以及其他重要数据都使用了对称或非对称加密算法，只有被授权用户或者系统组件才可以对其进行解密和存取。访问控制机制保证了只有授权用户及系统组件才能对对应数据进行访问，社交媒体平台采用用户角色及权限管理的方式进行访问控制。比如普通用户仅能获取其个人信息、好友动态及其他相关资料，平台管理员权限较大，可以实现系统配置和数据备份。对不同种类的数据还设定了不同访问权限。如用户所发朋友圈的内容可设定公开、只让朋友看到、让某些人看到等不同权限，只有满足权限设定的用户才可获取相应的内容。

四、技术更新与迭代路径

社交媒体平台的不断发展，有赖于技术的更新和迭代，而这一过程中涉及很多层次的改变和优化，以满足用户需求、适应市场竞争和技术发展趋势。

从硬件设施上看，提高服务器性能是基本保障。早期的社交媒体平台用户数量有限，一般服务器就可以满足数据存储和处理的需要。但是在用户数量成倍增加的情况下，海量数据存储和快速处理成了一个棘手问题。比如Facebook 发展之初数据量比较少，使用常规服务器架构就足够支持。不过现在它已经有几十亿的用户了，每天都会产生巨大的数据量。为了迎接这一挑战，Facebook 对服务器硬件进行了持续升级，使用了高性能多核处理器、大容量内存和高速存储设备。这些硬件升级使服务器可以迅速地对用户请求进行处理，例如发布内容、浏览动态和搜索信息等，大大提高了平台的响应速度并确保用户有一个顺畅的体验。完善网络基础设施也是重中之重，再加上5G 的推广，社交媒体平台又有了一个全新的契机。与 4G 网络相比，5G 拥有高速率、低延迟、大连接等特性。这使用户上传高清视频、照片等大文件的速度更快。以抖音为例，5G 环境中用户所拍高清短视频可以瞬间上传到平台上，而浏览别人视频时几乎不需要加载等待时间即可实现无缝切换。另外，5G 的强大连接能力使得更多的设备可以同时接入网络，这为社交媒体平台拓展到更多的智能设备，例如智能手表、智能家居设备等，进一步拓展社交媒体应用场景。软件层面更新迭代也很显著，操作系统适配和优化至关重要。社交媒体平台要求与多种操作系统保持较好的兼容性，其中主要有主流 Windows、MacOS、iOS、Android。以微信为例，开发团队根据不同操作系统特点进行优化。在 iOS 系统中，微信充分发挥流畅动画效果、简洁交互设计理念等优势，给用户带来一个美观、使用方便的界面；在 Android 系统中，鉴于其设备的多样性与开放性，微信重点对内存管理与稳定性进行优化，以保证在多种配置的 Android 设备中能够稳定工作。与此同时，社交媒体平台上的应用也在不断地升级功能。新增功能满足了用户多样化需求，比如微信上线的小程序功能不需要下载和安装就可以使用多种应用，给用户带来便捷的服务体验。另外，该软件界面设计不断完善，力求更简洁、更直观、更美观，从而增强用户视觉体验及操作便利性。算法作为社交媒体平台中的核心竞争力，算法的完善和迭代对平台发展具有重要意义。对推荐算法进行优化是关键。早期社交媒体平台上推荐内容比较单一，以用户关注关系为主。而现在，高级推荐算法考虑了很多因素，比如用户浏览历史、点赞、评论和分享行为等，并通过深度学习模型准确地分析出用户兴趣所在。以今日头条为例，该推荐算法可以针对用户个性化需求向用户推送高匹配新闻资讯与视频内容。该精准推荐既能提升用户对兴趣内容的查找效率，又能增加用户在平台的驻留时间并提升活跃度。另外，对搜索算法进行改进，可以使用户更加迅速和精确地搜索到自己想要的内容。通过对关键词匹配、语义理解以及对排序算法进行优化，社交媒体平台搜索功能更加智能化，能够了解用户模糊的查询意图并提供相关度高的搜索结果。安全技术更新迭代对确保社交媒体平台平稳运行及用户信息安全具有重要意义，在网络安全问题越来越复杂的情况下，社交媒体平台也在不断强化安全防护措施。数据加密技术也在不断更新，使用更加先进的加密算法来加密存储与传输用户的数据，避免了数据被盗用或者篡改。比如当用户登录时，使用加密协议加密传输用户账号密码，以保证用户信息安全。与此同时，社交媒体平台也加强了对各种恶意攻击，例如 DDoS 攻击和 SQL 注入攻击等的预防措施。通过配置防火墙、入侵检测系统以及漏洞扫描工具等安全设备与技术来对网络攻击行为进行实时的监控与预防。另外，针对愈演愈烈的网络诈骗，虚假信息传播等问题，社交媒体平台通过人工智能技术开展内容审核、风险识别等工作，对不良信息及时识别并加以治理，保障了平台健康生态。

第二节　传统人际关系的基本要素

一、血缘关系的纽带特征

血缘关系是传统人际关系中的一个重要部分，它在人类社会发展过程中始终扮演着独特且重要的角色，它的纽带特征表现在诸多方面，并深刻地影响了人的生活和社会结构。血缘关系是建立在生物学遗传基础之上的，是自然稳定的，个体自诞生之日起，就已经决定了他和父母、兄弟姐妹及其他亲人之间的血缘关系，这一关系并不随着时间、地域等外在因素的变化而发生变化。比如，不管一个人在世界的哪个地方，他与他的父母之间的血缘关系始终是不变的。这种稳定性奠定了家庭关系的坚实基础，并使家庭成员间的关系具有内在和长久的凝聚力。在很多传统家庭里，即使孩子成年、成家，和原生家庭的联系仍然很密切，每逢节日，全家都要聚在一起，这种建立在血缘基础上的稳定性使家庭成为人们内心的港湾，给个人带来归属感与安全感。感情的深度和力度在血缘关系纽带中具有显著特点，亲情往往会超出其他人际关系类型。家长对孩子的爱是无私的、无条件的，自孩子出生之日起，家长们就投入了无限的精力，呵护着他们成长过程中的每个环节，小至生活中的点点滴滴，大到教育上的精心指导，这其中的感情是深沉而强烈的。同样地，孩子对于父母都有爱戴和感激之情，当父母老了以后，孩子就会积极地担负起关心他们的重任。兄弟姐妹间，虽然可能发生争吵与冲突，但是在紧要关头，以血缘为基础的亲情能让他们互相支撑。例如，在一方遇到重大疾病或者经济困难的时候，别的兄弟姐妹都会伸出援助之手，其感情之深、之烈都是血缘关系本能的反应，这是别的感情无法比拟的。在经济上互助和扶持是血缘关系纽带的物质表现，传统社会中家族通常是经济共同体。比如在某些农村地区家族成员一起种地并分享丰收的成果。当一个家庭里有人需要钱来结婚、盖房子、读书或者创业的时候，那些富裕的家庭成员就会给予经济上的帮助。这种经济互助并不是建立在利益交换的基础上，它来自血缘关系上的密切联系。即便是在现代社会中，尽管经济模式已经发生了巨大的改变，但是血缘关系对经济的支撑仍然具有举足轻重的地位。例如，家长对孩子的教育资金、帮孩子账置房产、协助孩子筹备创业启动资金等等。类似地，父母老去丧失经济来源后，孩子们便要承担起赡养的经济责任。这种经济互助渗透于个人的生活中，它是血缘关系纽带的物质表现。通过文化传承和价值观传递血缘关系纽带在精神层面发挥重要作用，而家庭则是文化传承中最基本的单元，长辈们向晚辈传递家族传统习俗、文化信仰以及道德观念。比如春节里，全家人一起祭祀祖先、贴春联、吃年夜饭等活动，既是对风俗的传承，也是对家族文化的延续。家长从小就教育孩子尊老爱幼、诚实守信，勤劳善良的价值观深深地印刻在孩子的脑海里，成为孩子为人处世的圭臬。这一文化传承与价值观传递使家族精神绵延不绝，维系着家族独特性与凝聚力。不同家族中的文化传统与价值观对个人的品格与行为方式都具有某种程度的形塑作用，血缘关系是传承上述文化与价值观的主要媒介。在社会支持网络中，血缘关系形成个体最基础的社会支持体系。当一个人遇到困难与挫折时，他往往首先选择寻求亲人的帮助。不管是生活琐事的烦扰，还是工作巨大的压力，亲人都能给予他感情的安慰与切实的帮助。比如，人们失去工作时，为了减轻经济上的压力，有可能寄居父母家，而家庭则给予鼓励与扶持，帮他们抓住工作的机遇。从社会交往方面看，血缘关系还能给个体带来一些社交资源。亲戚间走动与接触使个体得以扩大社交圈子并借助家族人脉关系获取更多的资讯与机会。这一社会支持网络为个人在社会上的存在与发展提供强有力的保证。法律中的权利义务还体现为血缘关系这一纽带所具有的特征，从法律层面来看，家庭成员间以血缘关系为基础拥有具体的权利并承担着相应义务。如父母负有抚养和教育未成年子女的责任、子女负有赡养扶助父母的责任。就财产继承而言，血缘关系确定了法定继承人的先后顺序与继承份额。这一法律条文不仅承认并保护血缘关系，而且进一步加强了血缘关系纽带作用。它促使家庭成员之间在经济上、生活上以及其他方面相互依存，保持家庭关系稳定、社会秩序良好。

二、地缘关系的空间局限

地缘关系是以地理位置为基础的，它对传统的人际关系起着举足轻重的作用。但这一关系在空间上具有显著局限性，并深刻地影响着人际交往、资源获取和关系发展多个方面。传统社会中地缘关系使人与人之间的社交范围限定于某一地理区域内。就拿农村来说吧，村落就是人们居住、交往的主要地方，而村民更多的时候是跟同村或者邻村人打交道。由于交通的不便利性和信息的有限传播，人们很少有机会与远处的人建立联系。在相对闭塞的村落中，村民的社交圈子通常仅限于亲戚、邻居和同村进行类似生产的人。这一空间局限制约着人们对不同背景和专业个体的认识，从而造成社交关系较为单一。比如一个农民也许会终生与身边的农民为伍，缺少与城市居民、知识分子或者其他行业从业者之间的沟通，从而使他们的眼界和思维方式比较狭窄。空间局限还制约着人们对资源的获取，传统地缘关系下人们更多地依靠当地资源。对农村地区而言，主要生产资料就是土地，村民以在自己的土地上种植农作物为生。但是当地土地资源、自然资源都是有限的，很难提供多样化的发展机会。与之形成鲜明对比的是，城市地区尽管资源较为丰富却又受地理空间制约。比如一个地处内陆的城市，可能海洋资源匮乏，海洋产业发展面临先天不足等问题。并且，由于交通不便、信息交流不畅，就算了解到别的区域拥有较多资源也很难高效地获得与使用。这就使得传统地缘关系中的人，无论是经济发展还是个人成长都受到了极大的限制。地缘关系在空间上的限制使人际关系维系变得更加困难，由于种种原因人们脱离了熟悉的区域后，他们和原来地缘关系圈子的接触就会逐渐减少。比如，青年在外学习或工作，因距离远、交通成本高等，返乡次数受到限制。异地的他们面对着全新的生活环境、社交圈子，已经很难像过去一样和老家的亲朋好友紧密地联系在一起。时间一长，感情也许就渐渐疏离了。即便是同一个区域，因为地理位置所限，人与人之间相遇与沟通并不便捷。例如，生活在山区里的居民可能会由于山路崎岖而不方便和邻村人打交道，这就使在维持邻里关系上也要多下些功夫。空间局限也给理念的更新与传播造成障碍，处于相对闭塞的地缘环境，民众思想观念通常受地方传统文化与风俗影响较深，更新缓慢。人们由于对外沟通不畅，很难引进新思想、新理念、新技能，思维方式比较保守。比如有些偏远地区的传统村落由于沿袭了古代生产方式与生活习俗而对外来新事物产生了质疑与排斥。这一理念的限制不利于区域发展与个体进步，使处于地缘关系中的人群面临社会变革的适应能力比较薄弱。在经济发展方面，地缘关系在空间上的局限性限制着地区之间的协作和沟通。各区域间因地理距离长、交通不便等很难进行大规模经济合作。这就使各地区经济发展常常囿于本地市场而不能充分发挥其优势实现资源优化配置。比如，某一农产品丰富的区域因交通不便而很难把产品运到别的区域出售，造成农产品滞销而影响了当地农民收入。与此同时，别的区域却得不到该区域特色农产品以适应市场需求。这一经济限制，不利于全社会经济的繁荣与发展。就文化交流而言，地缘关系使文化传播范围受到限制。每一个区域都有其特有的文化，但是受空间限制，它们很难扩散至更多区域，如部分少数民族聚居区特色文化因位置偏僻、交通闭塞而鲜为人知。这样既不利于对文化的继承与发扬，又降低了各种文化间互相交流与参考的可能性。反之，本地文化又会因外来文化冲击不足而处于故步自封状态，很难做到创新与发展。地缘关系在空间上的局限性在传统人际关系上非常明显，制约着人与人之间的社交范围、资源获得、关系维系、观念更新和经济文化交流等。

三、业缘关系的职场特性

业缘关系作为一种建立在职业活动基础上的人际关系在职场中表现出特有的属性，并深刻地影响职场生态和个人职业发展。职场上业缘关系有明显的目标导向性特征，公司或机构是为了实现某一经营目标而建立，雇员由于共同任务而聚合。下至基层员工，上至高层管理者，每一个人的努力都是围绕组织目标的达成而进行的。以某科技公司为例，研发团队专注于研发新软件产品，营销团队则负责向市场投放产品，销售团队则着力于提升产品销量。各部门虽然责任不一，但其中心是公司盈利和扩大市场份额。这一目标导向使职工间业缘关系是紧紧围绕工作任务而确立和发展起来的，每个人都为共同的目标而互相合作，互相交流，从而构成了一个有机整体。业缘关系表现为职场层级分明，多数企业组织架构清晰，上至高层管理者，中层领导，下至基层员工均具有鲜明的层级。不同级别有不同的责任、权力与决策范围。高层管理者担负着企业战略方向的制定，中层领导担负着高层决策的组织协调与实施，而基层员工担负着特定的任务。此层级结构形塑业缘关系之特征。职工和上级是指挥与被指挥的关系，下级需向上级汇报的工作进展情况，上级要指导和考核下级。比如项目推进时，项目经理将项目进度报告给部门经理，部门经理视情况进行指导、资源调配等。层级清晰的业缘关系在帮助企业高效运转和明确责任分工的同时，也会造成沟通障碍，如果层级间信息传递不畅将影响工作效率。利益关联是业缘关系在职场中的重要属性，雇员的薪资、福利及晋升机会都与公司经营效益及个人工作表现息息相关。企业盈利状况越好，职工得到的奖金、福利越多；个体在职场中表现突出，就会获得较多的晋升机会。比如销售人员绩效和提成直接挂钩、绩效高、收入高等。这种利益关联促使员工主动地投入工作中去，努力提高自己的能力从而实现个人利益的最大化。也使职工间业缘关系具有某种功利性。员工要想从竞争中崭露头角，就会更重视与上司、同事之间建立良好的关系，从而获得更多的资源与支持，为职业发展赢得更好的机遇。职场上业缘关系既是竞争又是合作，面对有限资源及晋升机会，员工间会产生竞争。比如同一部门职工争夺同一晋升名额时，每个人都力求在职场中展示出自己的才能与成就。但企业中的各种任务通常都需要通过团队协作来实现，而团队协作也需要员工间的配合。以大型项目为例，它要求多部门协同合作，研究、开发、设计、生产和销售各部门的职工之间必须紧密配合，实现信息共享和相互支援。在此背景下，员工在竞争中求协作，不仅强调个人能力的培养，还应融入团队中去，为团队目标的实现做出贡献。这种既竞争又合作的业缘关系在调动职工积极性、创造力的同时，又会产生矛盾、冲突，这就要求职工必须具有处理人际关系的良好能力。业缘关系是职场中一种变动性和流动性的关系，伴随着企业业务的不断发展与调整，雇员的工作岗位、责任乃至所处部门也会发生改变。比如企业在开拓新的业务领域时，就有可能抽调一部分职工组成新的队伍；或由于市场需求的改变、企业优化组织架构等，导致了一些职工的职位调整。另外，由于职业发展规划和薪资待遇的问题，雇员个人可能会选择转行。这种变动性与流动性，使业缘关系处于动态变化中。员工要不断地适应环境及人际关系的变化，重建业缘关系网络。这给员工带来更大的发展机会和职业视野。业缘关系受企业文化影响也较大，积极的企业文化可以创造良好的工作氛围、增进员工交流和协作，提升业缘关系凝聚力。比如有的公司提倡开放、包容，鼓励职工交流思想、交流经验，这一风气有助于职工间形成良好关系、推动知识共享与创新。反之，不健康的企业文化，例如过于浓重的办公室政治氛围和缺少公正竞争的环境，可能会破坏员工之间的关系，并降低他们的工作热情和团队合作的效率。业缘关系表现为职场目标导向、层级分明、利益关联、竞争合作共存、变动性和流动性，并受到企业文化的影响。对这些属性的认识不仅将帮助员工更好地适应职场环境和处理与同事和上级的关系，达到个人职业发展的目的，还将帮助企业建立良好职场生态和提高整体竞争力。

四、趣缘关系的线下聚合

趣缘关系是一种由共同的兴趣和爱好构建的人与人之间的关系，与业缘或地缘关系不同，它更多的是由人们对某一特定事物的内在热情所驱动。在传统的人与人之间的关系中，趣缘关系在线下的聚合展现了其独有的吸引力和价值，为大家提供了丰富的社交经验和情感上的满足。趣缘关系线下聚合的一个突出特性是其纯粹的兴趣驱动性质。当一群人因为共同的兴趣而聚集在一起时，例如摄影爱好者参与线下摄影活动，他们不是出于利益或其他外部因素，而是出于对摄影艺术的热爱。例如，在一次户外摄影采风活动中，大家一同前往风景秀丽的地方，全神贯注地捕捉那些美好的瞬间。人们之间的交流主要集中在摄影的技巧、构图的心得、光影的应用等与摄影相关的话题上，这种完全基于个人兴趣的互动，为参与者提供了一个深入研究、共同进步并建立情感纽带的机会。在这里，每个人都有机会遇到与自己志趣相投的朋友，与他们分享对自己兴趣的洞察和感受，并沉浸在纯粹的兴趣交流所带来的喜悦中。线下的聚合为趣缘关系创造了一个面对面深入交流的平台，尽管线上的沟通很方便，但它并不能完全取代面对面的交流。拿棋友来说，当他们在棋社里对弈时，不仅可以通过棋局来互相分享棋艺，还可以从对方的面部表情和动作中获得更多的信息。在紧张刺激的棋局里，仅仅一个目光或一个细微的动作，都有可能传达出对方的思维和情感。棋友们聚在一起进行复盘，对每一步棋都进行激烈的讨论，这种深度的互动可以帮助彼此更好地了解对方的思维方式和性格特点，从而加深彼此的关系。此外，当人们面对面地交谈时，他们可以真切地体验到情感的反馈。一句鼓舞人心的话语或一个积极的微笑，都能为参与者带来深深的温暖和支撑，这是传统线上沟通难以达到的。线下的趣缘关系聚合可以塑造出独特的社交环境和文化气氛，比如，在一个读书俱乐部里，会定期组织线下的读书分享会。所有的参与者聚集在一处，互相分享了他们最近读过的书籍，并深入探讨了阅读此书的感受和体验。在这一过程中，逐步塑造了一种与众不同的文化环境，其中每个人都尊重彼此不同的看法，并鼓励进行多样化的思考。与此同时，经过长时间的互动和交流，已经建立起一个比较稳定的社交网络。在这个社交圈中，成员之间的互动和影响可能使他们因为他人的推介而接触到各种风格的书籍，从而扩大他们的阅读范围。此外，在这个社交圈里，成员们会携手举办各种与阅读有关的活动，例如文学演讲、书店参观等，这不仅丰富了大家的文化体验，还增强了这个圈子的凝聚力。线下的社交活动有助于加强人与人之间的联系，参与这些线下活动的人可能来自不同的背景、职业或年龄段。举个例子，有一场由音乐爱好者组织的线下音乐会，参与者包括年轻的学生、有多年工作经验的上班族和已经退休的音乐爱好者。通过集体参与各种音乐活动，每个人都有可能结识来自不同专业领域的人，从而拓宽自己的社交范围。这种横跨多个领域的社交网络扩展，不只是丰富了人们的社交体验，同时也可能为人们带来一些出乎意料的机会。例如，一个从事设计领域的音乐爱好者，在参与音乐活动时遇到了一个从事市场推广的新朋友，这两位后来在职业生涯中建立了合作关系，实现了资源的共享和各自的优势互补。在线下的趣缘关系聚合过程中，情感的共鸣显得格外突出。当一群人一起欣赏一场精彩的表演、完成一幅大型的绘画作品或者参与一场激烈的体育比赛时，他们会因共同的经历而产生强烈的情感共鸣。举个例子，在一次与足球爱好者的友谊比赛中，为了取得胜利，队员们齐心协力，在比赛的过程中，他们都经历了紧张、激动、失落等各种情感。每当球队赢得比赛，所有队员都会欣喜若狂，这种深厚的情感连接进一步增强了团队的凝聚力。尽管比赛可能会遭遇失败，但所有人都会互相激励，共同吸取教训，这种情感上的共鸣和支持，正是趣缘关系线下聚合的独特吸引力。线下的趣缘关系聚合不仅可以推动个人的进步和成长，而且在与有其他兴趣的人交流时，他们还能吸收新的知识和技巧。举个例子，在一个手工制作爱好者的聚会中，参与者们互相分享了他们的手工制作技巧和创意。有些人精于剪纸艺术，而有些人则精于编织。通过相互交流和学习，大家可以掌握更多的手工制作技巧，从而提高自己的手工技能。

第三节　人际关系初始网络的形成

一、个体社交圈的初始范围

个体社交圈最初的范围主要是家庭、学校和邻里这些现实生活场景中定义的范畴和早期社交媒体在使用过程中最初接触到的方面。家庭无疑是个体社交圈初始范围的核心部分，从呱呱坠地的那一刻起，个体便与父母、兄弟姐妹建立起紧密的联系。家长是儿童最早交往的对象，在传授生活技能、道德观念及社会规范的同时，给儿童以无穷的爱和照顾。儿童在和家长的日常交往中学会表达自己的感情，提出自己的要求，并了解他人的用意。兄弟姐妹间的关系就更为复杂多元，既有一起长大的喜悦，又有因为资源竞争而带来的磨擦。在这样的环境下，个人学习分享、协作和竞争等社交技能，为他们以后扩大社交圈打下了基础。比如在传统大家庭里，逢年过节，家庭成员都会聚集到一起，子女也会在长辈教诲下学习问候、礼仪和其他社交行为，并在和兄弟姐妹们的游玩过程中逐渐发展出属于他们的社交模式。在个人成长过程中学校成了个人社交圈拓展的一个重要阵地。比如幼儿园时期，幼儿与同龄人开始交往，他们在玩耍、参与集体活动等方面迈出了交往的一大步。他们第一次交了幼儿园的朋友，学着和别人一起分享玩具，一起做一些简单的工作，并初步感受了友情带来的乐趣。进入小学后，班级就成了主要的社交场所：同桌、前后桌、左右桌同学和同组学生组成日常交往的主体。学生通过课堂互动、课间玩耍以及课后作业等方式进行沟通，社交圈也在逐步拓展。比如在校文艺表演时，参加演出的学生由于一起排演节目而联系比较密切，社交圈进一步扩大。步入中学与大学后，由于学习压力不断增大，兴趣爱好不断增加，个人通过参与社团活动、学术竞赛以及学生会组织来认识更多有共同爱好的朋友。这些以兴趣、学业为基础的社交关系丰富了个人社交圈的含义和水平。邻里关系还是个体最初社交圈的一个重要部分，居住社区内的邻居年龄不同、职业不同、出身不同。孩子在小区内玩，认识了不同年龄的伙伴，也学会了和性能各异的人打交道。而且父母之间也会通过每天与邻里的沟通，例如在社区中漫步、在超市购物时聊天等，彼此交流生活经验与资讯。这种邻里之间的交往既给个人带来社交机会又创造社区归属感。比如在某些老旧小区里，邻里间的关系非常密切，放学后小孩就一起到邻居家写作业和玩，父母还互相帮忙照看小孩，这一浓郁的邻里氛围，大大丰富了个人社交体验。新媒体时代下社交媒体的出现对个体社交圈最初范围也产生了一定的冲击。较早接触社交媒体的个体，通常会首先加入实际生活中熟悉的人群中，比如同学、亲戚和朋友。这些原有人际关系通过社交媒体平台不断延伸与扩大。与此同时，社交媒体平台上的推荐功能还向个体呈现了某些可能熟悉的人群，他们一般都有共同爱好，或者地理位置或者其他相关因素上存在关联。以社交平台为例，系统有可能基于用户所填的学校信息推荐校友；或者基于用户对于某一类兴趣话题的兴趣程度来向相关领域博主或者爱好者进行推荐。和这些推荐对象进行交互，使个体社交圈能够在虚拟空间内得到初步拓展。但社交媒体所导致的社交圈扩张有其局限性。相对于现实生活社交而言，以社交媒体为载体所构建的初始社交关系通常是极其不足且不稳定的。线上交流主要靠文字，图片及表情符号等来完成，很难充分传递出真正的感受与意向。并且，社交媒体中的人际关系易受信息过载和虚假信息的干扰，使某些初始联系不能进一步形成深厚友谊。

二、关系建立的常见情境

在人际关系的初始网络形成中，建立关系的共同情景是多样的，它们架起了个体间交流的桥梁，推动着彼此由陌生到熟悉，再到建立或肤浅或深刻的人际关系。家庭聚会是建立关系的一个典型场合，特别是在一些重要的节日或特殊的纪念日，如春节、中秋节、生日宴等，家庭成员会聚集在一起。除平日里朝夕相处的直系亲属外，还有许久未见的远房亲属。小朋友们在派对上互相追逐嬉戏，并分享各自的玩具和零食以及交流校内发生的有趣事情，由此加深了感情。而老人们围在一起讨论家庭琐事、工作状况和家族发展。通过这样的沟通，不但增进了彼此的理解，也可能会无意中找到共同爱好或话题，继而拉近彼此的距离。比如在春节家族聚会时，晚辈都会举行小才艺演出，而在筹备演出期间，本就不陌生的堂兄弟姐妹之间也会加深了解、建立更密切的关系。学校里的教室是同学们建立联系的重要阵地，教室里，教师要组织开展多种形式的小组讨论和项目合作。以小组讨论为例，同学们围绕一个特定主问题展开探讨，每个人都需要发表自己的观点和看法。在这一过程中学生不仅可以学到知识，而且可以找到和他们思维方式类似或互补的学生。比如在以历史事件为主题的小组讨论上，有些学生善于从宏观上剖析事件发生的来龙去脉及其影响，而另一些学生却能敏锐地观察到细节，通过沟通与合作，两人互相赞赏，并在课下不断沟通，感情渐渐深厚起来。此外，课堂中的各种互动环节，例如提问和回答问题，都能引起学生对那些思维活跃、知识丰富的同学的关注，激发他们进一步交流的欲望。学校社团活动也给关系的建立带来了大量的契机，社团由有着共同爱好的同学组成，社团活动涉及音乐，绘画，体育和文学。音乐社团内部，社员共同排演歌曲和演奏乐器，这一过程需要互相配合与协调，经过不断磨合，彼此关系也会逐步加深。比如乐队排练时，吉他手、鼓手、主唱和其他成员之间需紧密配合才能演奏出和谐动听的乐曲。在这一过程当中，社员们不仅音乐水平得到了提升，而且收获了宝贵的情谊。绘画社团的成员们会一起外出进行写生活动，在大自然的怀抱中寻找创作的灵感，分享他们的绘画技艺和心得体会，从而建立起深厚的友谊。工作场所的团队项目对于同事间构建关系至关重要，项目内团队成员需明确责任共同达成任务目标。从项目规划、实施到最后交付，每个环节均离不开成员间的交流和合作。在项目策划环节，成员集思广益、提出多种想法与计划，并在研讨中发现彼此的长处，形成信任关系。例如，在一个市场营销项目中，负责市场调研的同事为负责策划推广方案的同事提供了准确的数据，后者则根据这些数据制定出了切实可行的推广策略。项目实施期间，遇有问题会一起讨论解决方法，并通过互相帮助、互相支持，使双方的关系更加稳固。社交聚会还是关系建立过程中经常会遇到的场景，比如朋友们组织的生日聚会、主题聚会等，而参与聚会的人们又都来自各种背景。聚会中，大家以聊天和打游戏的形式彼此了解。每个人都分享了各自的生活经历、爱好，并在轻松愉悦的气氛中寻找共同的话题。例如在电影主题聚会中，与会者就各自喜爱的影片进行讨论、交流观影感受与影片认知。在这一过程当中，对影片有类似看法的人会有强烈反响，并由此互换联系方式，希望以后能有更深入的沟通。新媒体时代下，社交媒体平台中各类群组开启了一种新型的关系建立方式。兴趣小组就是这些小组中比较普遍的一个，比如摄影爱好者群组中，会员在群内分享各自的摄影作品，并交流摄影技巧和摄影器材使用经验。通过这样的沟通，他们认识了处于不同地域的摄影爱好者，虽素未谋面却因都爱好摄影而结下了不解之缘。另外，学习交流群组还是一个积极的关系确立地。在某些语言学习群组里，学习者互相鼓励，共享学习资料，操练口语，并在共同进步中结下情谊。志愿服务活动也是建立联系的一个重要场景，志愿者在开展社区义工活动、环保公益活动以及其他志愿服务时都会带着共同的宗旨走到一起，并对社会做出贡献。

三、社交角色的初步定位

人际关系初始网络形成中社交角色的初始定位是关键。它就像在纷繁复杂的社交舞台中寻找一个属于自己的位置一样，既影响个体和其他人之间的交往模式，也决定人际关系的走向。从家庭环境来看，一个人一出生就拥有特定的身份，比如孩子，兄弟姐妹。这些身份是以血缘关系为基础确定的，且在成长过程中不断地丰富与进化。作为孩子，年少时，最重要的状态就是受到家长的爱和教育，充当依赖者。如儿童从家长那里获得食物、庇护及情感安慰等，这一阶段儿童通过对家长行为举止的模仿而逐步适应家庭环境及社会规范。当孩子长大后，就会承担起某些家庭责任，比如协助做家务和照顾幼小的弟妹等，这时其角色定位就会转向贡献者。和兄弟姐妹相处时角色定位比较多元。大龄儿童可能会担负起照顾者、引导者、帮助弟弟妹妹处理学习、生活上的问题等责任；而低龄儿童可能会成为追随者与学习者，向哥哥姐姐学习经验与知识。比如在辅导家庭作业时，表现比较优秀的哥哥就耐心地向弟弟解释数学难题，这时哥哥是教导者弟弟则是接受者。学校是一个人进行社交角色定位最重要的地方，而课堂中学生最主要的角色就是学习者。他们关注教师所讲授的内容，并积极参加课堂互动，比如提答疑问和参加小组讨论。在这一过程中学生通过表现出的学习能力与态度得到教师与同学们的肯定。比如在语文课中，往往积极发言、答题质量较好的学生会被师生认为是积极学习者，这样也就进一步加强了对自己课堂学习角色的定位。与此同时，同学们在课堂上也会因自己的个性与专长而担当起各种角色。性格开朗、有组织能力的同学也许是班级活动组织者，比如负责举办班级文艺表演以及负责运动会相关事宜；而善于绘画、书法的同学可能会对班级文化建设起到举足轻重的作用，是班级文化的创造者与美化者。比如在做班级黑板报时，善于画画的同学负责画出精美的图形，并在这个过程中清楚地认识到自己是班级文化的创作者。学校社团活动让同学们有机会进行更加多元化的社交角色定位，音乐社团里社员们依据自身音乐技能与专长进行角色定位。善于演唱的同学们成了领唱，在台上展现了歌唱才华并带动了全团表演风格；乐器演奏者按乐器类型进行分工合作，例如吉他手演奏旋律、鼓手控制节奏等，这些人分别扮演了乐队特有的角色，共同营造了一种和谐的音乐氛围。绘画社团里，有些同学善于写生，注重用线条来刻画对象的造型；有些同学却在色彩运用方面有着独到的见解，并负责颜色的搭配与渲染。通过社团活动的历练，他们清晰地认识到自身在艺术创作领域里的角色定位。职场是成人社交角色定位中的重点情境，刚步入职场的新员工一般都会作为学习者与追随者融入队伍中。他们向有经验的同事了解工作流程、业务知识，力求适应企业的文化与节奏。比如，新入职的员工都会认真地观察老员工的工作方法、学习老员工的处事技巧，这一阶段新员工在职场上要有谦虚、好学的心态，清晰定位职场新手角色。员工在不断累积工作经验的过程中，会依据其专业技能与职业规划逐步寻找到更加合适的工作角色。技术型人才也许会把注意力集中在研究和开发工作上，并成为企业技术创新的促进者；而具有良好沟通能力并擅长协调资源的员工可能会晋升到管理岗位上，承担团队组织领导任务。以软件开发项目为例，有技术的程序员注重代码编写和对项目的技术支持，并清楚地认识到其技术专家身份；项目经理负责项目的整体规划、进度把控以及团队协调等工作，担当项目领导者。社交聚会时，个人社交角色定位更加灵活，常常会随着聚会主题、气氛等做出调整。在好友生日派对中，参加者可能充当祝福者和娱乐者。人们纷纷给寿星送上祝福表达喜悦之情；而且一些善于表演的人会通过唱歌和跳舞来增加聚会的欢乐气氛，并在聚会中充当娱乐角色。主题派对中，比如复古主题派对，参加者将按照主题来设置人物。热爱复古文化的人们或许会穿着复古的服饰，与人们共享复古音乐和电影，做复古文化传播者；而另一些人在与其沟通时充当倾听者、学习者。社交媒体平台中个人社交角色定位受诸多因素的影响。兴趣小组内成员依据专业知识水平及参与度进行角色定位。比如在一个摄影爱好者群群里，一个摄影技术精湛且有丰富经验的人士也许是这个群里的意见领袖，他分享自己的拍摄技巧，评论别人的作品并对其他会员进行专业的辅导；而且初学者更多是充当学习者与参与者，主动汲取知识并共享学习成果。学习交流群组内，成绩优秀且学习方法特殊的同学或许能作为学习榜样与大家交流学习心得；而另一些成员在交往中也不断地提高自我，清楚地认识到了他们是学习者与交流者。

四、信息交换的初级模式

人际关系初始网络形成过程中，初级信息交换模式起着关键性作用。这是一个人和其他人建立最初接触和加强相互了解的基本途径，并为随后的深入沟通和关系发展奠定了基石。家庭作为个人成长过程中的第一个环境，初级的信息交换模式有着明显的特征。幼儿主要以非语言形式和家长交流信息。比如婴儿啼哭是信息传递的重要信号，饿了的啼哭不同于身体不适的啼哭，音调不同，节奏也不同，家长们经过长时间的观察积累经验，能读懂这些哭声背后的意思，并据此做出反应，比如哺乳和检查身体。儿童在逐步成长过程中，语言能力开始得到培养，与家长的信息交换模式也逐步向语言沟通过渡。孩子们会给家长讲幼儿园有趣的事情、分享他们结交的新朋友或问简单的问题等。家长对子女进行生活常识和道德规范方面的教育。比如，家长教育孩子遵守交通规则，红灯停、绿灯走，这一信息传递有利于他们逐步适应社会生活。同兄弟姐妹们相处时信息交换比较随意、多样。他们也许会互相分享玩具、图书，就某一部动画片交换意见，并在轻松愉快的气氛下初步交流信息。学校作为学生进行信息交换的主要场所，课堂互动是信息交换初级模式中一个重要组成部分。课堂中，教师以讲解，展示的形式将知识信息传达给学生。学生又以问、答的形式和教师产生信息交互。比如在数学课堂中，教师讲解一个比较复杂的数学题时，如果学生不明白其中某一个环节，就会举手发言，教师则会针对该题作出细致的回答，这一问一答的过程，是一种初级信息交换模式。与此同时，在课堂的讨论环节中，学生会交换信息。在小组讨论中，各位同学交流了各自对于问题的想法与看法，互相激发，完成了学习任务。如在探究历史事件发生的起因及影响过程中，同学们会以不同的视角阐述自己的看法，并相互沟通，从而拓宽对所学内容的认识。学校社团活动给同学们带来更多信息交换的机会，音乐社团里社员们会交流自己喜爱的音乐风格、歌手并分享演奏技巧。擅长不同乐器的社员将相互交流乐器演奏心得，例如吉他手就为贝斯手讲解如何通过改变指法产生各种音效的方法。绘画社团里，同学们交流了绘画技巧，色彩搭配方面的心得，了解了各种绘画流派。他们将展出作品并倾听其他社员的意见建议。这一信息交换对促进其绘画水平很有帮助。比如在绘画社团活动上，某同学展示其新创油画作品，其他社员围绕构图和色彩运用各抒己见，主创人员也从中得到有价值的建议。在工作场所，入职之初信息交换初级模式集中在工作流程与业务知识上。新入职员工会向老同事请教怎样使用企业办公软件、办公用品应用流程以及其他基本情况。资深的同事也会分享他们在职业生涯中所获得的宝贵经验和方法。比如，新上任的销售人员要请教高级同事和顾客交流的诀窍以及怎样处理顾客抱怨。同时在团队会议上，各成员将报告自己的工作进展、交流工作上碰到的问题及解决方法，这种信息交换能够帮助团队成员了解彼此的工作状况、协调工作进度。社交聚会为人们提供了一个便捷的信息交换场合，好友生日派对的参与者将分享他们最近的生活经历，兴趣爱好和其他资讯。比如在一次聚会中，一个好友分享他们出国旅游的趣事，而另一个好友也会分享他对各国文化的理解，并以此方式进行沟通，相互间的沟通增强了人们对于不同生活方式与文化的了解。主题派对中的信息交换是以派对主题为中心的。以美食派对为例，大家会分享各自拿手的美食制作方法、交流各地特色美食、分享食物背后的文化故事等。社交媒体平台提供了一种新的信息交换模式——兴趣小组，小组成员以发表文字，图片和视频的方式来交流他们的认识与体会。比如在一个摄影爱好者群组里，会员们一起分享他们所拍摄的精美图片，同时还会附上一些相关资料，如拍摄时间、地点、所用相机参数、拍摄技巧等。也有一些会员通过点赞及评论等形式反馈信息、发表观点或是提出质疑。学习交流群组内同学一起分享学习资料、学习笔记及交流学习方法与经验。比如一个同学把他整理好的英语语法笔记分享到群组里，其他同学就能下载来学习、反馈学习感受、提问。

第四节　社交行为的基础驱动因素

一、情感需求的内在动力

情感需求是社交行为的核心，其内在动力来自人与人之间的情感连接、亲密关系和自我实现。这一内在动力促使着人在社交中不断寻求情感寄托来满足心灵深处的向往。就其本质而言，人对情感连接有着先天的需要。这一需要体现在渴望得到别人的陪伴、理解与关怀上。婴幼儿时期的儿童对家长的依赖是情感连接需要的初步表现。婴儿在和家长的皮肤接触、眼神交流、关心和抚慰中，都会获得感情上的安全感。这种情感连接在满足婴儿基本情感需求的同时也为婴儿以后的社交发展打下基础。这一需要在成长过程中逐步扩展为同伴关系。在学校环境中，孩子们急切地希望与同学们建立深厚的友情，共同参与游戏、学习，并分享生活中的点点滴滴。朋友间的互伴互谅使其感到温馨，有归属感，更进一步地满足情感连接上的需要。比如课间休息的时候，几位好友凑在一起交流一些趣事，或在遇到难题时互相鼓励、支持，这类互动会加深彼此感情上的联系。亲密关系的建立也是情感需求内在动力的重要体现，爱情作为一种特殊的亲密关系，是人类情感需求的高度浓缩。人在追求爱的同时，往往迫切希望同对方建立起深入的情感交流及肉体的亲密关系。人与人之间的相互爱慕、相互尊重及相互信任可以满足人在情感深度与独特性上的需求。两人在坠入爱河的过程中，共享着对方的梦、恐惧以及心灵深处的隐秘，这种深层次的情感交流使两人获得了从未有过的亲密感与满足感。比如，恋人晚上携手漫步，共享一天的体验与感悟，这样的亲密无间使双方的情感需求得到很大满足。除了爱情，亲情也是一种很深厚的亲密关系。家庭成员间的血缘纽带及长期的共同生活经历使亲情成了人情感需求的重要凭借。家庭中父母对孩子的爱以及兄弟姐妹间的友爱给个人带来感情支持和安全感。比如一个人在外受挫，回家后，亲人的抚慰与鼓励能给他重整旗鼓的动力，而这种动力恰恰反映了亲情对感情需要的满足。情感需求这一内在动力也与人的自我实现密切相关，人可以通过社交关系得到别人的认同和回馈，从而更能了解自我，并实现自我价值。当一个人在交往中表现出天赋、能力与道德素养，获得别人的欣赏与认可后，就会产生成就感与自我满足感。比如，当一个艺术家将作品陈列展览时，观众对其作品的欣赏与赞誉使其感到创作价值被肯定，而这一肯定又进一步激发其创作热情并同时满足其情感需求。在工作场合，员工以优异的工作表现赢得领导及同事们的肯定，既可以提高职业地位又可以在感情上得到满足，体会到努力与付出是有收获的。此外，参与公益活动也是实现自我价值、满足情感需求的一种方式。志愿者通过帮助他人、对社会作出贡献而获得成就感与满足感，这一情感体验更进一步促使其积极参加社交活动，认识更多志趣相投者，共同助力社会发展。社交媒体时代情感需求这一内在动力仍扮演着重要角色。人们在社交平台上分享生活点滴、情感状态、想法观点等，期待被别人关注、点赞、评论。这些虚拟性交互部分以独特的方式满足了人的情感需求并使人感到他和其他人之间的亲密联系。比如，某人通过社交媒体发表自己出行的图片，配上描述情感的文字，通过好友的点赞与评论使其感到遥远的关怀与支持以满足情感需求。但社交媒体情感交流同样有其局限性，虚拟世界的情感互动并不能完全代替现实生活中面对面的交流。所以，人还是要积极地参与到现实生活的社交活动中去，和别人建立起一种真切而深刻的感情。

二、物质交换的现实考量

在社交行为基础驱动因素之中，物质交换作为不容忽视的重要维度包含了许多现实考量。物质交换并不是单纯的物品流通，它的背后体现着人与人交往时的现实需求、利益权衡和关系构建。从生存的根本观点来看，物质交换对于生活保证是十分必要的。原始社会人们以物易物，以交换自己劳动成果的方式获得生活必需品。比如猎人利用捕到的猎物和农夫换取食物来满足自己和家人的食物需要。这种以生存需求为前提的物质交换为早期的社交关系打下了基础。现代社会中，尽管货币是交换的主要媒介，但是物质交换的性质并没有改变。人们从劳动中得到金钱，然后用金钱来购买粮食、住房和医疗服务以及其他生活必需品。在这一过程中社交行为是以物质交换为中心进行的，例如和雇主谈判薪资以及和商家讨价还价。这些行为并不只是为获得物质资源而存在，而是涉及与其他人建立并保持某种社交关系来保证物质交换顺利进行。商业领域中，物质交换是经济活动的中心和社交关系建构的主要动力。企业间合作不能脱离物质交换而进行，例如原材料供应商和生产制造商之间的贸易等。供应商供应原材料、制造商付款，在这种物质交换的背后，是双方长期合作的结果。为保证稳定供应及生产高质量的商品，双方需不断地交流和沟通，大到产品质量的控制，小到交货期的安排均需借助社交互动配合。另外，企业和客户的关系也是建立在物质交换的基础上。当企业通过出售其产品或提供服务来获得盈利时，客户则选择用金钱交换他们所需要的商品或服务。为吸引客户和增加客户忠诚度，公司进行了多种营销活动并和顾客建立了良好社交关系。比如，商家通过召开客户答谢会和提供售后服务来加强与客户之间的情感联系和不断地进行物质交换。物质交换对社交关系巩固和发展起着至关重要的作用，人际交往中礼物赠送就是物质交换的普遍方式。在节日和生日聚会时，人与人之间都要互赠礼品，这种互赠既是情感表达也负载了某种社交意义。礼物的挑选通常都是经过深思熟虑的，这反映出送礼者对于受礼者的理解与重视程度。比如，朋友过生日时送给对方一本他心仪已久的书，这礼物不但有物质价值，而且能表达出对朋友的重视，加深了相互间的情谊。同样物质交换对家庭关系的稳固起着决定性的作用。家庭成员间相互照顾和物质上的支持，例如父母对孩子生活费用的资助，孩子对父母晚年的经济赡养。这种物质交换表现为家庭成员间的义务和爱，保持了家庭关系的稳定。但物质交换也会遇到社交的实际挑战与问题。一是物质交换会使人际关系功利化。如果一个人过分强调物质利益上的获得，却忽略情感交流与真诚相待，社交关系就有可能走向扭曲。比如在某些商业社交场合中，有的人也许仅仅是为了得到商业机会才和别人打交道，目的一实现就不维护感情了。这种功利性物质交换既有损人际关系质量又有损社会信任环境。二是物质交换失衡会造成矛盾与冲突。就社交关系而言，若一方长时间地付出了更多的物质资源而对方并无相应的回馈，就有可能引起付出方不满意、怨恨，从而影响到感情的融洽。比如朋友间经济往来时，一方若频繁向对方借款而总是不还，就有可能造成友谊危机。另外，社会文化背景对于物质交换中的实际考虑也有不可忽视的影响。在物质交换方式、价值观念、礼仪规范等方面，各种文化都有不同认识。在某些文化里，礼物赠送讲究的是形式与面子，人们常常把礼品的价值与包装看得很重；而在其他文化里，则更加注重礼品的实用性与情感内涵。理解并尊重这些文化差异是跨文化社交适当物质交换的关键。比如在同国外客户的商务交往中，理解彼此文化上有关礼物赠送方面的忌讳和喜好，就可以避免由于文化误解对商业合作关系产生影响。

三、社交认同的心理追求

在社交行为这一复杂系统中，心理上对社交认同的追求犹如一股强劲的暗流深刻影响着人的社交决策和交往方式。这一心理追求植根于人的心灵深处，体现为个体对于自身价值的寻求，对于群体归属的向往和对社会地位的追求。就其本质而言，人对自我价值的确认有很强的需要，社交认同起着至关重要的作用。个体经由他人的承认和肯定，而知觉到其存在的价值与才能。学生在学校环境下刻苦学习、积极参加各种活动，主要想得到师生的肯定。比如一个学生上课踊跃答题，如果受到教师的赞扬和学生敬佩，就会觉得他的知识储备与表达能力都获得了肯定，这样就会增强自信心、进一步调动学习积极性。同理，在职场环境中，员工会精心策划项目计划，当这些计划获得上级和同事的肯定时，他们会认为自己的专业技能和付出是值得认可的，这种社交认同所产生的满足感将促使其更加主动的投入工作中去，而更倾向于和被赋予身份的个体构建良好社交关系。渴望群体归属也是社交认同的一种重要心理追求，人很自然地会趋向于融入一定的群体中去，从而获得安全感与归属感。校园内，学生如果参加了音乐社、体育社等社团组织。成为社团中的一分子，并和其他社员一起参加各种活动，追寻共同的目标，就能产生强烈的归属感。在社团内，社员们互相支持、互相激励、相互认可，使个人在团体中获得一席之地。比如音乐社团彩排时，社员互相配合，完成了一个精彩表演。在演出成功赢得观众掌声的同时，每一位社员都会从伙伴的肯定、团体的成绩中得到一种强烈归属感，这也进一步加强了会员对于社团的认同感，加强了会员之间的社交联系等。社交认同也和个人对于社会地位的寻求密切相关，社会阶层明显的情境下人们更倾向于通过被别人认同而提高社会地位。在社交场合，知识丰富、技能出众或者品德高尚的人会更易得到别人的尊敬与认可，因而在社交圈子内也会处于较高的位置。比如在某次行业研讨会中，与会专家以自己渊博的专业知识、独特的观点展开发言，赢得同行的高度肯定与好评。这种社交认同既提高了专家们在业界的知名度与影响力，也让专家们在社交层面上得到了高度的定位，进一步扩大了社交圈子。但社交认同心理追求也会给社交行为带来一定困扰。对社交认同的过分追求，会使个体迷失自我。当一个人过分在乎别人的意见与评价，他就有可能为迎合别人而改变行为与价值观。比如，有的人为在社交场合得到更多的赞美与关注而乔装打扮，发表与其真实性格、人格不符的言论。这一行为非但不能带来真实的社交认同，反而会使个体迷失于虚假形象。另外，不同的社交认同会导致社交冲突。不同人群或文化对同一种行为或某一事物的认同标准会有差别。个体在由一团体进入另一团体后，若不及时顺应新认同标准就可能遭到误解与拒绝。比如在有些文化里，把个人意见的直抒胸臆看作信心与率直的体现，但在其他文化里却会把这一行为看作一种失礼与冒犯。这种文化差异所引发的社交认同冲突可能妨碍个体对跨文化社交的整合与发展。

四、信息获取的本能欲望

在社交行为的基础驱动因素中，信息获取的本能欲望占据着极为重要的地位。这一欲望如同人类与生俱来的触角，促使我们在社交过程中不断地探索、交流与学习，以获取更多对自身生存、发展和理解世界有益的信息。从进化的角度来看，信息获取的本能欲望对人类的生存至关重要。在远古时期，人类为了在恶劣的自然环境中生存下去，需要不断获取有关食物来源、危险信号以及周边部落情况的信息。例如，通过观察动物的迁徙规律，人们可以得知哪里有丰富的猎物；从他人那里了解到某个区域存在凶猛野兽的信息，就能提前做好防范。这种信息获取的行为不仅帮助个体生存，还促进了人类群体的发展。部落成员之间相互分享信息，如狩猎技巧、采集方法等，使整个群体的生存能力得到提升。这种基于生存需求的信息获取本能，在漫长的进化过程中深深烙印在人类的基因里，成为驱动社交行为的重要力量。在现代社会，信息获取的本能欲望依然在社交中发挥着关键作用。在教育领域，学生们积极参与课堂讨论、小组学习以及与老师和同学的交流，其目的之一就是获取知识信息。课堂上，学生通过聆听老师的讲解，吸收专业知识；在小组讨论中，与同学交换观点和想法，拓宽自己的思维视野。例如，在一场关于历史事件的小组讨论中，每位学生都带来了自己从不同渠道收集到的资料和见解，通过交流，大家对历史事件的理解更加全面和深入。这种信息获取的过程不仅丰富了学生的知识储备，还培养了他们的社交能力和团队协作精神。在工作场景中，信息获取对于职业发展至关重要。职场人士通过与同事、上级以及行业内的其他人交流，获取关于工作任务、行业动态、职业晋升机会等方面的信息。例如，某员工与同事分享项目经验，了解不同的工作方法和技巧，有助于提高自己的工作效率；与上级沟通，获取关于公司战略和发展方向的信息，能够更好地规划自己的职业路径。此外，参加行业会议、研讨会等社交活动，也是获取前沿信息的重要途径。在这些活动中，专业人士汇聚一堂，分享最新的研究成果和行业趋势，参与者能够从中获取宝贵的信息，为自己的职业发展提供指导。信息获取的本能渴望还推动着人们在社交中拓展人际关系网络，当我们遇到具有不同知识背景和经验的人时，会本能地想要了解他们所掌握的信息。例如，在社交聚会上，与从事不同职业的人交流，我们可以了解到不同行业的工作内容、发展前景以及独特的文化。通过与这些人建立联系，我们不仅能够丰富自己的知识体系，还可能在未来的生活和工作中获得意想不到的帮助。这种基于信息获取的社交行为，使我们的人际关系网络不断扩大，为个人的发展创造更多机会。然而，信息获取的本能欲望在社交中也可能带来一些问题。首先，信息过载是一个常见的现象。在信息爆炸的时代，人们每天都会接收到大量的信息，这可能导致我们难以筛选和分辨出真正有价值的信息。例如，在社交媒体上，各种信息铺天盖地，我们可能花费大量时间浏览，但无法从中获取实质性的内容。这种信息过载不仅浪费时间和精力，还可能影响我们的判断和决策能力。其次，虚假信息的传播也是一个严重的问题。由于人们对信息的渴望，有时会不加辨别地接受和传播信息，这为虚假信息的扩散提供了温床。在社交平台上，一些谣言和虚假新闻往往能够迅速传播，给社会带来了负面影响。例如，某些不实的健康养生信息可能误导人们的生活方式，造成健康风险。为了避免受到虚假信息的影响，我们需要在社交过程中提高信息辨别能力，学会从可靠的渠道获取信息。最后，信息获取的本能欲望还可能导致社交关系的功利化。当人们过于注重从他人那里获取信息时，可能会忽视社交关系中的情感交流和真诚相待。例如，有些人在社交中仅仅是为了获取商业机密或职业机会，一旦达到目的，就不再维护关系。这种功利性的社交行为不仅损害了人际关系的质量，也违背了社交的本质。

第二章
社交媒体信息传播
对人际关系的深度影响

第一节　信息内容的多维效应

一、文字信息的认知引导

从社交媒体信息内涵的多维效应来看，文字信息以其特殊的表达方式、广阔的传播范围对人的感知具有深远的指导作用，从而显著影响人与人之间关系的建立和发展。社交媒体中的文字信息通过新闻报道、科普文章和观点评论等各种形式展现出来，给用户提供了大量的知识。专业领域科普文章如普及医学、物理和化学知识可以帮助使用者理解复杂的科学原理。举例来说，有一篇科普文章深入探讨了新型冠状病毒的传播方式，详细描述了病毒是如何通过飞沫、直接接触等方式传播的，并给出了相应的防护策略。用户看完之后不仅可以更加科学地了解病毒，还可以根据自己确切的了解在与人沟通时展开讨论，从而避免无知导致的错误认知及行为。这一知识的转移使用户可以在社交场合以更加专业和理性的态度与人交往，并有利于构建一种以知识共享与尊重为核心的人际关系。文字信息对塑造价值观也至关重要，社交媒体中一些励志故事、道德案例和有深度的思想评论都能对用户价值观起到潜移默化的作用。例如，以名人奋斗历程为题材的文章展现出他们迎难而上、百折不挠、积极乐观的人生态度等，读者也许能从中得到启发，进而建立相似的奋斗目标与价值观。在人与人之间的关系上，类似价值观是构建深厚感情联系的重要根基。人们通过社交媒体接触到正能量文字信息并内化为自身价值观后，更易引起志趣相投者的共鸣，从而产生密切的联系。比如，两个人都专注于环保议题，他们在社交媒体上读到了一篇对环境保护的重要性进行深入点评的文章后，或许出于共同价值观他们进行了沟通，交流参与环保行动的心得与思考，更进一步深化了彼此间的感情。另外，文字信息中的观点表达对于用户认知以及人际关系也有一定的指导作用。在社交媒体这一公共讨论平台中，对于各类社会热点事件，不同的人都会表达出不同的意见与主张。这些看法丰富多彩，既代表主流声音又独具深度见解。用户通过浏览这类文字信息，接触了各种思维方式、观点角度等，开阔了认知视野。比如在讨论教育改革时，有强调素质教育重要性的，也有重视教育公平的。通过对这些视角的审视，用户可以多角度地思考教育改革方向与意义并促进认知水平的提高。与此同时，这一看法的碰撞与沟通又对人际关系产生了一定的影响。用户对其他人的意见形成共识后，就增强了相互间的认同感及亲近感；而且在意见有差异的情况下，进行合理的探讨与沟通，还可以加强彼此的了解，有利于人际关系的建立。但社交媒体中的文字信息并不全是正面和有用的，其中不乏误导。虚假新闻、片面性观点和煽动性言论都会给用户感知带来负面影响，从而损害人际关系。虚假新闻通常传播速度较快，易造成大众恐慌与误解。比如一条宣称某一常见食品有严重安全问题的虚假食品安全新闻就有可能使消费者对此食品感到恐惧，并在社交圈子内散布这种恐慌，造成无谓的忧虑与纠纷。偏颇的看法可能会束缚用户的思考方式，导致他们不能对问题进行全方位和客观地评估。在人与人的关系上，因这些误导性文字信息所形成的认知偏差有可能引发朋友间的误会，争吵甚至感情破裂等。社交媒体中的文字信息也可能诱发信息茧房效应，在用户仅仅专注符合其意见的内容而持续接收同质化文字信息的过程中，他们将渐渐落入封闭的认知空间。在这一空间中，使用者的感知受到了限制，很难触及各种视角与信息，进而影响了他们对于世界整体的认识。从人际关系上看，信息茧房使人和意见相左者渐行渐远，社交圈子日趋同质化。比如，对某种政治观点表示大力支持的用户在社交媒体中往往只观注并阅读符合其意见的文字信息而对其他不同意见的信息熟视无睹。随着时间的推移，他在社交场合更可能与持有相似看法的人进行互动，而与持有不同意见的人则可能产生距离。

二、图片信息的情感触动

在社交媒体的信息内容中，图片信息因其直观和生动的特质，具有很强的情感感染力，对人与人之间的关系产生深远的影响。一幅图像常常能迅速地传达出复杂的情感，触动人们心灵的深处，从而拉近人与人之间的距离，或者激发出完全不同的情感反应，对人与人之间的关系产生积极或消极的影响。在家庭与亲情的领域中，社交媒体上展示的家庭照片蕴含了深沉的感情。一张充满温馨的家庭照片，它捕捉到了家人团聚的快乐瞬间，无论是家人的笑脸还是亲密的姿态，都让观众感受到家的温馨和幸福。例如，那些在外地工作的孩子们，在社交媒体上看到父母上传的家庭聚会照片时，即便他们不能亲自参与，也能从照片中感受到家庭的凝聚力和亲人的思念，从而加强和家人的情感联系。例如，我们在社交媒体上分享记录孩子成长的照片，如他们首次行走或首次上学的瞬间，不仅可以让家人和朋友看到孩子的成长过程，还能唤起他们对自己孩子或童年的回忆，激发他们的情感共鸣，从而加深他们之间的联系和对家庭价值的共同理解。在涉及社会焦点和公共福利的话题上，图像信息也展现出了强烈的情感影响力。在社交媒体上，当我们发布自然灾害或贫困地区儿童的日常生活照片时，常常能迅速地吸引公众的眼球并激起他们的同情心。举个例子，当我们看到地震后废墟中无助的人们的照片，或是断壁残垣下人们绝望的眼神时，会让看到的人深感心痛，从而激发大家的同情和帮助他人的决心。这样的情感触动促使人们在社交媒体上广泛转发和评论，呼吁更多的人关注并提供帮助。在这一系列事件中，原先并不熟悉的人们因为对同一张图片所呈现的事件产生了相似的情感反应，从而汇聚成一股强大的社会力量。这不仅推动了公益事业的进步，也在一定程度上缩小了人与人之间的距离，让人们感受到社会的温暖和团结。在社交媒体上，具有艺术和创意风格的图片同样有能力触动人们的情感。精致的画作和充满创意的摄影作品，通过其独特的构图技巧、色彩搭配和表达方式，成功地传达了艺术家的情感和思维。例如，一张以自然界为核心主题的摄影作品展示了壮观的山川和宁静的湖泊。当观众观赏这幅作品时，仿佛身临其境体验到大自然的美丽和神秘，从而激发出内心的平静和喜悦。当这种情感体验在社交媒体上被分享时，那些同样对艺术和自然充满热情的人们会被吸引，他们会通过各种方式如评论和点赞来分享他们的感受，从而构建一个基于共同审美和情感体验的社交环境。在这个艺术社群中，由于对艺术图像的深厚情感，人们之间形成了独特的纽带，互相分享对艺术作品的见解和感受，进一步丰富了他们的精神世界。然而，在社交媒体上发布的图片信息并不总是能够引发积极的情感反应。某些不真实或经过恶意处理的图像，有可能激发消极情绪，并对人与人之间的关系造成破坏。比如，有些人为了吸引眼球而故意制作假新闻图片，宣称某一事件已经发生，但实际上是捏造出来的。当人们浏览这些照片时，他们可能会感受到愤怒、恐惧，并在社交平台上散播这些消极的情绪。这类伪造的照片不仅有可能误导大众，还有可能激发不必要的社会冲突和纠纷，从而损害人们之间的相互信任。此外，一些包含歧视、暴力等负面内容的图片可能会激起观众的反感。当这些图片在社交媒体上传播时，可能会引发不同群体之间的冲突和对立，从而使人与人之间的关系造成严重损害。在社交媒体上发布的图片信息有可能激发人们的攀比心态，从而对人与人之间的关系产生不良影响。在各种社交媒体上，有人经常向外界展示他们的富有，例如奢华的旅游体验和价值不菲的物品图片。当其他人浏览这些照片时，他们可能会不由自主地产生对比，进而产生羡慕、嫉妒等情感。这种攀比的心态可能会使人与人之间的关系变得更加紧张和扭曲，原本亲近的朋友可能会因为这种心态产生隔阂，从而影响彼此的感情。

三、视频信息的行为示范

在社交媒体信息传播内容多维效应下，视频信息以丰富的表现力，能动的呈现方式和较强的传播力对行为示范具有不容忽视的影响。它能直观显示出多种行为模式，从而指导、激励乃至误导观看者的行为，继而深刻地影响着人际关系的发展方向。在教育学领域中，视频信息对知识传授与技能培养具有鲜明的行为示范作用。在线教育平台中的各种教学视频从基础学科知识的阐释到专业技能的复杂训练，无不是以视频的方式把抽象知识变成具体行为的呈现。例如，在编程教学视频中，讲师一步步演示代码的编写过程，讲解每个代码片段的作用和逻辑，观看者可以清晰地看到正确的编程操作流程，从而模仿学习。这一视频信息行为示范突破了传统教育的时空局限，使更多的人可以方便地获得学习资源并提高自身能力。学习期间，学习者有可能由于认同视频中主讲教师的教学方法及专业能力而通过社交媒体与主讲教师及其他学习者沟通互动，共享学习心得与经验，建立良好的学习社群关系。从生活方式与健康方面来看，视频信息同样指导着人的行为。健身博主推出的健身教程视频详尽地展示了各种健身动作的标准姿势、节奏和呼吸方式，为那些追求健康生活和保持良好身材的人提供了行为示范。观看者跟随录像进行健身训练时，既会提高健康状态，也会受录像中积极生活态度的影响而调整生活方式。比如有些健身视频强调规律作息和合理饮食，观看者可能因此形成了早睡早起和均衡饮食等良好生活习惯。这些健身爱好者通过社交媒体分享他们跟随视频训练所取得的收获和体验，从而吸引更多的人参与到健身行列中，营造积极、健康的社交氛围、促进相互间的沟通和激励、改善人际关系。就公益与社会正能量的传播而言，视频信息也有很强的行为示范效应。录制志愿者服务活动和慈善公益项目的视频，展现人民群众无私奉献和关心他人的高尚品质。比如一位有关志愿者在贫困地区帮孩子改善学习环境的视频，视频中志愿者给孩子们建学校、捐书、辅导作业。观看者看了这几段录像之后，也许会对志愿者的举动有所触动，从而激发出参加公益活动的愿望，并模仿志愿者的做法投入各项公益事业。这一视频信息行为引起社交媒体的广泛传播与热议，使更多的人认识到他们能够对社会作出贡献，推动社会和谐进步，还能使具有共同公益理念者聚集社交媒体，一起致力于公益事业，并结下深厚友谊。但社交媒体视频信息并不全是正面行为示范。某些传播暴力、低俗和不良价值观等不良内容视频可能误导观看者特别是青少年。比如一些包含有暴力打斗场面的视频就有可能使青少年产生成模仿心理，从而使其在实际生活中使用暴力手段来解决问题，影响到同学间的感情，甚至造成校园暴力事件。另外，部分商业视频虚假宣传夸大了产品功效、误导了消费者选购。消费者在发现商品实际效果不符合视频宣传时会给商家及视频发布者造成信任危机，这不仅损害消费者和商家的感情，也会引发消费者之间负面口碑传播和对市场整体信任环境造成冲击。社交媒体中的视频信息也会诱发盲目跟风现象，部分网红视频表现出一些新颖的生活方式或者消费行为，比如对奢侈品的过分追求和奢华旅行。一些观看者有可能盲从，不考虑自己的经济实力与实际需要，对视频上的动作进行模仿。这种盲目跟风既会加重个人经济负担，又会造成社交圈子内攀比之风，损害本来融洽的人际关系。比如，有的青年为了通过社交媒体呈现类似网红视频的生活状态而不惜重金借贷消费，导致经济陷入困境，这种不切合实际的表现，可能使朋友间出现隔阂，从而影响到彼此间的情谊。

四、音频信息的氛围营造

在社交媒体信息丰富多彩的多维效应中，音频信息因其特有的感染力与潜移默化的影响力对氛围营造起到了至关重要的作用。音频信息可以通过声音中的旋律、节奏、音色及语音语调等要素来塑造多种具体气氛，继而影响听众的感受、心理和社交互动，并深深融于人际关系的建构和发展。音乐类社交媒体平台中，风格各异的音乐使用户产生了不同的情感。舒缓的古典音乐如贝多芬的《月光奏鸣曲》等，它那悦耳动听的旋律与灵动的音符能创造一种恬静、幽雅的气氛。用户忙完一天工作之后，打开社交媒体经典音乐频道，沉醉于这种音乐氛围之中，心情和精神得到极大放松。受此气氛的熏陶，网友们或许会在评论区交流情感，并和其他同样热爱古典音乐的朋友们交流心得体会，由于对音乐产生共鸣，从而拉近彼此关系，营造出优雅融洽的社交气氛。而有生气的流行音乐如周杰伦快节奏的歌曲则以欢快的节奏、感染力强的旋律营造了一种激情洋溢、生机勃勃的气氛。在聚会及其他社交场合中，演奏这类流行音乐可以快速点燃会场气氛，使人不由自主地随着音乐翩翩起舞，促进了人际交流，营造出愉悦的气氛，增进了朋友间的情感。就有声读物而言，音频信息以生动形象的朗读、音效等方式给听众营造一种沉浸式的体验。一部引人入胜的悬疑小说由专业主播精彩演绎，再加上紧张惊险的音效，比如阴森恐怖的风声和怪异的脚步声，营造了一种神秘而又充满张力的气氛。当听众聆听时，他们仿佛被带入了故事的世界，与主角共同体验惊心动魄的情节。社交媒体有声读物研讨群组中，听众能够就故事情节和人物命运进行探讨，并分享了他们聆听时紧张激动的情绪体验。这种以音频为载体构建的故事氛围带来的互动使听众之间产生了特殊的情感联系，构成了有趣而又有深度的社交圈子。就情感电台而言，音频信息用温馨亲切的语音语调营造一种引发情感倾诉和共鸣的气氛。电台主播以柔美的嗓音诉说人生的点点滴滴、情感困惑和人生哲理，背景音乐柔和舒缓，给听众创造了轻松安心的倾诉氛围。听众在生活中遭遇挫折或者感到苦恼的时候，听这种情感电台会觉得自己好像在跟一个知心朋友谈心，得到了感情上的安慰与支持。在社交媒体中，观众在评论区交流相似的体验、相互鼓励、相互慰藉，营造出温馨且充满关怀的社交气氛。比如有听众在电台评论区诉说失业之后的困惑，而另一些听众则留言提出意见并鼓励他们，在这种音频所营造出的情感氛围中，每个人都会互相关心、互相支持，加强了彼此的感情联系。但社交媒体中有的音频信息也会对氛围营造产生负面效应。某些包含暴力、歧视和其他不健康内容的音频造成了负面且有害的影响。比如一些鼓吹仇恨言论的声音，一些带有攻击性的言语以及煽动性的口吻都能激起听者内心的愤怒、不满以及其他负面情绪，损害社会和谐氛围甚至会造成不同人群间的对抗与矛盾。社交媒体中传播这类音频会给人际关系造成很大损害，导致网络暴力、群体之间冲突等。另外，某些过于商业化的音频广告在社交媒体平台中频频播出，而且广告内容常常夸大其词，缺乏实质性价值，这就为用户带来了喧嚣和烦躁。用户浏览社交媒体的过程中会不断地被这些广告音频所中断，这不仅会影响其使用体验，也会引起用户对于社交媒体平台以及广告发布者等的厌恶，不仅减少了用户对平台的好感度又会影响社交媒体平台社交氛围及人际关系和谐。而不恰当地利用音频信息会带来隐私泄露问题。例如，擅自通过社交媒体对他人音频进行录音、传播，就有可能侵害他人隐私权、造成信任危机、人际关系破裂等。比如把朋友们私密的谈话录音上传到社交媒体上，就会使朋友们觉得自己受到了背叛与伤害，从而严重损害彼此的信任与友谊。

第二节　传播速度与关系节奏

一、即时通信的同步互动

在社交媒体信息传播速度越来越快的时代大背景下，即时通信中同步互动已经成为人际关系中的一个关键性因素。其信息交互方式几乎是即时的，深刻改变着人与人之间的沟通模式与关系发展过程。即时通信同步交互大大提高沟通效率，工作场景下团队成员可以通过即时通信工具快速沟通工作任务、项目进展及问题解决方案。比如一个软件开发项目，程序员碰到技术难题可以马上到团队聊天群里面去找别的程序员帮忙。群内资深程序员可以在接收到信息时同步回复交流经验、解决思路。同步互动使问题能在较短的时间内得到解决，从而避免项目由于沟通不畅而延误工期。在商业合作中，企业和顾客的交流也因为即时通信同步交互而高效方便。当顾客对于商品或者服务提出问题时可以通过在线客服即时通信功能快速获得解答。这种有效的交流在提高客户满意度的同时，也推动着商业合作关系更好地开展。就个人生活而言，即时通信同步交互使人可以随时随地和亲友保持密切联系。远隔千里的亲人可以通过视频通话同步互动的方式实时分享自己的生活点滴。例如，在国外学习的孩子通过即时通信工具和国内家长视频通话，家长们可以看到孩子的生活环境、倾听校园趣事。这一同步互动，消弭了因距离而产生的鸿沟，使亲情保持并增温。好友间还可以在即时通信中同步互动交流每日的喜怒哀乐。一方遇有高兴之事，可以马上分享给好友，另一方则同步响应并表示祝贺，使快乐倍增；在一方遇到挫折的时候，好友们还可以及时地安慰、鼓励，加强对对方情感上的支持。但是即时通信中同步互动也会遇到一定问题。一是造成信息压力。鉴于信息的即时性特点，人们必须始终保持对通信工具的高度关注，以确保不会错过任何关键信息。比如在一个工作群内，领导会随时下达新任务要求并员工要及时做出反应。这种待命状态使人休息时也很难得到充分放松，增加了心理压力。长时间处在这样的信息压力之下，就有可能影响到人的身心健康，从而给人与人之间的关系带来负面影响。例如，当人们由于工作上信息压力太大而心情烦躁时，他们与亲朋好友的沟通会表现得急躁易怒，从而造成关系紧张。二是即时通信同步交互会造成沟通质量降低。在寻求快速回复时，通常来不及深入思考并整理语言。比如在社交媒体上进行群组聊天时，每个人都可能发一些短小精悍、随意性强的信息来紧跟聊天节奏，既不深入也无逻辑。这种浅层次交流尽管看起来很频繁，却无法真正地增加相互之间的理解与情感。并且，即时通信中因缺少面对面沟通中的肢体语言、表情和其他非语言信息的帮助而易造成误解。例如，某条文字消息由于发送者与接收者在理解上存在差异，其语气会出现模糊，导致不必要的冲突与矛盾，进而影响人际关系和谐。此外，即时通信中同步互动也会使人们处于一种虚假社交满足感之中。人们通过即时通信和虚拟世界里数量庞大的人群保持联系，但是这种联系通常只是表面现象，缺乏深度。比如，个人在社交媒体上有很多朋友，天天都会通过即时通信工具跟朋友们进行点赞、评论之类的交流，而现实中的朋友则是寂寞空虚的。这种不真实的社交满足感会使人们忽略了真实存在的重要人际关系而造成感情上的隔阂。即时通信中的同步互动对于社交媒体中信息传播速度不断提升的大环境中的人际关系既具有正面促进作用，同时又面临着一定的挑战。我们有必要对即时通信中同步互动功能有一个正确的认识与运用，在享受它所带来的有效交流与密切联系的同时还要重视处理好信息压力问题、提高沟通质量，以免落入虚假社交的满足感中，从而推动人际关系良性发展。

二、信息延迟的沟通障碍

在社交媒体这一复杂的信息传播网络上，信息延迟这一普遍现象给交流带来很多阻碍，从而深刻地影响到人际关系的正常进行。信息延迟并不仅仅表现为时间的滞后性，其带来的一系列问题从产生误解到弱化情感连接，正悄悄地改变着人们关系的动态。工作场景下由于信息延迟而导致的沟通障碍特别明显。以跨国项目合作为例，受不同区域网络状况、时差的影响，信息传递往往会出现滞后。在一方团队成员提交了重要项目进度报告之后，另一方也许会在几个小时，甚至几天之后才能接到。在此过程中，接收方不能及时掌握工程进展情况，也很难作出相关决策与安排。如果涉及紧急任务调整时，信息延迟会造成任务延误并影响项目整体进度。就团队沟通而言，即时通信工具本应成为高效沟通的桥梁，然而信息延迟会给沟通带来障碍。例如，在讨论一个关键的商业计划时，A 成员表达了他的看法，但由于信息的延迟，B 成员在一段时间后才得知并表达了不同的观点。此时，成员 A 可能已经在推动计划了，因为双方交流的不同步，无法形成有效的沟通闭环，最终影响了团队协作的效率和工作关系的和谐。商务谈判过程中信息延迟有可能使谈判方向发生改变。双方在网络商务谈判中对价格和条款等重要信息反馈的延迟可能使彼此怀疑。比如供应商给出了报价，而采购方因信息延迟没有及时答复，供应商就有可能认为采购方不满或没有合作的诚意。这一错误认识会使供应商对报价策略进行调整，甚至会影响到双方合作的实现。即使随后双方都说明了信息延迟的原因，但是先前由于信息延迟而形成的不良印象也会破坏双方之间的信任关系，使随后的合作变得更为困难。就个体的情感关系而言，信息延迟也可能诱发沟通障碍。在恋爱关系里，恋人间即时交流是保持关系的关键。当一方向对方发去表达想念或者分享日常的信息时，如果久久没有得到对方答复，就有可能出现焦虑。比如女孩把一件有趣的事情发给男朋友分享，因为消息延迟了，所以男朋友没有看到。女孩也许就开始揣测男朋友是不是正在忙别的事，甚至去想对方是不是已经改变了他们的关系。这种没来由的揣测与不安渐渐累积起来，左右着二人感情上的信任感。哪怕事后男友说明是因为信息延迟而没有及时答复，女孩内心的不安也很难马上消除，长此以往，就有可能造成感情危机。朋友间沟通时信息延迟同样会引起误解。例如，朋友 A 策划了一个聚会，并利用社交工具向朋友 B 发出了邀请。然而，因为信息的延误，朋友 B 并没有及时接到邀请。当聚会结束后，朋友 B 发现自己被"遗漏"，可能会觉得朋友 A 不重视自己，从而对两人的友谊产生怀疑。尽管后续朋友 A 可能会解释这是信息延误问题，但这样的误解可能已经在两人之间播下了不愉快的种子，妨碍了友谊的进一步发展。在更为宽泛的社交层面上，信息延迟影响了其时效性与价值。社交媒体中热点话题讨论通常时效性较强。当某一热门新闻事件出现时，用户会在该平台快速发表意见与见解。如果有一个用户消息迟迟发不出去，等到其评论发表后话题热度已过，其意见也难以被别人注意并讨论。在这一过程中，用户觉得被排斥在社交圈子外，减少了参与交往的热情，从而影响了与其他用户的交往及关系建立。另外，信息延迟也会造成交流不连贯。线上学术讨论期间，与会者就某一专业问题进行了沟通。当一名学者分享了他的研究发现和看法时，其他的学者应当迅速反馈并分享他们的观点。但若信息滞后，后续反应跟不上，则会造成论述时断时续，没有形成一致的思维碰撞与知识交流。这种不同步的交流不但影响了学术交流的品质，而且使参与人对交往的经历有消极的评价，从而影响了相互间的学术交流。

三、热点传播的话题聚焦

在社交媒体快速崛起的背景下，热门话题因其传播速度快和巨大的社会影响力，吸引了众多的用户关注。这一现象不只是信息传递中的一个突出标志，它还在更深的层面上给人与人之间的关系带来多方面的影响。热门的新闻事件常常能迅速地吸引众多用户的目光，并在社交媒体上成为焦点。举例来说，当某一重要的社会事件，例如一场全球范围内的体育比赛的举办、一项具有突破性的科学研究成果的公布，或者一项引发了广泛社会争议的政策的实施，这些信息会通过社交媒体平台迅速传播。得益于社交媒体的快速传播和广泛的覆盖范围，在短时间内，来自不同地域和背景的人们都能接触到相关资讯，并围绕这些焦点进行深入探讨。为大家创造了一个共享的沟通场所，进一步加强了不同个体间的相互交往和联系。在社交领域中，热门话题的传播打破了传统的人际交往模式，人们在传统的社交活动中，往往只与身边的亲友、同事或其他熟悉的社交圈互动。社交媒体上的热门议题使原先并不熟悉的人们因为对同一事件的持续关注而聚集到一起。在讨论热门议题的评论区和相关的讨论组里，大家都在分享他们的看法、情感和经验心得。以一部受欢迎的电影上映为例，观众在社交媒体平台上对该电影的情节、角色设定和拍摄技巧等方面进行了激烈的讨论。在这一交流过程中，来自不同地域的电影爱好者分享了他们对电影情节的独到见解，他们之间的互动不再受到地理位置或职业等因素的束缚。这种以热门话题为基础的互动方式，极大地拓宽了人们的社交网络，为人们结识更多有共同兴趣和目标的朋友提供了的机会，从而丰富了人与人之间的社交多样性。热门话题的集中传播可以在某种程度上提高群体的认同感，当人们围绕一个热门话题形成观点相似的群体时，会产生强烈的群体认同感。例如，在关于环保的热门议题讨论中，那些致力于环境保护和支持可持续发展的群体会在社交媒体平台上汇聚一堂，共同研讨环保措施并分享环保实践经验。在这个社群里，成员们通过相互点赞、发表评论和转发等多种手段，来表达对对方观点的赞同，从而建立起一种深厚的情感纽带。这样的集体认同不仅在数字化的网络环境中普遍存在，还有可能渗透到我们的日常生活中。某些环境保护组织会利用社交媒体上的热门议题来吸引公众的目光，并组织线下的公益活动，这样可以吸引更多的讨论者共同参与公益活动，从而加深他们之间的联系和对集体的归属感。尽管如此，热门话题的传播并没有完全达到积极的焦点，这在某种程度上也带来了某些挑战。首先要指出的是，热门议题的探讨常常会导致观点的极端分歧。在各种社交媒体平台上，由于人们持有不同的观点、价值体系和知识背景，他们对同一热门事件的看法可能会有很大的差异。例如，在讨论某一社会政策时，支持与反对的声音并存，双方可能会为了维护自己的立场而展开激烈的辩论。这样的争议有时会升级为口头攻击和网络暴力行为，这不仅破坏了社交媒体的交流环境，还可能使原本关系融洽的朋友产生矛盾和隔阂。有些人由于在热门议题上持有不同的看法，可能会选择屏蔽或将对方拉入黑名单，这可能会对人与人之间的和谐关系造成不良影响。再者，热门话题的传播具有很强的即时性，这导致话题的焦点通常是暂时的。当一个新的焦点事件出现，人们的关注点会迅速转移，之前的热门话题会迅速被遗忘。这类短暂的话题集中可能会使人们之间的沟通缺少深度。当人们追求热门话题时，他们仅仅是简单地阐述自己的看法，却很少有充足的时间和努力去深入挖掘问题的真正含义。例如，当某明星的绯闻事件成为公众关注的焦点时，社交媒体上充斥着大量关于这件事的八卦和猜测，却很少有人会去关注事件所反映的社会或者道德问题。尽管这种表面的交往在短时间内可以激发大量的交互，但它在建立深入和长久的人际交往中的效果是受限的。此外，热门话题的传播也可能会受到不实信息的影响。当热门事件爆发时，一些不真实的消息也会抓住机会散播。这类不真实的信息有可能误导大众的认知，导致不必要的恐慌和困惑。例如，在疫情暴发时，关于病毒的来源和预防措施的不实信息在社交媒体上被广泛传播，导致了公众对疫情的误解，甚至可能触发社会的恐慌情绪。在这样的背景下，当人们讨论热门议题时，往往需要投入更多的时间和努力来鉴别信息的真实性，这无疑增加了沟通的复杂性和难度，并对人与人之间关系的健康发展带来负面影响。

四、日常信息的持续维系

在社交媒体的信息传播结构中，持续的日常信息交流和分享对于维护人与人之间的关系是非常关键的。这类似乎很普通的信息传递就像是一条缓缓流动的小溪，它以其持久和稳健的特性，为人与人之间的关系的维护提供了肥沃的土壤，并对关系的节奏和质量产生了深远影响。在家庭关系中，分享日常信息成为情感交流的核心。家庭成员通过各种社交媒体平台分享他们的日常生活点滴，包括孩子在学校的学习状况、父母的日常活动安排以及家庭晚餐的各种菜品。尽管这些信息看起来琐碎，但它们包含了深厚的家族情感。举个例子，当孩子在社交媒体上分享他在学校得到的奖状照片，并附带简短的文字描述时，父母会对孩子的成长和进步感到欣慰，内心洋溢着欣喜之情。当父母分享他们在菜市场购买的新鲜食材信息时，孩子也能深深感受到家的温馨和生活中的烟火气。这样的日常信息交流方式使得家庭成员无论身在何处，都能保持紧密的联系，了解对方的生活状况，维护家庭关系的和谐稳定，使亲情在每天的信息交流中得以持续和加深。在建立朋友关系的过程中，日常的信息交流也显得尤为关键。通过社交媒体平台，朋友们可以分享日常生活中的各种情感，这有助于加深他们的相互了解和信任。例如，有一个朋友在社交平台上分享了他在职业生涯中成功完成的一个关键项目，并因此获得了同事们的高度评价。看到这一情况的其他朋友纷纷给予点赞和留言，表达了他们的祝贺并分享喜悦的心情。当面临困境，例如生病需要住院治疗时，他们会在社交媒体上分享自己的近况，朋友们不仅会给予关心和问候，还会分享一些关于疗养的心得和意见。这种持续不断的日常信息交流，加强了朋友间的情感纽带，当双方都有需求时，能为对方提供及时的支持和鼓舞，确保朋友关系的持续健康发展。此外，与朋友分享的日常生活中的兴趣和爱好信息，例如推荐一本优秀的书籍、一部吸引人的电影或一首悦耳的歌曲，都有助于引起朋友之间的共同话题，丰富我们的交流内容，并进一步加强朋友之间的友情。在社区的邻里关系中，社交媒体上的日常信息交流能够帮助人们创建一个和谐的社区环境。社区内的邻居们通过群聊来分享日常生活的小建议、小区的最新动态以及附近的生活信息。举例来说，A邻居在群聊中分享了附近超市的促销活动信息，而B邻居则分享了他种植花草的经验，大家都在群聊中进行互动和交流。这样的日常信息交流，使社区成员间的关系变得更为亲近和深入，从而提高了社区的团结和凝聚力。当社区面临需要集体解决的问题时，例如小区环境的改善或公共设施的维护等，基于日常的信息交流，邻居之间能够建立起积极的沟通和协商机制，从而推动问题的有效解决，并保持和谐的邻里关系。尽管如此，在维持日常人际关系的信息交流中，仍然潜藏着一些隐患。一方面，信息的过度扩散可能会引起人们的注意力分散。在社交媒体平台上，每天都会出现大量的日常更新信息，其中包括了朋友们的最新动态和群组内的各种消息。当人们浏览这些信息时，必定会投入一定的时间和精力，这可能会导致对关键信息的疏忽，从而降低信息交流的效果。比如，在一个家庭群体中，每天都会有大量的表情包、搞笑视频等娱乐信息，这可能会掩盖一些重要的家庭事务通知，导致部分家庭成员无法及时了解相关信息，从而影响家庭事务的协调和处理。另一方面，不真实的日常消息可能会影响双方的信任。在社交媒体平台上，某些人可能会发布一些不真实的日常消息，目的是塑造特定的形象或吸引更多的公众关注。例如，伪造了自己奢侈的生活场景，并在社交圈子里展示了他们并不存在的高端消费体验。当这些不真实的信息被别人戳穿，可能会激起他人的反感和不信任，从而破坏之前的和谐关系。在与朋友的交往中，如果一方频繁地散播不实消息，这可能会使朋友们对其产生疑虑，从而对友情的持续发展产生负面影响。

第三节　传播范围与关系拓展

一、公开传播的广泛社交

在社交媒体日益兴盛的今天，公开传播的信息给人们提供了大量的社交机遇。通过各种社交平台可以使信息打破过去的各种局限，并以极其迅速的方式传播到广大群体当中，这就大大扩展了人与人之间的社交界限，使来自不同背景和地域的人们可以相互联系。社交媒体公开传播的特点，使个人信息可以为更多的人所了解。以微博为例，只要没有设定隐私权限，用户所发布的信息都能在全球范围内被其他用户所浏览。一位普通摄影爱好者在微信公众号里发布了他精心制作的照片，带着有关摄影话题的标签。这些作品或许能被专业摄影师、摄影机构等摄影爱好者所见到。作品可能会引起广大用户点赞，评论，转发等，让这位摄影爱好者得到更多的关注。在这一过程中他也许认识了不同地域和专业的摄影同好。这些人或许会和他沟通拍摄技巧，分享拍摄经验，甚至邀他一起参加某些线下摄影活动。这一公开传播突破了过去摄影爱好者仅能在当地小圈子中进行沟通的限制，给他创造了更宽广的社交舞台，使其能接触更多的具有共同爱好的人群，从而充实了社交圈子。公开传播也给创业者、自由职业者带来广泛的社交空间与商机，比如一位独立设计师通过抖音将其设计作品进行公开，无论是创意构思还是制作过程均通过视频的方式展现在大众面前。这一公开传播方式，引起了一大批潜在顾客的关注。有的商家看了他的作品之后，会主动与他取得联系，请他给商家设计产品的包装和宣传海报。与此同时，设计师还可能会认识一些别的行业专业人士，比如市场营销专家和品牌策划师，和这些人之间的沟通与合作不仅可以帮助设计师扩展业务领域，也可以使设计师在不同专业视角下得到启发并提高设计水平。这种以公开传播为主的广泛社交为创业者与自由职业者在更为广阔的社交网络上寻找合作伙伴与商业机会提供了发展可能。从学术领域来看，公开传播信息还推动学者们进行广泛的交流和协作。部分学术社交平台可以让学者们公开交流研究成果，发表论文摘要，并在研究中提出反思与质疑。以 ResearchGate 平台为例，各国学者可在该平台发表学术成果与同行交流。某生物医学研究学者通过该平台发布了其对某疾病的治疗手段的最新进展。这一消息很快引起了世界各国相关领域学者们的关注，并在评论区各抒己见、建言献策，一些学者也积极与他联系，表示愿意开展合作研究。通过这一公开传播、广泛社交的方式，学者可以随时了解国际前沿研究动向，并与各国同行展开思想碰撞、合力促进学术研究。但由于公开传播而产生的广泛社交，也遇到了许多严峻的挑战。虚假信息泛滥成灾，就是比较突出的问题之一。社交媒体中，有些人为吸引眼球和获得流量而虚构信息。比如在某些热点事件上，某些自媒体账号为抢先发布新闻，捏造事件与进度。这些虚假信息经过公开传播后，很快就会蔓延开来，对广大用户造成误导。人与人之间建立在这些虚假信息基础上的沟通与探讨，既浪费了时间与精力，也造成了不必要的惊慌与困惑。并且，虚假信息传播会破坏社交网络信任环境，使人们面对公开发布的信息心存疑虑与戒备，从而影响到正常社交互动。在公开传播的广泛社交当中，网络暴力同样是一个不可忽视的话题。由于社交媒体的匿名性和公开性，有些人在发表言论时毫无顾忌，当某个话题吸引了广泛的关注时，部分用户会在评论区对他人进行恶意的攻击、侮辱和诋毁。

比如某明星通过社交媒体分享生活日常时，被部分网友无端指责辱骂。这类网络暴力不但给受害者心理带来巨大创伤，而且损害社交媒体的社交氛围，使很多人害怕公开表达意见，妨碍建立健康积极的社交关系。另外，在广泛社交的公开传播过程中，信息过载现象非常严重。社交媒体每天发布大量公开信息，包括各类新闻资讯、娱乐八卦和个人动态。用户浏览这类资讯时常常觉得目不暇接，很难分辨出哪些内容对自己有价值。大量不相关信息的干扰使人很难专注于社交过程中有益的沟通。比如在行业交流群中，充斥着海量广告信息、闲谈内容，而真正与行业技术探讨与经验分享相关的内容则被淹没。这样既浪费用户时间，又降低社交效率，同时也会影响广泛社交中的感受与热情。

二、定向传播的精准社交

在社交媒体信息传播系统中，定向传播这一针对性传播方式为精准社交提供了强有力的支撑。区别于广泛撒网的公开传播，定向传播是按照一定的标准和对象，准确地向特定受众群体传递信息，以达到有效、准确的社交互动，在扩大与加深人际关系方面具有独特且深刻的作用。在商业营销中，精准社交定向传播显示出极大价值。企业可以通过深度分析用户数据，准确定位目标客户群体。以某母婴产品公司为例，该公司借助社交媒体平台定向传播功能对孕期或生育婴幼儿用户进行基于用户年龄、性别，浏览历史和购买记录的甄别。接着，将新产品信息、育儿知识和优惠活动有针对性地推送给目标客户。这一准确的信息传播方式在增强营销效果的同时也使企业和目标客户之间建立更密切的关系。当用户收到这些满足自己需求的消息时，就有可能对商家产生好感、信任感，然后积极地去跟商家交流，比如询问产品问题，参加线上活动。企业在与用户交互中进一步了解用户需求并对产品及服务进行优化，以达到与顾客精准社交并建立长期商业合作。就职业社交而言，定向传播有助于职场人士获得精准的人脉拓展。以领英为例，用户可根据职业目标、行业领域和职位需求设定搜索条件对潜在人脉资源进行有针对性的搜索。例如，一个做互联网运营的人，想扩大自己在电商领域的人脉，就能从领英中设定甄别条件，准确地发现电商行业的运营专家和企业高管。再通过发个性化好友申请、简短自我介绍等方式表达沟通意愿。这样有针对性的传播策略，让职业人士可以更有目的性地与他们的目标社交网络建立联系，从而避免了在大量的社交信息中盲目搜寻。建立起联系后，双方可就共同职业兴趣与目标进行深度沟通，交流行业经验，探索职业发展之路，以达到精准社交的目的，给个体职业发展带来更多的机遇。兴趣社群内定向传播还推动精准社交。各种兴趣社交平台通过算法推荐、用户标签等功能把有共同爱好的用户集中起来。例如，在一个摄影爱好者社交平台上，用户可以根据自己擅长的摄影类型（例如风景摄影，人像和微距摄影）、使用的摄影器材品牌等设置个人标签。平台基于这些标签为用户匹配具有同一兴趣点的其他用户，定向推送有关摄影作品，分享拍摄技巧和通知线下活动。从而让广大摄影爱好者可以通过平台迅速找到志趣相投的好友，并就他们关心的摄影话题进行深度交流。例如，爱好风景摄影的网友可和其他风景摄影爱好者一起分享自己的拍摄地，拍摄地的选择以及后期处理技巧，并通过这样的精准社交，在提高摄影技能的同时，结交一些真正具有共同爱好的好友来充实自己的社交圈子。但在定向传播精准社交中存在一定不足。一是数据隐私问题隐患凸显。实现定向传播时，平台只有对海量用户数据进行采集与分析才能保证信息准确到达目标受众。如果这些数据使用不当、管理不到位，则会造成用户隐私泄露。比如某些不良平台为了非法商业目的向第三方销售用户个人信息。这样不仅会侵害用户隐私权，甚至会使用户害怕定向传播而产生不信任感，从而影响精准社交正常进行。二是算法偏见会对定向传播准确性产生影响。社交媒体平台上的算法在对信息进行甄别与推送时可能受多种因素影响而出现偏差。比如算法可能过多地推荐一些热门话题或者主流观点中的东西，却忽视一些小众却很宝贵的资讯，造成用户接受定向传播信息的视野有限，不能充分理解各种意见与信息。从社交角度来看，这可能导致用户仅能建立起与有类似看法和背景者之间的联系并产生信息茧房现象，从而妨碍人际关系向多元化扩展。另外，虚假账号与消息的出现对定向传播精准社交带来麻烦。部分不法分子为牟取利益可能建立大量虚假账号并利用定向传播漏洞将虚假信息和诈骗信息发送给目标用户。比如在某些商业营销场景下，虚假账号有可能冒充优质客户与商家交流、获得商业机密或者骗取商家信任。在社交场景下，虚假账号会冒充具有共同爱好的用户建立联系进而做出诈骗等恶劣行为。这样不仅会损害精准社交的氛围，也会对用户造成经济损失以及精神伤害。

三、跨地域传播的多元社交

社交媒体快速发展的今天，跨地域信息传播蔚然成风，大大促进了多元社交的形成和发展。过去，人与人之间的社交圈子大多局限在当地，交流对象与交流内容比较单一。而现在，在社交媒体的强大传播能力帮助下，信息可以在一瞬间穿越万水千山到达各个国家和地区的用户终端上，从而为人们提供了一个和全世界范围内的人们建立起联系并打开多元社交之门的机会。在文化交流层面上，跨地域传播带给人们丰富的文化体验。通过社交媒体平台人们能够很容易地接触到各国、地区文化信息。举例来说，一名中国传统文化爱好者，在 TikTok 平台上关注了众多来自日本、韩国等亚洲国家和欧美国家的博主，这些博主分享了各自国家的传统节日、风俗习惯和艺术形式等方面的信息。中国发烧友们在观看这段录像时，既感受到了日本樱花节浪漫的气氛，了解了韩国传统服装——韩服精致的制作过程，也欣赏了欧美国家狂欢节上激情四射的场面。与此同时，中国传统文化爱好者还可通过平台分享中国传统文化，比如春节和中秋节庆祝活动、中国传统艺术剪纸和京剧。这种跨地域文化交流使各国人民彼此了解和欣赏并推动着文化多元融合。人与人之间在沟通的过程中认识了不同文化背景的好友，相互交流生活感悟、开阔眼界、丰富人际关系内涵。就学术研究而言，多元社交的跨地域传播给科研人员带来了广阔的协作空间，世界各地科研人员可以通过 ResearchGate、Academia.edu 这样的专业学术社交平台跨越地域限制和同行交流协作。比如某国内研究人工智能的学者就在学术平台公布了他对人工智能算法优化所取得的新成果。这一成果很快引起美、英、德等国有关学者的兴趣。他们利用平台私信功能或者在线讨论组等方式和中国学者进行了深入探讨。各国学者交流了各自的研究思路、实验数据以及所遭遇的问题并一起寻求解决方法。这种跨地域学术交流和合作不仅加快了科研成果创新和转化的步伐，而且使科研人员认识了来自世界各地的杰出同人并建立了长期合作关系。这些多元人际关系网络给科研人员带来了更多学习机会与资源共享渠道，促进学术研究全球化。就商业合作而言，多元社交的跨地域传播为公司开拓国际市场提供了良好条件。在社交媒体大行其道的今天，商家能够通过 Facebook、Instagram 这些国际社交平台在全球范围内发布产品信息与品牌文化。比如某中国服装企业就在 Instagram 推出精美服装图片及时尚穿搭视频引起欧美及东南亚消费者关注。这些消费者纷纷在评论区留言咨询产品信息和购买渠道，商家也及时给予了答复，建立了联系。同时，商家也可通过该平台和各地经销商和代理商交流协作，扩大销售渠道。在这一过程当中，商家不仅做到了跨地域销售商品，而且认识了各国各地区的商业伙伴，充实了商业社交圈子。这种多元社交给商家带来更大的商业机遇并推动其国际化进程。但多元社交的跨地域传播也遇到了不少挑战。语言障碍就是首先要解决的。各国、各地区所用语言各不相同，交流时语言不通会造成信息误解、交际不畅等。举个例子，一个来自中国的商家和一个来自法国的客户在社交媒体上讨论订单，但受语言能力所限，只能通过翻译工具来进行沟通。但是翻译软件有时候并不能准确地传递语境与情绪，造成双方对价格、交货时间等重要问题的误解，从而影响了合作的效果。文化差异同样不可忽视。各国各地区文化背景、价值观及风俗习惯各不相同，人们在交往过程中对这些差别认识不足就会产生矛盾与冲突。比如，有些西方国家重视个人隐私与独立性，有些亚洲国家则更加重视集体主义与人际关系和谐。跨地域社交时，若一方对另一方文化特点缺乏了解，就有可能在沟通方式和行为举止上产生不妥之处，从而招致对方厌恶并影响社交关系。另外，网络安全问题对多元社交跨地域传播造成威胁。跨地域社交时个人信息与商业机密都有可能泄漏。部分不法分子利用网络漏洞盗取用户个人信息进行诈骗和恶意营销等违法活动。在商业环境中，竞争者有可能利用网络攻击策略，窃取公司的关键商业信息，例如产品设计方案、客户名录等，这可能导致公司遭受重大的经济损失。这些网络安全问题在影响用户个人权益与企业商业利益的同时，也损害着跨地域社交信任环境，妨碍多元社交良性发展。

四、小圈子传播的亲密社交

在社交媒体信息传递方式错综复杂的背景下，小圈子传播通过其独有的手段推动了亲密社交关系的壮大。不同于大范围公开传播、跨地域广泛传播，小圈子传播以特定小众群体为关注对象，以密切的信息沟通互动为纽带，建立了深厚而又亲密的人际关系网络。小圈子里流传的亲密社交，最早来自共同爱好，比如豆瓣上各种兴趣小组里就有一批古典音乐爱好者。他们因喜爱巴赫、莫扎特和贝多芬这些古典音乐大师的作品而聚集在一起。在这小小的圈子中，会员们共享着各自珍藏的宝贵唱片、音乐会现场录音等，交流着对于不同乐章的认知与感受。他们对古典音乐的历史背景、演奏方法以及不同版本的演绎差异进行深入的探讨。这种建立在共同兴趣基础上的深入沟通使会员间产生共鸣与认同。因沟通内容与对方兴趣点高度一致，会员能更轻松表达意见与感受，并逐步建立亲密关系。在这小小的圈子里，每个人都不只是单纯的网友关系，还是志趣相投的好朋友，互相关心、互相支持，共同分享着人生中和音乐有关的点点滴滴的快乐和悲伤。相似的生活经历是小圈子亲密社交传播的重要依据，就拿校友群来说吧，同校同班的学生在毕业时都会在社交媒体上建立校友群。在此群中，同学们追忆了美好的校园时光，交流了曾同堂听课、参加社团活动以及为了考试而努力拼搏的点滴。这些美好的回忆成了联系他们的情感纽带。他们在群内就自己的职业发展和家庭状况进行沟通，有困难就相互提出建议和共享资源。例如，某校友在职场中遭遇职业转型迷茫，在群里寻求帮助。另一些校友则结合自身经历提出了一些意见并提供人脉资源。这种以共同生活经历为基础的互助和支持使校友群内部的联系日益密切，并产生亲密的社交氛围。小圈子传播出的亲密社交也表现为对资讯的高隐私和独家性，部分家庭群内成员共享家庭内部事务及个人隐私生活。比如家长们在群里分享自己孩子成长的照片，学习成绩以及家庭成员间的日常生活琐事，忧喜沟通。这些资讯仅流传于家庭小圈子中，私密性极强。这一私密信息的分享加深了家庭成员间的理解与信任，使亲情能够得到较好的维护与传递。在某些闺蜜群和兄弟群里也不例外，好友分享恋爱经历、职场挫折和心中小秘密。成员之间因资讯的独家与私密而感到相互间的特殊信任与亲密，小圈子凝聚力进一步提升。不过，亲密社交在小圈子中的扩散也带来了一定的问题。一是小圈子封闭性会使信息受到限制。当一个小圈子的成员在很长一段时间内囿于内部交流而仅仅接收类似于看法、背景的信息时，就很容易产生信息茧房。比如在政治观点比较接近的小圈子里，成员之间只是分享、讨论与立场相符的消息、意见，而对其他声音却选择了忽略或者拒绝。这就使会员的眼界变窄了，很难触及多元化的资讯与意见，也不利于个体的全面发展与思想的开拓。二是小圈子内的冲突与矛盾会影响亲密社交。尽管小圈子成员之间关系密切，但由于性格、观念等差异，难免会产生矛盾。比如在兴趣小组里，成员对线下的活动组织方式、时间安排等都会有不同意见。这些矛盾若得不到妥善解决，就有可能引起纠纷与矛盾，使成员间感情产生裂痕，有的人甚至会选择离开小圈子。这一内部矛盾既打破小圈子的和谐气氛，又影响亲密社交稳定。另外，亲密社交在小圈子中的扩散也会受外界因素干扰。在社交媒体平台上，算法推荐会对小圈子信息传播产生影响。为引起用户关注，平台可能推送某些流行却和小圈子感兴趣无关的消息以转移成员注意力。与此同时，某些广告、商业信息等的入侵也会打破小圈子本来清净的沟通环境，使成员产生厌倦情绪，参与度降低，从而影响到小圈子传播的亲密交往效果。

第四节　信息失真与关系信任

一、谣言传播的信任破坏

在社交媒体占据信息传播主导地位的今天，谣言犹如一场看不见摸不着的风暴，其速度之快、范围之广铺天盖地而来，给人与人之间的关系造成不可估量的伤害。谣言作为未被验证的虚假信息凭借社交媒体的便捷性与传播力快速传播并引发了各阶层的信任危机,小到个人与个人的亲密关系,大到社会群体与社会群体的信任架构,均深受其害。日常生活中邻里关系本应是互信和融洽的。然而一个谣言就可以轻而易举地破坏这一和谐。例如,某小区有一个人在业主群中传播谣言说某邻居在该小区进行非法活动。这一谣言很快就传遍了整个社区,而其他邻居未经查证就对这名被造谣邻居心存疑虑与警惕。本来充满温情的邻里关系顿时淡漠疏离。被制造谣言的邻居发现了身边人们奇怪的目光与态度,觉得异常冤枉与气愤。这种因为谣言而造成的信任缺失不仅会破坏邻里之间多年累积起来的感情,也会造成旷日持久的冲突与矛盾,让本来融洽的社区氛围消失殆尽。校园环境下谣言也是严重损害学生间关系信任的行为。在校社交平台或者班级群中,时有针对某学生的不实传闻,如捏造某学生考试作弊,品行不端。一旦这些谣言流传出去,其他学生就会给被造谣者贴上消极标签,并在日常互动中有意疏离对方。被制造谣言的学生将会因此而处于孤立无援状态,学习与生活也会受到很大的影响。而这种信任度的损害并不限于被造谣者与其他学生间,它还会引起全班同学乃至全校的连锁反应。学生开始质疑对方的一言一行,再也没有了往日坦诚相待的态度,使校园中人际关系变得紧张而脆弱。职场是个极度依赖信任的环境,谣言在此蔓延会造成更严重的后果。比如,某公司有这样的人:由于缺乏工作能力和存在不规范的行为,散播了某同事要离职的谣言。这个谣言很快就传遍了公司,同事们背地里议论纷纷。被制造谣言的同事发现他在职场中渐渐变得孤立无援,而本来默契配合的团队成员们也开始变得冷漠起来。领导听了谣言之后,纵然有怀疑,也不免要特别注意这位职工的表现。这种毫无道理的猜忌与不信任感严重地影响了员工工作的积极性与自信心。谣言若不及时被制止,不但会损害员工对同事和领导的信任,更有可能造成员工在企业内部职业发展的障碍,最终不得不离职。在更为宏观的社会层面上,谣言传播对于社会信任体系所造成的损害同样不可低估。重大公共事件中的社交媒体常常充斥各种各样的谣言。例如,自然灾害发生时,一些人捏造谣言,如救援物资的不均匀分布和灾区的不真实状况。这些谣言在短期内迅速蔓延开来，引起了大众的恐慌与不满。公众对于政府部门、救援机构和相关组织信任度大幅下降。在此背景之下，社会凝聚力与向心力被严重弱化，这对于处理公共事件与化解社会问题是不利的。并且，谣言传播时间长了会使大众不信任整个信息传播环境，也会质疑官方公布的真实信息，从而进一步增加社会不稳定因素。谣言传播会给信任关系带来如此大的损害，一方面这是社交媒体传播特性使然。信息可以通过社交媒体进行快速传播，而传播时通常缺少有效核实机制。当人们看到某些引人关注的谣言后，常常会因为好奇或者心情浮躁而不假思索地将其转发并分享出去，这就会加快谣言扩散的速度。另一方面，心理因素也起到了推波助澜的作用。人们往往更倾向于相信信息，对与固有认知或者情绪倾向一致的谣言更容易轻信并加以传播。而在群体传播环境中，民众通常缺乏独立思考与判断能力，易随波逐流，从而进一步扩大谣言影响。要修复因谣言而受到损害的关系信任还需从多个方面着手。社交媒体平台要强化信息审核与管理，构建迅速高效辟谣机制并及时抑制谣言扩散。政府及有关机构要加大打击造谣、传谣的力度，用法律手段保障信息传播有序进行。与此同时，个体还需提升信息辨别能力与媒介素养，面对社交媒体中的信息要保持理智与淡定，不要盲目轻信与散布谣言。只有在全社会的共同努力下，才有可能逐步修复因谣言而受到损害的关系信任度，创造出健康、和谐、互信的社会环境。

二、虚假宣传的误导风险

在社交媒体无孔不入地进行信息传播的今天，虚假宣传就像一个潜藏在黑暗中的圈套，用迷惑性外表误导公众，对人际关系信任造成严重危害。虚假宣传作为信息失真的突出表现，在社交媒体广泛传播力的推动下，恣意渗透至生活中各个领域，包括个人消费决策、商业合作关系等，上至民众对制度的信任度，下至社会舆论动向，无不深受其影响。消费领域存在虚假宣传误导风险。各种产品推广充斥社交媒体。就拿美容护肤产品来说，很多商家都会在推广时夸大产品的效果。一种常见保湿面霜被鼓吹有神奇抗皱、美白和紧致肌肤等多重作用，并声称用一个星期便可见显著效果。消费者看了这些很吸引人的宣传内容，常常心动不已。他们基于在社交媒体上对商品建立起信任感下订单购买。但在使用该产品时发现实际效果和宣传有很大的差距。消费者在浪费钱财的同时，也会因为使用了不合格的商品而伤害肌肤。这种虚假宣传致使消费者与商家之间信任度的崩塌，同时影响了消费者间的感情。社交媒体消费共享群组内消费者共享购物体验。当一个消费者发现所购商品存在虚假宣传时，他就向群组内的其他成员吐露心声。这样不仅会让其他潜在消费者对该产品提高警觉，而且会使其对于整个社交媒体的产品宣传心存疑虑，进而损害消费者间以信任为基础的共享交流氛围。教育培训行业虚假宣传也存在很大误导风险。部分在线教育平台通过社交媒体渲染师资力量与教学成果以吸引学员。例如，宣称授课教师都是业内一流的专家、具有多年的教学经验、学员学成之后的成绩会有很大的提高。而在现实中，教师资质一般，教学方法不尽如人意。当学生及家长为虚假宣传所吸引而报了名后，却发现实际教学并不符合宣传的内容，这既浪费时间和钱财，又会延误学习进度。这种虚假宣传损害了学生和家长对教育机构的信任。在家长交流群里，一旦有些家长发现某个教育平台存在虚假宣传，就赶紧通知别的家长，使该教育平台在家长群内的声誉直线下降，也使父母对社交媒体中教育推广信息产生不信任，给子女挑选教育产品时更慎重、更困惑。从商业合作层面上看，虚假宣传误导风险会造成严重经济损失与信任危机。企业通过社交媒体推广自身实力与产品优势，如果出现虚假内容就有可能误导合作伙伴做出错误决定。比如某小型企业通过社交媒体夸耀其生产设备先进、研发团队实力雄厚、市场渠道广阔、引来某大企业与之商谈合作事宜。大企业出于对他们推广工作的信赖，投入了大量的人力物力准备合作项目。但是在合作中发现这家小型企业实际状况和宣传存在着严重不符合、生产设备老化、研发能力弱、市场渠道非常有限等问题。不仅使大型企业前期投资化为乌有，还耽误工程进度。在这一合作失败之后，大型企业对这家小型企业和社交媒体中的商业宣传信息表现出极大的不信任。而这样的信任危机也会蔓延至业界。大型公司把这次被欺骗的经历分享给其他行业同人，以提醒他们在与该小企业或其他宣传不实的公司合作时要格外小心。致使这家小型企业在业内声名狼藉，也使它很难重新赢得其他公司的信任和合作机会。公益慈善领域虚假宣传误导风险也不可忽视。部分不法分子通过社交媒体进行虚假公益慈善项目推广，以救助弱势群体为名骗取群众捐赠。比如，他们虚构了贫困地区孩子们悲惨的生活状况，并宣称募集到的捐款会被用来改善孩子们的生活、教育条件。市民们为了爱，选择相信公益事业而踊跃捐款。但是事实上这些捐款都被不法分子私自挪用了，并没有真正地投入公益事业中。真相曝光之后，市民对于公益慈善事业的信任度大打折扣。社交媒体公益讨论群组里，大家开始质疑各类公益项目是否真实，失去再捐款积极性。这种虚假宣传既损害了群众对公益机构的信任，又使确有困难的弱势群体得不到救济，妨碍公益事业的良性发展。虚假宣传在社交媒体中产生这种严重误导风险的原因在于：一方面社交媒体传播迅速，涉及面广，虚假信息可以在短时间内快速传播，很难在传播之初被有效抑制；另一方面社交媒体平台上宣传内容审核机制的漏洞使部分虚假宣传很容易通过审查并展现给公众。另外，消费者与大众面对社交媒体中的信息往往辨别能力不足，警惕性不高，易受到虚假宣传外表的迷惑。为减少虚假宣传误导风险、修复受损关系信任，社交媒体平台应当强化宣传内容审查，制定严格审查标准与程序，保证宣传信息真实准确。政府有关部门要加强对虚假宣传的监督与惩处，并通过健全法律法规等方式打击虚假宣传违法行为。与此同时，大众本身还需提升信息辨别能力与媒介素养，面对社交媒体的宣传信息要保持理智与淡定，不要盲目信任与扩散。唯有多方合力，方能有效抑制虚假宣传泛滥、减少其误导风险、重构人际关系信任。

三、信息误读的关系误解

在社交媒体复杂的信息传播生态下，信息误读是导致关系误解的一个主要原因。与有意虚假宣传和谣言传播不同，信息误读通常在无意中产生，但会严重影响人际关系中的信任基石，小至日常人际交流，大至重要社交关系网络都会因为信息误读而深陷误解。家庭关系中因信息误读而导致关系误解的现象经常发生。比如孩子在社交媒体上分享职场压力，并配上几句感言，家长看完之后，有可能把这些内容曲解成孩子在职场遇到大挫折甚至有辞掉工作的念头。家长出于关切，马上打来电话询问，口气里带着着急与忧虑。但是孩子原意只是分享这篇文章，感叹职场中的普遍现象，并不是他们有什么真正的问题。在家长突然追问、反应过激时，孩子可能认为家长太敏感而干预了他的生活。这种由于信息误读而造成的交流不畅易造成亲子间的冲突与误会，破坏家庭关系和谐气氛。本来亲密的家庭关系可能会由于一个小信息误读而造成无谓的隔阂。从朋友关系的层面上讲，信息误读也是很容易造成误会的。社交平台中，好友间以文字和图片的形式交流生活点滴。看到朋友发的朋友圈里面有他在医院的合影，但并未细说病情。有的朋友可能会误会他生病住院了。于是纷纷在评论区里留言关心、询问病情。可实际上，他只是去医院探望病人而已。朋友看了众人的议论，感到满心无奈。而留言在意的朋友们会感到善意受到了辜负，而产生不满情绪。这类信息误读既浪费朋友的感情投入，又会使朋友间产生误解，从而影响到对方的信任感与友情。职场中信息误读更容易破坏感情。工作群里，领导发了个通知，对最近的任务进行调整，比较简明。有些员工可能会对通知里的部分描述产生误解，觉得自己的工作职责急剧上升，并且觉得这是不合理的。因此，当职工私下投诉而不进一步找领导查证时，他们甚至怀疑领导的决定。领导在了解了职工的上述反应之后，就感到职工没有领会他们的用意，没有配合好工作。这种由于信息误读而造成的领导和员工间的错误认知不仅影响了团队工作氛围，而且可能使工作效率下降，妨碍了工程的顺利进行。并且，这类误会若不及时消除，就有可能在以后的职场中继续发酵，从而进一步损害职场人际关系。社交群组内信息误读往往还会造成群组成员之间关系的误解。比如在某兴趣爱好群中，就有网友分享过对某影片的看法，觉得影片情节有严重破绽。但是因为文字表述不明确，别的群员错误地认为此人是对影片的全盘否认。因此，热爱此片的成员群起驳斥，双方进行了热烈的论战。伴随着争论的激化，本来融洽的群组氛围遭到破坏，人们不再专注于对影片本身的探讨，而陷入情绪激烈的纷争。这种由于信息误读而造成的成与成员之间关系错误认知不仅会破坏群内部的交流氛围，甚至会使一些成员从群中退出，从而影响社交关系稳定性。信息误读易造成关系误解的原因如下：一是问题的提出，社交媒体的信息传播多以文字和图片的方式进行展示，缺少面对面沟通的语调、表情和肢体语言作为辅助性信息，使其在传达过程中易出现歧义。二是各人的知识背景、生活经历和思维方式不一样，对同一份资料的认知就有差别。这种分歧得不到及时的沟通与协调，则易造成误读。另外，社交媒体上信息传播迅速，人们收到信息后往往没有充足的时间与耐心进行分析与了解，这是造成信息误读现象的一个主要原因。为避免由于信息误读而造成关系上的误解，必须采取一系列的措施。从个体层面看，社交媒体发布消息时要尽可能表达清楚和准确，切忌采用含混不清且易造成歧义的表达方式。收到消息后，不要急着去判断、去回应，应该多花点时间去想问题，如果有问题，应该及时跟消息的发布者交流验证。从社交媒体平台的层面上看，应该提供若干辅助功能来帮助用户加深对资讯的了解，如建立注释功能以提醒用户关注准确资讯。与此同时，平台还应强化用户媒介素养教育、增强信息辨别能力、沟通能力。从社会层面上看，要提倡一种理性客观的信息交流气氛，促使人们面对社交媒体上的信息要冷静理智，切忌盲从做出情绪化反应。

四、真相还原的信任修复

在社交媒体复杂的信息传播环境中，信息失真的现象频频发生，严重损害着人与人之间的关系。不管是谣言传播、虚假宣传或信息误读都像是一道道裂缝，撕裂了信任的根基。而这时，真相还原就成了修复关系中信任的关键，这就像一缕阳光，穿透信息迷雾为重建信任这座桥梁带来可能。从个体层面上看，好友间由于信息失真而产生的误解，真相还原可以有效地修复关系信任。比如在朋友圈，一好友看到另一位好友分享和陌生人亲密的照片而没有解释。因信息所限，这位好友错误地以为对方已有新欢，还刻意隐瞒了自己这个挚友。所以，心里很不满意，随后的沟通也是态度生硬。不过其实这张照片仅仅是在工作场合和伙伴们自拍。被曲解的好友发现异常时，会主动去找对方详细说明图片的来龙去脉及原因，还原事情本来面目。知道真相之后，本来有误会的好友认识到了他的误判，内心的不满情绪顿时烟消云散，两人之间的感情得到了修复。这种以真相还原来化解误会的做法使朋友间恢复了信任并延续了友谊。真相还原也是维护家庭关系的关键。假设家庭群中有一则针对某家庭成员的负面传闻，说他在职场中犯下严重过失而面临被解雇。还有一些家庭成员未经查证就向这名成员提出了关切和怀疑。被制造谣言的成员知道了，会觉得很委屈。这时，他将工作单位表彰文件和领导表扬信息呈现在家属面前，恢复事情本来面目，为真相正名。家属们看到了确凿证据之后，意识到轻信谣言是不对的，从而恢复了对于这名家庭成员的信任。家庭关系也因此恢复和谐，避免了因信息失真引发的家庭矛盾进一步升级。在职场领域中，真相还原对于修复信任关系起着重要作用。比如，公司内部流传着关于某个项目失败原因的不实信息，将责任全部归咎于某一位员工。信息传播时，该员工被同事责备、被领导曲解，工作积极性大减。但是实际上，项目失败有很多客观因素，而不是这个员工一个人的责任。当这位工作人员搜集到有关该项目的各项数据、会议记录以及与其他部门交流的电子邮件等材料，并将该项目失败的真正原因详细地告诉领导及同事，还原事情的本来面目时，人们对他的认识就有了变化。领导意识到以前的评价太草率了，而同事则对他的责备心存内疚。通过此次真相还原使该员工再次获得领导及同事们的信赖，并能继续在职场中施展才干，恢复团队合作关系，从而为之后项目的成功实施打下基础。从社会方面来说，真相还原是重建民众对制度、组织信任的关键。当一个公共事件爆发时，社交媒体可能快速传播各类未被确认的消息，从而造成公众对于有关责任主体的误解与不信任感。比如某次食品安全事件，社交媒体上传播了某家著名食品企业在生产过程中严重违规操作的传闻，导致大众对其产品产生恐慌与抗拒心理。企业一旦发现这一现象，就会马上启动危机公关机制请权威的检测机构进行全方位的产品检验，并把检验报告公之于众。同时通过举行新闻发布会对生产流程、质量控制体系和事件真正原因进行了详细描述，恢复了事件的本来面目。当大众得知真实的情况之后，对于这家公司的信任度就会逐步回升，公司就挽回了自己的名声，并持续地在市场上稳步发展。要想实现真相还原以修复信任感，必须从多个方面入手。一是个体层面对信息应具有积极查证真相的能力。在收到可能会对人际关系产生影响的消息后，切勿盲目地相信并散布，而要多渠道核实消息是否属实，如求证当事人、获取权威资料等。二是社交媒体平台要承担相应职责并建立和完善信息核实机制。对平台发布的热点信息和可能引起纠纷的消息，应当及时核查、标记或者删除。同时平台应激励用户对虚假信息进行举报，对于举报内容真实的用户给予有一定的奖励。另外，媒体及相关机构要积极发挥作用，当遇到信息失真的事件要及时干预调查，并通过权威报道来恢复事情的本来面目，引导大众正确地看待这一事件，以免信息失真的信任危机愈演愈烈。

第三章
社交媒体互动方式
对人际关系的重塑作用

第一节　点赞评论的关系反馈

一、点赞的情感表意与社交鼓励

在社交媒体所建构的纷繁复杂的人际网络里，点赞这一简单但影响巨大的互动方式承载了大量的情感表达并起到了强烈的社交鼓励作用。它就像社交舞台中的一束微光，虽然看起来很弱，但能够瞬间照亮别人的心，深刻地影响着人与人之间的关系。从情感表达的角度分析，点赞首先传递的是一种关心和重视。当一个人通过社交媒体浏览他人动态时，若选择点赞就意味着已经注意到这条消息，并且愿意花时间做出回应。在社交媒体的朋友圈中，有一位朋友分享了宠物的可爱照片，而其他人的点赞则显示出他们已经注意到了这个朋友生活中的温馨时刻。这种关注的情感表达，让分享者感受到自己在他人心中占有一席之地，即使彼此没有过多的言语交流，一个点赞也能传递出"我正关注着你的人生"这样的信息，从而拉近彼此的心理距离。点赞，也包含着赞赏和爱戴的情感。当一个人发表了他精心制作的绘画作品，写出漂亮的文章或拍出精彩图片后，他人的点赞是对其天赋与付出的直观认可。在抖音这样的短视频平台，主创人员发布了一个舞蹈视频并获得了大量好评，这代表了观众对他们的舞蹈技巧、表现力的赞赏。这种赞赏之情是通过点赞来传达的，它不仅使创作者有成就感，还能加强创作者和点赞者的感情连接。赞美者的反馈如同春雨滋润大地，为创作者的内心带来滋养，鼓励他们继续分享更多好的作品。另外，点赞也可以在具体的场景中表现出同情和慰藉。例如，当朋友们通过社交媒体分享他们遇到挫折、患病或情绪低落等情况时，点赞已经不是单纯的肯定，而成为一种默默的陪伴和慰藉。这种点赞传递出的情感是"我了解您目前的情况，也很在乎您"。它给了彼此情感的寄托，让双方都觉得哪怕是在艰难的时候，都不是孤身一人，周围有很多人在默默地关注、呵护着自己。在社交鼓励中，点赞这一行为能够正向促进个人成长与发展。对学生群体来说，通过社交媒体分享学习中的收获，比如背一篇长课文，解一个疑难问题等，同学们、老师们、家长们的称赞就是对其好好学习的认可。这就像一股看不见摸不着的力量，鼓舞着学生更刻苦地学习。比如某同学将其英语口语练习结果分享到班级群里，学生点赞并给予鼓励，使这名同学觉得他的努力得到肯定，会更加努力地提高英语口语水平。职场中，点赞是社交鼓励的重要手段。同事们通过社交媒体交流所做工作的结果、创新想法或取得的职业成就，点赞能提升其自信心与工作热情。例如，某员工通过公司内部社交平台分享他所负责的项目获得阶段性成功时，领导及同事的称赞不但是对他工作能力的肯定，还会形成积极的工作氛围。这一激励帮助员工在职场中保持良好的心态，敢于面对更多的挑战，从而给企业带来更多的价值。点赞是创业者、自由职业者拼搏过程中十分重要的支撑力量。在激烈竞争的市场环境中，无论是创业者还是自由职业者都要不断地展示其产品、服务或者创意来吸引顾客与合作伙伴。社交媒体的点赞数量已经成为评价他作品受欢迎程度以及市场潜力大小的标准。当创业者通过社交媒体发布其全新设计产品图片并介绍其服务优势后，海量点赞能给创业者带来自信，使创业者确信其努力已被市场所接受。这样的社交鼓励可以帮助他们在创业时克服困难、战胜压力、坚定不移地前行。但点赞在起到情感表意、社交鼓励等作用的同时也遇到了挑战。点赞泛滥会使他们情感表意与社交鼓励价值淡化。社交媒体中人们可能会不假思索地点赞海量内容以寻求社交互动次数，从而使赞美流于形式。在此背景下，点赞传递出的感情就会模糊，很难真正打动别人的心。此外，点赞的片面性会造成误会。单靠点赞的方式，点赞者未必能确切地理解被点赞者真正的思想与情感。比如当有人发表一篇深刻的论文时，点赞者也许仅仅是因为该论文的题目引人入胜而点赞，而不是对该论文内容的真正了解与认可，从而使分享者误解。

二、评论的观点交流与关系深化

在社交媒体这一巨大生态系统下，评论这一深度互动形式大大促进了观点交流并有力推动着关系加深。相对于点赞而言，评论并不只是一种单纯的认同表达，而是沟通不同个人思想世界的桥梁，给人带来深入讨论、交换意见的舞台，因而对发展人际关系起着必不可少的作用。在信息分享情景下，评论营造出观点交流的广阔天地。当一个人通过社交媒体发表某篇文章、某条新闻资讯或他的思考感悟之后，评论区就会变成观点碰撞的平台。比如，微博上一位知名学者分析了当前经济形势，他从宏观经济政策和市场趋势几个角度进行阐述。不少网民在评论区表达了各自的意见，部分网民根据所处行业实际，补充、扩充了文中观点；一些网民却站在不同经济理论的立场上进行了追问与辩驳。这种以评论为主的意见交流使本来单一的信息传播转变为多元的思想大餐。不同背景和立场的人们通过评论聚集起来讨论问题，开阔了眼界，加深了人们对问题的认识。就兴趣爱好而言，评论则是推动关系加深的一个重要环节。就拿豆瓣电影小组来说，当有成员分享自己观看某部影片的感想，评论区顿时热闹了起来。电影爱好者在影片剧情、人物塑造和拍摄手法上各抒己见。有的人喜欢影片起伏跌宕的情节，评点时细致地分析情节转折与高潮；一些人却称赞影片的摄影风格，并分享了他们在画面构图和色彩运用等方面的认知。在一次又一次的评论交流当中，各成员发现双方对于影片都有类似的喜爱与独到的观点，使他们之间的关系更加密切。原本只是群里偶尔交流的陌生人却因评论某部影片而深入沟通，逐渐结下了深厚情谊。两人开始关注对方，并就其他与电影有关的话题不断沟通，甚至相约在线下共同看电影和探讨影片，从而更进一步加深了感情。在对社会热点话题进行探讨时，通过点评实现观点交流和深化关系的效果也特别显著。每当社会出现如公共政策的调整或突发状况等重大事件时，社交媒体都会成为热议的焦点。在有关主题的评论区中，大家从各个角度表达了自己的见解与主张。以垃圾分类政策出台为例，部分网友站在环保角度积极支持政策落实，分享了生活中如何进行垃圾分类的心得；部分网友则在实际操作层面质疑并讨论了政策执行中可能会出现的问题。人们在评论交流中既可以理解不同意见，也可以体会别人对于社会问题的重视与责任感。这种以共同话题为基础的深入交流使人与人之间产生了思想共鸣，并由此产生了跨越地域、年龄和专业的关联。本来并不认识的人们，由于在评论区就社会热点话题进行探讨，渐渐地形成了具有共同关注焦点的团体，他们之间的感情在深度交流中不断加深。但评论在扮演观点交流和关系深化角色的同时也遇到了若干挑战。一方面，网络暴力频发。评论区的一些人由于意见不一致，会言语攻击、谩骂甚至威胁他人。这一行为在破坏良好交流氛围的同时，也会严重损害与被攻击者之间的情感，妨碍意见的正常沟通以及双方关系的良性发展。比如在某些明星绯闻事件评论区里，经常有粉丝相互撕骂，这一非理性行为使得本可进行理性讨论的议题显得扑朔迷离。另一方面，虚假信息和谣言也容易在评论区传播。一部分人发表言论时，不经查证便随意转发、散布虚假信息误导别人。这一行为既会影响信息的真实性与可靠性，也会造成大众恐慌与误解，损害社交媒体中信任环境从而影响人际关系和谐。在社交媒体的互动环境中，评论对于观点的交换和关系的加深起到了不可或缺的作用，为大众创造了一个开放且多样化的沟通场所，使不同意见能够相互碰撞，使人与人之间在沟通中增加了解，深化情感。但是我们还必须直面评论中存在的网络暴力和虚假信息传播现象，并通过强化平台监管和提升用户素质来打造良性、融洽的评论环境，使评论能够真正发挥积极效果，给社交媒体中人际关系的发展带来正能量。

三、回复的互动循环与关系巩固

在社交媒体的多样化互动环境中，回复在点赞和评论的关系反馈中起到了至关重要的作用，它对于建立持续的互动循环和加强人与人之间的关系具有不可忽视的影响。它在社交网络中起到了如同润滑剂的作用，确保了信息的流畅传递，并加强了人们之间的纽带。在社交媒体上发布内容之后，人们收到的反馈激发了他们之间的互动。拿我的朋友圈来说，我有一个朋友分享了他在参与公益活动时的心得和体会。还有一位朋友在评论区内发表了对公益活动的高度评价，并对分享者的行为表示了认同。当分享者浏览到这篇评论时，迅速做出回应，分享活动中的细节以及他们参加活动的初衷。这种反复的回应方式，构建了一个简单的交互循环。在这一交流过程中，双方不仅仅是在表面上给予点赞或评论，而是深入了具体的活动内容和个人的情感层面。分享者在回应中意识到，评论者对他们的关心不仅仅是文字描述，更多的是对他们所经历的事情产生了真实的兴趣；由于分享者的反馈，评论者对公益事业有了更为深入的认识，并与分享者在情感层面上建立了更深的共鸣。这样的交互模式使双方的友情逐渐深化，进一步拉近了彼此的距离。在微博上关于话题的讨论中，回复所产生的互动和加强关系的作用尤为突出。当某一热门议题吸引了大量的公众关注，网友纷纷分享了他们的看法和意见。一名网友针对该话题撰写了一篇深度分析的文章，引起了其他网友的广泛评论。部分网友对文章里的看法表示了支持，并给出了进一步的论据；然而，另外一些网友对此持有不一样的观点，并进行了冷静的反驳。文章的发布者对每一条评论都进行了详细的回复，阐述了自己的观点来源。在这一系列的回应中，更多的网友被吸引到讨论环节，从而构建了一个庞大的互动循环。参与讨论的网友们通过持续的回应和交流，不仅加深了对话题的理解，还结识了很多有相同观点或不同看法但能够理性交流的朋友。这样一种以回复为基础的互动方式，成功地消除了地理、年龄和职业等多个因素的限制，使原先不熟悉的网友们能够建立联系，并且在持续的互动过程中，这种关系逐步得到加强。尽管讨论已经结束，但这群网友在后续的社交互动中，由于之前在相同话题上的深入探讨，对对方的关心和好感也会逐渐增加。在特定领域的社交媒体里，回复之间的交互循环对于关系的稳固和职业生涯的成长具有至关重要的影响。举个例子，在某个行业的交流群中，有一名从业人员分享了他在职业生涯中所遭遇的问题，并希望得到大家的支持。群内的成员纷纷做出回应，分享了他们的经验和解决策略。提问者在接收到反馈后，细致地阅读并对每一个有价值的答复表示感激，同时也详细描述了自己的情况，以便其他成员更有效地提供支持。这样的反馈与再次反馈的交互模式,为群组成员创造了一个互助的良好环境。成员们在解决问题的过程中,不仅增强了自己的专业技能,还深化了相互之间的理解和信任。在接下来的任务中,这些成员可能会基于他们在团队中的交互体验,形成合作伙伴关系,共同推进项目或分享资源。这样一个以回复为基础的交互模式,不仅加强了团队成员间的联系,还为个体的职业成长开辟了更多的可能性。但是,在推动互动的循环和加强关系的过程中,回复也遭遇了若干挑战。一方面,答复的质量并不统一。有些人在回应问题时,仅仅是简单地发表了一些无关紧要的观点,或者是复制和粘贴了一些通用的信息,缺乏真正的思考和有用的信息。这样的低品质回应并不能加深进一步的互动,相反,它可能会使发起讨论的人感到沮丧,并对互动的循环产生负面影响。另一方面,答复的时效性同样是一个难题。在社交媒体平台上,信息的更新速度非常快,如果不能及时回复,可能会导致话题的热度降低,参与者的兴趣减退,从而打断互动的循环。另外,由于社交媒体上充斥着大量的信息,人们有可能会错过一些关键的回复,这可能会影响到互动的连续性和关系的稳固。在社交媒体上的点赞、评论和关系反馈中,回复成为建立持续互动和加强人与人之间关系的核心驱动力。它通过加强信息的深度互动和情感的共振,促使人们在社交媒体平台上构建更为紧密的联系。然而,为了最大化回复的效果,我们必须提升回复的品质,确保回复的时效性,并防止由于低质量或延迟的回复对互动产生负面影响。唯有如此,我们才能确保在社交媒体的人际交往中,真正达到持续的互动循环和人际关系的稳固,从而为我们的社交活动带来更多的正面影响。

四、负面评价的应对与关系调整

在社交媒体点赞评论关系反馈体系下,负面评价就像一个不协调的音符,破坏了本来可能融洽的社交氛围,使个体感到烦恼,也会影响人际关系。如何正确对待负面评价和有效调整关系已成为社交媒体用户不得不面临的一个重要问题。个人生活分享场景中负面评价频频出现。例如,一个人在朋友圈晒出自己精心准备的晚餐照片，本是想分享生活中的美好瞬间，却收到了一条负面评论：这菜看着就没食欲，摆盘也太丑了。这类评估可能使分享者感到郁闷、委屈。面对这种情况，我们应该沉得住气，切忌情绪化地回击。分享者可以选择幽默回应，化解尴尬氛围，如回复"哈哈，看来我的厨艺还有很大进步空间，不过自己吃着香就行啦"。这一回应不仅不会使自己卷入争吵中，而且展现出开朗的心态。如果负面评价中有恶意攻击成分，分享者还可选择直接无视，不允许它影响情绪。基于关系调整的视角，若这条负面评论是出自不熟悉者之手，则分享者可适当减少社交媒体中和另一方的交流；如果出自好友之手，分享者可私下和好友交流，问对方为什么会有如此言论，或许好友仅仅是玩笑，交流后误会就会解除，避免关系恶化。在产品推广及营销领域中，负面评价给企业及品牌带来的冲击不可低估。当商家通过社交媒体发布新产品信息时，就有可能得到消费者负面评价。例如，一款刚刚发布的手机就有网友在评论区表示电池续航能力不强，极大地影响了使用体验。企业在面对这种负面评价时不应该熟视无睹。首先要及时回复，表达对用户反馈的重视，如"很遗憾给你带来了糟糕的体验。我们已关注到电池续航问题并将深入调研"。其次企业应该迅速行动起来，并组织技术团队来分析并解决产品中存在的问题。如果判定产品质量确实存在问题，企业应当对问题产品及时召回并对用户进行合理赔偿。企业在正面处理负面评价时，既可以解决目前用户所面临的困难，也可以让其他潜在消费者看到其对产品质量的责任感，从而挽回品牌形象。在关系调整中，当商家和提出负面评价用户之间建立了很好的沟通时，就有可能把本来不满的用户变成忠实的用户，从而进一步稳固和消费者之间的关系。知识分享和观点交流情景下的负面评价同样比较普遍。例如，某博主通过社交媒体对历史事件进行解读，有网友通过评论区进行负面评价，表示博主观点有错。博主在遇到这一情况时，应该先仔细分析网友们的言论，并对这些言论的合理性进行评判。如果网友提出的疑问确有理由，博主应该虚心接受、答复致谢、修改文章。例如，回复"谢谢大家的斧正，经参阅了更多材料后，笔者发现的确有一些看法有偏颇之处，已经对文章做了修正"。如果网民的负面评价建立在误解或者片面理解的基础上，博主则可耐心地加以说明，并提供更多的论据来佐证其观点和引导网民理性思考。在关系调整方面，与发布负面评价的用户形成良性互动可能使博主吸引更多的理性读者并扩大社交影响力，同时，还可以和这些网友在知识交流的基础上，建立良好的联系。但有的博主在处理负面评价时出现了一些易犯的错误。比如一遇到负面评价就马上猛烈驳斥，甚至和对方展开骂战。这样的方式不但不能解决问题，还会使情况更糟，进一步损害人际关系。也有一些人对负面评价太过在意，长期沉浸在负面情绪之中，从而影响了正常的生活与工作。另外，有些人也可能采取回避的态度，删去负面评价，这虽然可以暂时打消眼前不快，却不能从根源上解决这一问题，反而会引起更多的负面猜测。在社交媒体点赞与评论关系中负面评价反馈较多，这难免会出现，个人、企业与博主均需采用恰当的应对方法与关系调整策略。要冷静理性地处理，主动沟通、妥善应对，以化解负面评价中的矛盾和保持良好的关系，使社交媒体真正成为一个促进沟通和发展的舞台。通过持续增强对负面评价的处理能力，可以在纷繁复杂的社交媒体环境下更好地培养与维系人际关系，获得更健康、更主动的社交互动。

第二节　分享转发的社交扩散

一、知识分享的价值传递与形象塑造

在社交媒体的广阔天地里，分享转发行为对于知识传播领域有着极其关键的影响，它在实现知识价值传递的同时，也深刻地影响着个体对社交网络形象的建构。社交媒体平台中知识分享涉及多个方面，包括专业学术知识和实用生活技巧等，包罗万象。在用户共享宝贵知识内容的过程中，共享转发机制就像一个高速传播的引擎，把这些知识快速地传播到每个角落。以知乎平台为背景，一名经验丰富的程序员分享了他在软件开发领域的创新思维和高效的代码编写方法。其答案有条理且翔实，是许多编程爱好者学习的珍贵资源。当其他的用户看到这个答案时，都深深地感受到了它的重要性，并纷纷进行点赞、发表评论和分享。这一知识内容通过分享转发等方式能够在更多程序员中进行传播，甚至引起相关公司的重视。很多初学者都从中学到了知识，少走了弯路；有些阅历的程序员还会从中得到新的启发和提高技术水平。这一知识的价值传递不仅有助于个人在知识层面上的发展，而且促进了全行业技术的交流和进步。就学术领域而言，共享转发知识也是非常重要的。研究人员将其最新研究成果——学术论文共享到社交媒体中，经同行共享转发后可快速扩大其影响。以生物学为例，一个科研团队通过社交媒体发表了有关基因编辑技术取得新进展的文章。这篇学术论文吸引了大量同行的目光，经过深入的研究，他们认为这一研究具有显著的科学意义，并在各自的社交网络中进行分享。在分享转发日益广泛的今天，该研究成果已为越来越多的科研人员所了解，并对后续相关研究具有一定的借鉴与参考意义。同时也有利于不同科研团队间的沟通和协作，加快科学研究步伐。这种知识分享所带来的价值传递使学术研究不囿于实验室与学术期刊而得以更为广泛地传播与运用。在价值传递之外，分享转发知识对于个人形象塑造产生了深远的影响。社交媒体中频繁共享优质知识内容的使用者通常被别人认为是博学多才且愿意分享的人。比如某历史爱好者经常会在抖音上分享有关中国古代历史知识的视频。其视频内容丰富，解说生动，以深入浅出的形式向观众展示了错综复杂的历史事件以及人物故事。随着几段视频的大范围分享和转发，其在抖音平台的关注度也不断提升。在网友心目中他是通晓历史的行家，他的形象既是知识的传播者又是文化的传承者。这一积极的形象塑造不仅增强了其社交网络影响力，也使其获得了更多社交机会。比如他有可能受邀参与一些涉及历史文化的线下活动，跟其他志趣相投的朋友交流合作。从职业领域来看，分享转发知识树立个人良好形象有利于个体职业发展。以职场社交平台脉脉为例，某资深市场营销专家通过该平台交流其市场调研、品牌推广的心得与感悟。其分享的内容实用性、指导性强，被广大同人所接受并进行转发。当这些知识内容被广为传播时，其在业界的知名度也越来越高，专业权威形象也逐步确立。这一形象不但使其在公司内得到更大的尊重拥有了更多机遇，还引起其他公司的关注，给其职业晋升与跳槽带来更大的可能性。但在分享转发知识时也出现了一些值得重视的问题。一方面，有些知识内容会存在错误或者片面性。这些错误知识若大量共享转发就有可能误导别人。比如在健康养生方面，某些缺乏科学依据的养生知识通过社交媒体广泛传播可能对大众健康产生不利影响。所以在共享转发知识的过程中用户应该认真筛选，以保证知识的准确性与可靠性。另一方面，有些人为了追求流量和关注度，会抄袭他人的知识内容进行分享转发。这类行为既侵害他人知识产权又有损自身形象。社交媒体平台要强化知识分享内容审查，严厉打击抄袭和其他侵权现象，构建健康有序的知识分享环境。知识分享在社交媒体上的社交扩散，实现了知识的价值传递，同时对于个体形象塑造也有正面效果。通过分享转发可以使知识得到更大范围的传播并给别人以帮助与激励；同时个体还可以通过共享宝贵知识、塑造良好形象等方式来增强其社交网络影响力与竞争力。但是我们还应关注分享转发中存在的一些问题，以保证知识分享的质量与真实性，使其价值能够更好地通过社交媒体展现出来。

二、生活分享的情感共鸣与社交融人

在社交媒体丰富的生态环境中，分享和转发作为一种关键的互动手段，在日常生活分享活动中起到了至关重要的作用。这不仅能激发人们的情感共鸣，还在很大程度上推动了个体在社交方面的整合。生活分享覆盖了人们日常生活的各个方面，从日常小事到特殊的经历，这些内容通过分享和转发在社交网络中传播，像纽带一样连接着不同个体的情感和生活。在社交媒体上，人们分享生活的方式是多种多样的，涵盖了文字、照片、视频等多种形式。举个例子，有一名用户在社交圈子里分享了他精心制作的晚餐的照片，并讲述了他在烹饪时发生的趣事以及对美食的热爱。看到这篇分享的朋友们，都纷纷给予点赞和留下评论。一些朋友还分享他们的特色菜肴；某些朋友则表露出对于美食的渴望与羡慕之情。这样的分享激起了朋友们的情感共鸣，大家通过评论和交流，仿佛都参与到了这次美食之旅中。当这个朋友圈的内容被朋友分享到其他的群组或个人网页时，更多的人看到了这篇分享，从而进一步拓宽了情感共鸣的领域。这群人或许因为对美食的共同喜好，在情感层面上建立了联系，哪怕他们之前并不认识。这种建立在生活分享基础上的情感共鸣，使人们能够感受到自己的生活经验得到了他人的理解和认同，从而加强了彼此之间的情感联系。分享旅行的经验也构成了生活分享的一个关键环节，它同样可以激发强烈的情感共鸣。一名游客在小红书上分享了他在偏远山区徒步旅行的经历，书中附有精美的风景照片和感人的文字描述。分享了他在旅行过程中遇到的挑战、看到的壮观风景以及他的内心感受。这篇分享文章引起了大量用户的兴趣，很多人被其亲身经历所触动，纷纷在评论区分享自己的旅行经历，有些是对美景的向往，有些是对旅行中遇到的人和事的感叹。这一系列的分享和转发活动吸引了更多的人参与到关于旅行的情感对话中，通过共同的旅行议题，大家找到了情感共鸣。在分享的旅程中，分享者与其他参与者之间的距离逐渐缩短。尽管他们可能来自不同的背景和生活方式，但由于对旅行的热爱和相似的体验，他们之间形成了一种独特的情感联结。分享和转发的生活经验对个人的社交整合起到了正面的作用，对于那些刚步入某个社交领域的人，分享生活中的小细节能帮助他们更迅速地融入这个圈子。例如，新入职的员工可以在公司内部的社交平台上分享他们适应新工作环境的感受，包括对新同事的印象、工作中的挑战等。资深的员工在看到这些内容后，会在评论区分享他们的意见和建议，以协助新入职的员工更好地融入工作环境。此外，资深的员工也可以分享他们初入职场时的相似体验，使新入职的员工意识到并非只是自己有这样的经历。这种以生活分享为核心的交互方式，使新入职的员工能更迅速地融入公司的社交网络，并与团队成员建立起和谐的关系。从社区的角度看，分享和转发生活内容可以增强社区的凝聚力，并推动个人更好地融入社交环境。比如说，社区的居民会在业主群体中分享他们在社区活动中拍摄的照片，以及他们在社区花园里种植花卉的个人经验等。这些分享是通过社区居民间的相互转发来传播的，目的是让更多的人了解到社区的最新动态和生活环境。新迁入的居民在看到这些分享之后，可以更加深入地理解社区的文化，积极参与社区的各种活动，从而迅速地融入社区的日常生活中。此外，这些生活分享活动也为社区居民创造了交流的机会，加强了邻居间的情感纽带，使社区变得更加团结且具有归属感。尽管如此，在推动情感的共鸣和社交的整合过程中，生活分享转发仍然面临着一些挑战。有时候，过多地分享自己的生活小细节可能会引起他人的不满。例如，一些人在社交媒体上经常分享琐碎的日常生活，并且缺乏趣味性，这可能会让朋友们感到厌倦，甚至屏蔽他们的动态，这反而不利于情感的共鸣和社交的融入。另外，不真实的生活分享也有可能损害人们的信任。有些人为了攀比或其他目的，在社交媒体上编造自己的生活故事，例如编造奢侈的旅行经历、虚假的生活成就等。一旦这些不真实的信息被揭露，可能会引起他人的疑虑，损害自己在社交领域的形象，并进一步妨碍社交的整合。

三、创意分享的个性展示与关系吸引

在社交媒体构建的庞大的社交网络中，分享和转发作为一种核心的互动手段，在创意分享方面展示了其独有的吸引力。创意分享涵盖了从艺术创作到新颖思想探索，从独特的设计到有趣的玩法等多个方面，通过分享和转发在社交网络中迅速传播，不仅是展示个人个性的绝佳平台，还能深深吸引他人，帮助建立全新且充满活力的人际关系。在艺术创作的领域中，社交媒体为创作者提供了一个宽广的创作空间。一名插画师在微博平台上展示了他创作的一系列具有独特风格的插画，这些作品巧妙地将复古元素和现代色彩相结合，从而创造出一种独特的视觉体验。插画师通过文字描述创作灵感，例如从童年的梦境和古老的传说中获得灵感。这些艺术作品在被广泛分享和转发之后，吸引了众多艺术爱好者的目光。对插画师来说，这展示了他独特的艺术风格和创作思路。通过作品，观众可以深刻地感受到插画师所展现的独特审美品位、情感的微妙表达以及他那无拘无束的创意。在这群观众当中，对这种风格的插画有着浓厚兴趣的人，往往会被插画师独特的魅力所吸引，他们会主动地关注插画师，并在评论区分享自己的喜好和赞赏，甚至还会深入探讨他们的创作方法。通过分享和转发的方式，插画师与观众之间建立了一种基于共同艺术兴趣的新型联系。在设计行业中，分享创意可以展现出独特的个性还能帮助建立吸引人的人际关系。一位专注于工业设计的设计师在抖音平台上展示了他个人设计的一种环保新型照明设备。该灯具的设计理念是可持续发展，选用了可循环利用的材料，具有独特的造型，模仿了自然界中花朵盛开的自然形态，兼具了实用性和美观性。设计师利用视频详细地描述了设计的全过程，从初步的概念设计，到多次的模型调整，再到最终的成品呈现。这段视频被广泛分享后，吸引了大量对设计充满热情的人们。这些人注意到了设计师对环境保护的坚定信念、独特的设计观点和对细节的极致追求，这些都是设计师个性的具体表现。因此，这位设计师吸引了众多的粉丝，包括行业同人、设计企业和潜在的客户。行业内的同人可能会与设计师分享他们的设计经验，设计公司可能会伸出合作之手，而潜在的客户可能会选择定制产品。设计师通过分享和转发创意，成功地展现了自己的独特个性，吸引了各种不同的人群，从而加强了他们的社交联系，为他的职业生涯带来了更多的机遇。创新思维的分享也反映在新颖观点的传递中，比如一名对科技充满热情的人在知乎上分享了他对未来智能家居系统的创新设想。他详细描述了一个智能家居场景，该场景通过人工智能技术实现了全屋设备的无缝连接，并能根据用户的日常使用习惯自动调整。例如，智能窗帘可以根据日出和日落的时间进行自动开合，而智能厨房则可以根据用户的健康状态和口味偏好来制定食谱并自动烹饪。这一创新性的观点在被广泛分享和转发之后，成功地吸引了大量的科技爱好者、行业内的专家和相关企业的关注。对那些热衷于科技的人而言，这展现了他们的创新思维和对科技发展方向的敏感洞察。行业内的专家可能会对其观点进行评估，并给出建设性的意见；有关的公司可能会考虑邀请那些对此感兴趣的人来参与产品的研发讨论。这种基于创新思维的交流方式，为爱好者提供了与各种专业领域人士交往的机会，不仅丰富了他们的社交网络，还为他们的创意进一步的完善和实践创造了条件。在有趣的游戏方式上，创意的分享同样可以带来巨大的社交影响。在小红书中，有位博主分享了一种与众不同的手工制作皂液的方法。博主采用了如蜂蜜、牛奶和植物精油这样的天然食材，并使用创意模具，成功制作出了外形迷人、香味宜人的手工皂。博主通过详尽的图文教程和视频展示来分享制作过程中的技能和乐趣。这种创新的玩法在被众多人分享和转发之后，吸引了大量的手工爱好者。他们被博主的独特创意和对生活的热爱所吸引，纷纷将目光投向博主，并在评论区内询问制作的细节，分享他们的制作经验。通过这种方式，博主与许多热爱手工的人建立了深厚的联系，并塑造了一个气氛活跃的手工爱好者的社交圈子。

四、恶意分享的后果与关系损害

在社交媒体社交扩散机制下，分享转发本应成为信息传递、知识共享和情感交流之间的桥梁，然而恶意分享的出现就像毒瘤一样，对于个体、群体和全社会都带来严重后果造成关系损害。恶意分享涉及各种形式，主要表现为谣言传播、虚假信息泛滥和侵权内容恣意转发，负面影响面广而深。谣言被恶意分享，在社交媒体上普遍存在并造成巨大影响。突发事件中的谣言往往会快速传播。比如自然灾害发生之后，社交媒体有可能恶意散布有关受灾地区不真实的消息，宣称某一重要救援物资储备点已被侵吞挪用，救援队伍蓄意延误，等等。这些谣言在被广泛传播和转发之后，首先给受灾地区的公共形象带来了巨大的负面影响。外界对受灾地区信任锐减，本愿提供救助的个人与机构可能出现迟疑，从而影响救援物资及时提供与救援工作顺利进行。对受灾群众而言，既要艰难地处理灾情，又要忍受外界的曲解与怀疑，心理压力成倍地增加。从人际关系层面上讲，谣言损害了社会成员的信任关系。朋友、邻里间可能因听信谣言互相猜疑，本来融洽的社区关系也随之紧张起来。比如有关某社区居民受灾时哄抢物资的传闻被社区群恶意共享和转发合，造成其他居民的偏见、猜忌，最后邻里关系的破裂等。恶意共享虚假信息也会造成严重的后果，健康养生领域中恶意共享无科学依据的虚假健康信息也是常有的事。比如传播"一定的食物可以包治百病""一定的治疗方法可代替正规医疗"等虚假内容。在这些虚假信息大量共享和转发之后，很多人会盲目地相信并照做。这样不仅会贻误治疗时机、危害个人健康，而且会造成大众对于医疗健康知识的信任危机。在消费市场上，恶意共享不实产品信息同样破坏了市场秩序。如恶意散布某一知名品牌产品出现严重质量问题等虚假信息，造成该品牌产品销量锐减，损害企业声誉等。消费者也可能会因为听信虚假信息而错失真正高质量的商品。就人际关系而言，恶意共享虚假信息将损害人与人信息交流的基础。如果个体多次收到别人恶意共享的虚假信息，他就开始质疑分享者是否可信，不会再轻易相信对方所共享的信息了，朋友间信息分享和沟通会变得谨慎，感情也渐行渐远。侵权内容恶意共享给原创者带来了权益上的直接伤害，文化艺术领域中，例如文学作品、音乐、绘画。当这些侵权内容被大量共享转发时，就会严重损害原创者的经济利益。比如某独立音乐人的原创歌曲在各大社交媒体平台恶意共享，盗版传播使他的正版音乐销量与播放量明显减少，得不到应得版权收入。与此同时，侵权行为还挫伤了原创者们的创作热情，妨碍了文化艺术创新和发展。从社交关系的维度来看，侵权分享者和原创者之间会产生激烈的冲突和矛盾。原创者对侵权者的所作所为感到气愤与失望。本来可能出现的合作机会会失去，或者友好关系将决裂。而且对于参与恶意分享侵权内容者来说，自己在社交圈子内的名声会大打折扣，而其他关注知识产权的原创者则会表现出对自己行为的不信任，由此造成了社交形象的损害，给人际关系带来消极影响。恶意分享也会诱发群体极化与网络暴力等问题，一个具有攻击性和歧视性的内容被恶意共享转发时，极易使某些人群产生极端情绪。比如在某些与社会热点事件有关的议论中恶意地共享有偏见的看法与不实的信息会使立场各异的人群发生激烈争吵与对抗。这一群体极化现象在破坏网络空间和谐氛围的同时，也会向现实生活扩展，并对不同群体间关系产生影响。而且网络暴力通常与恶意分享相伴而生，在个人信息被恶意暴露与大量共享转发时，被暴露者在网络中受到种种谩骂、威胁与骚扰。这样不仅会给被暴露人的心理健康带来很大危害，而且会影响到他们的正常工作与生活。从人际关系上看，网络暴力参与主体与受攻击者构成敌对关系，与此同时，网络暴力事件还会使旁观者对于社交媒体环境产生失望和畏惧心理，降低了社交媒体中民众主动参与交往的意向，损害了整体社交生态良性发展。

第三节　私信交流的私密维系

一、情感倾诉的深度沟通

在社交媒体的诸多互动方式中，私信交流以其私密特性构筑起深度情感倾诉的桥梁。这种深度沟通对人的一生都起着极其关键的作用，它强有力地推动着人和人之间关系的发展。对于个人成长过程中的困境，私信交流成了情感倾诉和深度交流的港湾。例如，学生面对升学的压力，心中往往充满了忧虑和困惑。一名高中的同学，考试时成绩出现很大波动，为前途忧心忡忡。他以私信的形式，对一个已进入理想大学的学长吐露了内心的烦恼。学长耐心地听着，交流着当年备考的心得，其中有怎样调整好心态，制订好学习计划，处理好考试压力等。在这私信交流里，该同学不仅收到切实可行的意见，还能体会到学长诚挚的关心。这种深入的交流使该同学压力得到缓解，心灵也得到很大慰藉。该同学在不断与学长私信沟通中，渐渐找到了自己的学习方向和自信，并和学长结下了深厚友谊。这种以情感倾诉为主的深度沟通为学生发展的关键时期提供了强有力的支撑，对于学生的个人发展具有积极的促进作用。职业发展瓶颈阶段私信交流同样起到了不可忽视的作用。职场人士在职场中不可避免地会遭遇项目失败和职场人际关系紧张的种种困难。例如，某职场新人承担了一项重要的工作，由于缺乏经验导致工作进度落后而被领导批评。由此他情绪低落并且怀疑自己的工作能力。所以他以私信的形式对一位职场前辈吐露心声。前辈通过私信对该项目的具体情况进行了解，对问题成因进行剖析并提出建设性意见。前辈还分享了他早期职场上对相似窘境的处理心得，勉励新员工勿灰心。通过和前辈的深入交流，职场新人渐渐意识到自身存在的问题，并清晰地找到了提升的方向。这段情感倾诉既有助于他减轻工作压力，又能向前辈学习到宝贵的职场经验并和他建立亦师亦友的感情。这一关系对其今后职业发展具有较大的引导与支撑作用。在复杂的苦闷生活场景中，私信交流是情感倾诉和深度沟通的一个重要通道。相爱的恋人之间也可能产生矛盾与隔阂。比如有对恋人因生活习惯不同而发生口角，两人既委屈又互不理解。女孩以私信的形式将心中的情感倾吐给闺中密友，其中也有对男友表现出的不满和对于这段关系的忧虑。闺蜜耐心聆听，从客观角度剖析两人之间存在的问题。还分享了她在处理相似冲突时的心得体会，并就女孩如何更好地和男朋友交流并表达自己的诉求提出建议。和闺蜜深入交流后，女孩渐渐平静下来，懂得情感维系需要双方的理解与宽容。她和男朋友坦率地沟通后，终于解决了矛盾，两人感情更深了。在社交关系维系和扩展中，私信沟通中情感倾诉和深度沟通同样具有不容忽视的功能。人与人之间在社交场合中认识新朋友并想更进一步了解彼此，私信交流为其提供了良好途径。例如，在行业交流活动上，双方都对对方的专业领域感兴趣。两人以私信方式进行沟通，交流各自专业领域内的研究成果、所面临的挑战和今后发展计划。在这一深度交流中，双方既加强了了解，又找到很多共同爱好与价值观。通过不断地私信沟通，两人由一般的社交关系逐渐成为志趣相投的好友，这也为日后的合作与沟通打下了基础。但私信交流中的情感倾诉和深度沟通也有需要注意的地方。一方面，重视个人隐私的保护。倾诉时尽量不涉及个人家庭住址、财务状况及其他敏感信息；另一方面，保证交流的效果。切忌私信时毫无意义地争吵和情绪化表达，而应以一种理性和客观的方式进行，从而实现深度交流。另外，还应尊重彼此的情感与时间，切勿过分吐露心声而让对方背上包袱。

二、事务协商的高效交流

社交媒体互动系统中私信交流因其特有的私密性质在事务协商中扮演着关键角色，并为有效沟通提供强有力的保障。不管是个人生活上的小事，或是工作和商业领域里的大事,私信交流均有助于快速而高效地形成共识并促进事情的顺利进行。在个人生活场景里,人们经常会遇到一些需要协商的问题。比如在筹备家庭聚会时,家庭成员间要就聚会的时间、地点和活动内容进行详细的讨论。以家庭群聊的方式交流,资料可能杂乱无章,很难聚焦关键问题。而使用私信交流时组织者能和每个家庭成员一对一交流。例如,首先私信询问家中长辈的时间安排,确保长辈能出席。然后针对不同年龄段的家庭成员,了解他们对聚会活动的内容偏好与意见。组织者也可根据家庭成员的反馈意见及时对聚会方案进行调整,以便高效率地做好聚会准备工作。这种以私信为基础的事务协商在提升沟通效率的同时也照顾到了每一位家庭成员的诉求,使家庭关系更加融洽和谐。工作场合中私信交流在事务协商中的高效性得到了充分体现。在项目实施过程中,团队常常会碰到各种各样需要沟通的事情。例如项目进度落后、工作计划需重新安排等。项目经理可与每一位团队成员以私信方式进行交流,以了解其手头任务的具体状况、所面临的难题和预期完成时间等。私信交流时,团队成员可以坦率地提出各自的观点与现实问题,以免公开会议时因为顾虑他人的意见而有所保留。项目经理在成员反馈信息的基础上,充分考虑各种因素,拟定更加合理的工作计划。又比如团队成员间对工作分配有争议时,双方可通过私信沟通,陈述各自的意见及原因,并找到共同解决的办法。这种一对一私密沟通既可以避免冲突公开加剧,还可以提高沟通效率,让团队成员快速形成共识并持续推动项目。就商业合作而言,私信交流对于事务协商发挥着重要作用。企业在与合作伙伴进行商务谈判的过程中,会涉及很多敏感的信息及细节,比如合作条款、价格以及权益的分配。这类内容不宜公开进行探讨,以避免商业机密外泄和造成不必要的困扰。双方谈判代表可透过私信进行沟通,深入讨论合作细节并提出自己的要求与底线。比如在一个产品的代理合作上,代理商和供应商之间是以私信的方式就代理的价格、销售区域和售后服务等主要条款进行磋商的。双方可以通过私信对谈判策略进行灵活的调整,并根据彼此反馈信息适时做出反应。这一私密沟通方式在维护双方商业利益的同时也加快了谈判进程并提升了合作达成率。双方经私信交流初步达成共识后,经过正式签约保证了合作的顺利进行。但私信交流在事务协商沟通过程中也会遇到一定的挑战。一是信息过载会对协商效率造成影响。若在短时间内接收到大量事务协商私信，相关人员可能不堪重负，很难迅速对信息进行梳理与加工。针对这一问题，可通过分类整理，对私信按交易的重要性和紧急程度进行归类，并对重大和紧急交易给予优先考虑。二是沟通误解还会成为谈判的障碍。由于私信交流中缺少面对面交流的语气、表情等辅助信息，容易产生误解。所以，私信交流时，应力求表达清楚准确，切忌用含混不清或易造成歧义的文字。同时，要及时确认对方是否了解，对重要资料可反复强调。另外，隐私安全也是一个需要注意的问题。事务协商时可能涉及商业机密和个人隐私等敏感信息。为保障信息安全，应选择安全、可靠的社交媒体平台进行沟通，同时应注意对其账号密码进行保护，以免信息泄露。私信交流对于事务协商进行有效沟通有着显著优势，有助于快速解决个人生活、工作及商业合作中的问题并形成共识。但是我们还需正视它所面临的各种问题，采取合理的办法与措施来解决问题，发挥私信交流对事务协商的积极影响，从而给人们生活与工作提供更大的便利，并进一步优化人际关系。

三、秘密分享的信任强化

在社交媒体的多元互动模式下，私信交流以私密特性在秘密分享领域扮演着至关重要的角色，有效增强了人们对彼此的信任。秘密分享这一深度社交行为承载了个人隐私，也包含着心灵深处的感受，而选择以私信方式共享秘密则意味着对于接受者的极度信任。从个人生活的角度看，私信为大家提供了一个既安全又私密的平台来分享他们的秘密。例如，当一个人走过艰辛的情感历程时，心中就会积压很多不为人知的苦闷和迷茫。他选择了用私信的方式，将这段经历吐露给自己最为信赖的好友。私信里他详细描述了情感上的细节，以及他难以对大众言说的纠结和无助。朋友接到私信时，总会认真倾听，给以安慰和建议。通过这样的秘密分享倾诉者感受到了朋友对他的接纳和理解，而朋友对私密的妥善守护，也让彼此间的信任越发牢固。再比如在家庭关系上，子女可能对学业压力和校园人际关系有些困惑，更愿意用私信和家长交流。当家长通过私信给孩子以理解、支持和合理化建议后，子女就能体会到家长对他们的爱和尊重，进而对家长更加信任，亲子关系更加和谐。工作情景下的秘密分享也可以通过私信交流来增强信任。职场上，员工对于企业的一些决定以及团队内部存在的一些问题可能会有不同看法，但是这些意见或许不适合当众发表。比如某员工发现企业业务流程存在漏洞影响了工作效率，却担心当众提出会给自己带来不利影响。所以他选择了用私信的方式向直属领导反映。私信里，他详述了发现的问题，可能导致的结果和若干改进意见。领导接到私信之后，肯定了员工的用心和责任心，并且跟他进一步讨论了解决方案。这种建立在私信基础上的秘密分享使员工感受到了领导对于自己的关注和信任，而领导也因为员工坦诚的反馈对其更加信赖。这样既有利于解决公司内部存在的现实问题，又有利于增强团队凝聚力，提高工作效率。就商业合作而言，私信交流对秘密分享的信任度增强显得格外重要。企业与合作伙伴的商业合作往往涉及产品的研发计划、客户资源和营销策略等商业机密。这些资料的外泄，可能使企业蒙受巨大的损失。所以当双方交流这些敏感信息的时候，更倾向于选择私信的方式。比如两家公司在探讨一个联合研发项目时需共享其技术优势、研发进展和其他秘密信息。通过私信双方能够安全地传递这些信息，并在沟通中增强彼此的信任。这份信任为成功合作奠定了基础，并使双方得以更坦率地协作以解决种种难题。双方一旦通过私信交流建立了信任，后续合作时相互交流就比较顺利，合作效率会得到很大提升。但秘密分享中信任强化的过程并非一帆风顺的，且存在一定挑战。一方面，存在秘密暴露的风险。尽管私信交流相对私密，但在网络环境中，信息安全问题不容忽视。若社交媒体平台安全防护措施不力，或接收者因某种原因没有妥善保存秘密等均会导致秘密泄露。秘密泄露后不仅给分享者带来了损害，也严重损害了双方的信任关系。另一方面，信任的建立是一个双向的过程，在秘密分享后，如果接收方没有给予分享者足够的回应或支持，可能会让分享者感到失望，从而影响信任的强化。比如分享者私信向接收方吐露秘密时，接收方只单纯地答复而不进行深入沟通和给予实质帮助，就有可能使分享者与接收方之间的信任感动摇。要想通过私信交流达到秘密分享信任增强的目的，就必须有一定的举措。一是选择安全、可靠的社交媒体平台保障私信交流信息的安全。同时在共享秘密前，应对接收方有一个全面的认识与评价，以保证接收方是一个可信的个体。二是作为接收方接收到机密时，应认真对待并给分享者以正面的答复与支持。应尊重分享者隐私并妥善保存机密以免外泄。另外，经过秘密共享，双方在不断地沟通与互动过程中进一步加强信任关系。

四、隐私泄露的风险防范

社交媒体繁荣发展的今天，私信交流是私密维系的一种重要手段，拉近了人际间的距离，增进了情感交流，但也存在隐私泄露等风险。这类风险不但威胁着个体的信息安全、情绪稳定，而且会给个体的生活，工作和商业合作带来严重的影响。深入分析隐私泄漏风险来源和采取有效防范措施对确保私信交流安全具有重要意义。就社交媒体平台本身而言，技术漏洞、安全防护不到位等问题是造成隐私泄露的主要原因。一些社交媒体平台的系统开发与维护可能会出现代码编写不够严格，加密算法不够完善的情况，让黑客有机可乘。黑客从平台服务器上侵入用户私信数据，包括个人隐私信息和敏感商业机密。比如某知名社交平台就曾经因为服务器被黑客攻击而泄露了海量用户私信内容，包括用户家庭住址、联系方式和金融账户信息。这些资料的外泄给用户造成很大的麻烦，有的甚至接到诈骗电话和骚扰邮件。为了预防这类风险，社交媒体平台应该增加技术研发与安全防护等领域的投资。定期扫描并修补系统漏洞，利用先进加密技术对用户私信进行存储加密和传输加密，保障数据安全。与此同时，应急响应机制的建立和完善可以在出现数据泄露的情况下快速采取应对措施以减少损失。用户本身的不正确操作也是隐私泄露潜在的风险点，一些用户利用社交媒体的私信功能时保护隐私意识不强，任意添加陌生人做朋友，对于朋友权限设定过于宽松。比如有些用户接到陌生人的好友申请后，没有认真验证对方的身份而直接通过，致使不法分子混到好友列表中获取自己的私信内容。也有一些用户通过公共场所的免费Wi-Fi等公共网络环境来交换私信，并且没有采取加密措施使网络攻击者很容易盗取他们的私信信息。为了避免因自身操作失误而导致隐私泄露，使用者应加强隐私保护意识。切忌随便加陌生人好友。在朋友权限设置上做出合理的调整，依据与朋友亲疏关系及信任程度设置差异化的私信可见范围。同时在利用公共网络交换私信时尽可能采用 VPN 和其他加密工具以确保网络的连接安全。恶意软件及病毒传播是隐私泄露的重大隐患，部分不法分子制造恶意软件及病毒来引诱用户下载。这些恶意软件进入用户设备后，便能在设备内获取私信数据并发送到不法分子手中。例如，有些伪装成流行应用的恶意软件，在用户下载并安装之后，会在后台悄无声息地读取用户的私信内容，包括聊天记录、照片、视频等。为了防止这种风险，使用者应小心下载应用程序。只有在正式的应用商店或有可信的来源才可下载。安装申请后，认真阅读申请权限，对没有必要的权限申请坚决拒绝。同时安装专业杀毒软件、安全防护工具、定期查杀病毒、安全扫描等，保障设备安全。无论是商业合作还是职场场景，内部人员违规操作造成隐私泄露的风险同样不可忽视。企业内部员工由于利益诱惑或者疏忽等可能向竞争对手透露自己和合作伙伴私信内容和商业机密。如一家公司的职工为赚取高额报酬而向竞争对手透露其与合作伙伴有关新产品研发计划的信息，使公司在市场竞争中居于不利地位。为了预防这类风险的发生，企业应强化内部管理和建立完善的信息安全管理制度。培训职工信息安全相关知识，增强职工保密意识及职业道德素养。与此同时，严格监督涉及商业机密私信的沟通，约束职工访问权限并利用数据加密、访问日志记录的技术手段保障私信内容安全。发现职工违规操作，应严肃问责。社交媒体平台监管不到位也会加重隐私泄漏风险，部分平台对用户反映的隐私泄露情况处理不当且不够全面，对于违规行为惩罚不到位，造成不法分子恃强凌弱。比如用户发现其私信内容受到别人恶意传播而平台收到举报之后却长期不处理等，这就使隐私泄露现象更加严重。针对这一问题，社交媒体平台应强化私信交流监管。设立特殊举报渠道及时接收用户举报、迅速核查、处置举报内容。对违反规定泄露他人隐私者，应采取封禁账号和承担法律责任等重罚手段。同时加强平台运营人员管理，避免内部人员利用职权泄露用户隐私。隐私泄露是私信交流中不可忽视的问题，它的风险来源很广，包括社交媒体平台、用户本身、恶意软件、商业合作和平台监管。为了有效预防隐私泄露的危险，社交媒体平台应强化技术研发与安全防护并健全监管机制；用户应加强隐私保护意识的培养和操作行为的规范；企业应强化内部管理，建立和完善信息安全管理制度。只有各方共同努力，才能构建一个安全、可靠的私信交流环境，切实保护用户的隐私安全，让私信交流在私密维系中发挥积极作用，而不是成为隐私泄露的源头。

第四节　群组互动的群体动力

一、兴趣群组的同好聚集与交流

在社交媒体构建的庞大社交网络中，兴趣群组作为一种特殊类型的群组，以其独特的魅力吸引着具有相同兴趣爱好的人们聚集在一起，给他们提供了一个深入交流和共同进步的广阔天地，大大促进同好之间的交往。兴趣群组最重要的功能是实现同好高效聚合，在浩瀚的互联网海洋里，要找到志趣相投的好友并不容易，兴趣群组的出现改变了这种状况。就拿摄影兴趣群组来说，不管在什么地方只要热爱摄影，就可以很方便地在社交媒体上参与到有关的群组中。这些群组如同一个个聚集摄影爱好者的枢纽，把不相识的人们联系起来。群组中的成员也许来自各个专业，各个年龄段，但是对于摄影的喜爱却成了他们相聚在一起的纽带。群组内，成员可分享入群初衷及对摄影的独到见解。有的人喜欢抓拍生活中精彩的瞬间，有的人对摄影艺术表现力着迷。通过沟通，群组成员很快就拉近了彼此的距离，产生了强烈的共鸣。兴趣群组在同好汇聚之后给其带来丰富多彩的交流内容。在制作模型的兴趣群组内，成员可分享其最新工作的进度。从模型设计构思，材料选择到工艺上的技巧运用以及在制作中所遇到的问题都成了沟通的内容。如某成员分享他制造复杂军舰模型时的经验，并详细描述克服比例缩放和零件拼接的困难。另一些成员则点赞评论，分享了相似的制作经验或给出了不一样的解决方案。这种沟通既能使成员学习到实用技术，又能激发创作灵感。在文学创作的兴趣群体里，成员们互相分享了他们的原创文学作品，涵盖了从诗歌、散文到小说等多种文学形式。大家互读互评，互提修改意见，有利于双方创作水平的提高。通过深入的沟通，成员在兴趣领域得到了发展，对于兴趣有了更深刻的认识。兴趣群组也频繁举办各类线上、线下活动以进一步推动同好沟通。线上活动的内容多种多样，有专题的摄影比赛，有对模型制作的挑战，也有文学创作的接龙。某绘画兴趣群组内举行"梦幻世界"主题绘画比赛。成员在指定的时间内完成作品并上传至群组进行展示。其他团队成员则通过投票来评选出表现出色的作品。在这一过程中成员们既欣赏了风格各异的画作，也从别人创作思路与表现手法中得到启迪。线下活动又为同好提供面对面沟通的机会。以户外探险为例，兴趣群组会举办实地探险活动，成员一同进入大自然中探索未知领域。活动期间，群组成员互相合作，交流心得，增进了彼此的理解与友谊。这些活动为广大同好搭建了一个练习与交流的舞台，使同好从自己的兴趣爱好上收获了更多快乐。兴趣群组之间的沟通也呈现出跨地域、跨文化等特征。国际美食兴趣群组内各国、各地区成员共享美食文化。从选料到烹饪方法再到餐桌礼仪都成了沟通内容。一名中国成员分享春节包饺子的过程及寓意，吸引了各国成员的极大兴趣。他们都在打听制作细节并分享本国同类节日美食的做法。成员透过这种跨文化的沟通，开阔眼界，了解各国、各地美食文化，促进对多元文化的认知与尊重。但兴趣群组同好的聚合和沟通过程也存在着一定的问题。比如群组中可能存在单个成员发表不当言论或者实施恶意攻击等问题，从而影响了群组和谐氛围。针对这一问题，群组管理员需强化管理，建立清晰群规，及时处理违规成员。同时成员要自觉遵守群规，秉持良好的沟通态度。另外，当群组规模增大时，信息过载会成为一个问题。海量的资料会使成员很难甄别到有价值的东西。针对这一问题，群组可建立分类讨论板块或管理员定时对高质量内容进行整理推荐，以提高信息沟通效率。

二、工作群组的协作推进与关系

在如今数字化办公背景下，工作群组是社交媒体群组交互的一种重要表现形式，对企业运营和团队协作起到了至关重要的作用。它不但是促进工作任务有效完成的重要方式，而且深刻地影响了团队成员间的人际关系，进而推动团队稳定和成长。工作群组是团队协作的有效沟通平台，项目实施时团队成员需及时共享信息和协调进度。以软件开发项目为例，开发人员、测试人员、产品经理和其他不同角色的人员构成了工作群组。开发人员实时报告群组内代码编写进度、碰到的技术难点；测试人员共享了检测到的漏洞与问题；产品经理负责传递项目的最新变动和调整信息。通过这一即时信息交流，成员们可以迅速地了解整个工程，并及时做出反应。当面临技术上的问题时，开发团队会在群组中提出问题，而其他团队成员则能迅速给出解决建议或方案。这种有效的交流避免了信息传递过程中的拖延和错误理解，极大地提升了工作效率。工作群组还能够有效地推动任务分配和合作，当团队承担新的任务后，管理者能够通过工作群组清晰地把任务分配到每个成员身上，并且详细描述任务的需求、时间节点以及其他重要信息。例如，在策划一场营销活动时，市场经理在工作群组中发布任务：小张负责写活动文案，并在周三之前写好初稿；小李承担活动现场的预订工作，并保证活动日之前一星期实施现场工作；小王在星期五之前承担活动宣传招贴设计工作。各成员明确责任后在群组内确认接受任务，及时跟进并报告进度。成员间还可基于任务需求实现群组内的合作。例如，文案撰写人员和海报设计人员就群组内设计元素和文案风格是否相匹配进行交流，以保证活动宣传一致。这样，群组成员之间就能做到任务分配有序、合作高效，确保工作顺利进行。工作群组对于团队成员间的人际关系亦有显著影响，成员间在日常的工作沟通中逐步建立互信增进了了解。成员工作上有困难，在群组内求助，其他成员则正面响应并给予支援，加强了彼此间情感。比如一个新员工做数据分析时遇到了困难，他就到工作群组去咨询同事。有经验的同事都会在群里分享他们的心得与做法，并耐心地回答问题。新员工接受帮助后不但圆满完成任务，还能体会到团队的温暖，并对同事心生信任与感恩。这一良好人际关系有利于形成积极的团队氛围，增强团队凝聚力、战斗力。工作群组内成员间的交流并不限于工作内容上，也有一些轻松愉快的话题，有利于减轻工作压力和缩短彼此间的距离。比如在繁忙的工作之余，群内成员会分享一些好玩的职场段子和生活趣事等，从而引起人们的笑声与热议。这种轻松愉快的气氛可以消除紧张的工作气氛，使成员能在一个比较和谐的环境下开展工作。团队成员通过这种非工作内容的沟通而拉近彼此间的距离，并进一步提升了团队凝聚力。但工作群组的协作推进和关系维护也存在一定的挑战。一方面，信息过载会造成对重要信息的忽略。工作群组内每天都有大量信息生成，其中包括工作任务安排，进度汇报和问题讨论。若成员未及时注意群组消息或消息过多不易甄别，则有可能漏掉重要工作指示及资料。针对这一问题，小组可建立清晰的信息发布规则：例如对重要信息采用特定格式或者标记来提醒成员注意。与此同时，成员本身还需提升信息管理的能力，对群组消息经常进行梳理，以保证不会漏掉重要的信息。另一方面，工作群组中的沟通缺乏面对面交流的情感和肢体语言，容易产生误解。比如在文字交流时，语气、表情等很难准确地传递出去，这就有可能使成员产生信息理解上的偏差。为避免这一现象发生，团队成员之间的交流应力求表达清楚和准确，切忌使用含混或易造成歧义的用语。对重要内容可通过语音通话或者视频会议等形式。

三、家庭群组的情感联络与凝聚

在社交媒体日益兴盛的今天，家庭群组已成为家庭成员跨越时空联络情感和团聚的主要平台。它突破了地域的局限，使散居各地的亲人紧紧地联系在一起，不管走得多远，家人们始终能够体会到亲情的温馨和关怀，家庭群组在维系亲情方面发挥着无可替代的作用。家庭群组给家庭成员之间日常情感交流带来了便利，现代生活繁忙，家庭成员各奔东西，聚少离多。但是通过家庭群组的方式，每个人都能随时分享自己生活中的点点滴滴。例如，孩子在学校获得了奖状，家长第一时间在家庭群组中分享照片，全家人纷纷点赞、送上祝福，孩子能感受到来自长辈们满满的鼓励与关爱。家庭群组内的互动使亲人间的感情可以不断地传递下去，即使不可能每天都相见，却可以维持亲密的感情。每逢重大节日、纪念日，家庭群组更成为情感联络的重要桥梁。春节里，远在异乡的游子不能归乡团圆，家庭群组成为他们和亲人一起欢度节日的一个温暖空间。每个人都会在群里分享春节习俗、筹备年夜饭流程、相互拜年、送红包等。家庭群组在这一特殊时刻营造了浓厚的节日氛围使每个家庭成员感受到了回家的暖意。孩子过生日时，就算家长因为工作需要无法陪伴，仍可以通过家庭群组给孩子送上生日祝福，共享成长快乐。这一特殊时刻的互动不仅使家庭成员间的感情联系更加深厚，而且使家庭中的传统与文化得到延续。家庭群组也可以在家庭成员遭遇困难的时候起到凝聚力量的作用。当家庭群组中的某一位成员患病入院后，其他成员则会通过家庭群组，及时掌握病人的情况并给予精神上的支持与现实上的帮助。有的家人帮忙联系医院、寻找专家，有的家人则在群里鼓励患者积极治疗。这种遇到困难时的互相支持，使病人体会到了家作为坚强后盾的力量，坚定了战胜疾病的信念。无独有偶，家人遇到经济困难的时候，家庭成员也会在群里一起讨论解决的办法，有钱的出钱，有力的出力，一起渡过难关。通过这些体验，家庭成员间的联系更紧密，家庭凝聚力进一步增强。家庭群组对家庭决策的过程同样具有重要的影响。例如，买房产、装修房子等大事，家庭成员都会通过家庭群组来表达他们的意见与建议。讨论中家庭成员之间进行了充分的交流和了解，并最终取得了一致。这一家庭决策参与过程使每一个成员都能感到自己在家庭中占有举足轻重的地位，加强了对家庭的责任感与归属感，从而进一步提升了家庭的凝聚力。但家庭群组的情感联络和凝聚力也会遇到的挑战。一方面，信息更新过快会使一些家庭成员遗漏重要的信息。家庭群组里，每个人都会经常分享自己的生活点滴、信息不断更新。若部分家庭成员因工作忙等没有及时看到信息，就可能漏掉某些家庭重要动态或者通报。为了解决这一难题，家庭成员在发重要消息的时候可专门提醒当事人注意，也可经常进行翻阅，以保证不会漏掉重要的信息。另一方面，不同年龄段的家庭成员对社交媒体的使用习惯和接受程度存在差异。老年人对于某些新功能可能并不熟悉，群内说话也比较少，这就有可能影响老年人与其他成员之间的交往和感情交流。为使老人能够融入家庭群组中，年轻人可耐心指导老人使用各项功能并鼓励老人主动参与群内讨论。同时在沟通时，力求用通俗易懂的文字及表达方式以便于老年人理解。家庭群组对现代社会家庭情感联络及凝聚具有重大意义，使家庭成员能够在日常生活、重要关头、面临困境及重大决策等情况下密切联系并互相支持。家庭群组的使用虽然面临着一定的挑战，但是在家庭成员的努力下，家庭群组可以充分地发挥出它的积极功能，创造出温暖、融洽、团结的家庭氛围，使家人之间的情感纽带更稳固，给每一位家庭成员以强大的精神支持与归属感。今后，伴随着社交媒体的进步，家庭群组仍会对维系与发展家庭关系发挥重要作用，不断助力家庭幸福。

四、临时群组的任务完成与社交

社交媒体群组生态下，临时群组因目标导向清晰、组建方式灵活等特点，在任务完成、社交拓展等领域表现出巨大群体动力。区别于长期稳定群组，临时群组一般是针对某一任务或者某一事件临时建立起来的，它存在的时间比较短暂，但是对执行任务、增进社交等有着不容忽视的影响。临时群组最主要的作用就是高效率地执行具体工作，比如在准备一个校园活动的时候学生会成员就组成了临时群组。这个团队集结了负责策划活动、进行宣传、布置场地、采购物资等各种任务的工作人员。在群组中，策划人员第一时间发布活动的整体方案和时间节点，明确各小组的任务分工。宣传小组很快就将宣传创意与渠道规划在群内进行了公布，比如做招贴的样式，发布事件消息的社交媒体平台。现场布置小组需要报告现场可利用时间、空间布局和装饰方案。物资采购小组对群内物资采购进度、所遇问题进行反馈等。通过即时信息共享与交流，团队各成员得以密切合作，有效地推进了活动的筹备工作。

在活动举行之日，也可以利用临时群组对突发问题进行实时的协调和处理，保证活动的顺利开展。这种以任务为中心形成的临时群组可以迅速地把相关人员集中起来，突破了部门或者班级间的障碍，使信息迅速流转，任务高效协同。在商业领域中，临时群组还经常被用来对项目进行短期攻坚。例如，某公司收到紧急订单后，要求在很短的时间内完成该产品设计，制造并交货。为解决这一难题，公司快速建立了一个临时项目群组，其成员由设计师、工程师、生产工人和销售人员组成。设计师将产品最初的设计方案共享给群组，并向各方面征求意见。工程师们在群内按照设计方案探讨生产工艺及技术难题解决方法。生产工人对生产线准备情况及可能遇到的产能问题进行反馈。销售人员再将顾客的要求与反馈及时地传到群里。在此临时群组内，成员之间围绕订单任务进行紧密的合作和有效的交流。经过不断的沟通与合作，最终如期完成订单交付并达到客户要求。组建临时群组的模式使公司在面临紧急任务时能快速整合资源以发挥出最大功效，进而增强公司竞争力。临时群组在完成任务的同时也带来社交拓展的可能。在行业研讨会中，与会人员为深入探讨某一热点话题而成立临时的讨论群组。群组内来自各公司及各区域的与会者交流了他们的意见及体会。群组成员不但在专业知识方面互相学习，还利用这个机会结识了新朋友。比如一个青年创业者主动到群组里分享他创业时的创新思路以及遇到的困难。他的看法吸引了业内老专家的注意，在群里跟他深入沟通，留下联系方式，纷纷表示今后愿给他指点、帮助。通过此次临时群组沟通，年轻创业者在开阔专业视野的同时，也认识了一些对他今后成长会产生巨大作用的人脉资源。这类建立在共同兴趣与主题基础上的临时群组为大家认识志趣相投的朋友并扩大社交圈子提供了方便公开的社交平台。旅游出行时，临时群组还可以带来与众不同的社交体验。一批游客加入同一旅行团后，导游组建临时群组便于行程安排及信息的交流。旅游期间，游客将拍摄到的美景图片、各地美食体验和旅游趣事分享到群组。通过这样的沟通，本来不熟悉的游客渐渐有了接触，并可能在旅行中结为好友。旅游结束之后，有的游客还会保持联系，甚至约好下一次去郊游。这一临时群组消除了游客间的陌生感，使游客在旅游过程中收获美好的记忆与宝贵的情谊。

但是，临时群组的任务执行以及社交等环节都存在着一定的挑战。从任务完成情况看，因成员间可能缺少前期磨合与了解，沟通协调有可能受阻。以临时项目群组为例，出于工作方式、沟通习惯等原因，各部门成员会对信息产生误解或者工作拖延。针对这一问题，临时群组形成之初就应该明确沟通规则与工作流程以保证成员间的高效合作。社交中，临时群组成员流动性大，社交关系不一定稳定。以行业研讨会临时群组为例，当研讨会结束后，一些会员可能退群，导致社交关系难以为继。为解决这一难题，会员可在群内及时交流更新联系方式，例如微信号和邮箱，以便在群解散后仍能持续联络。

第四章
社交媒体对人际关系
网络结构的改变

第一节　核心节点与关系中心性

一、意见领袖的关系辐射

以意见领袖为核心节点，社交媒体所建构的复杂人际关系网络辐射效果异常显著。意见领袖以其专业的知识，独到的见解以及对某一领域的巨大影响力在网络上广泛传播信息并对其他人的意见和行为产生影响，继而又深刻地影响了人际关系网络的构成与动态。意见领袖关系辐射最早表现为信息传播的广度和深度，在微博这个社交媒体平台中，许多在不同领域有权威的意见领袖都有大量粉丝。就拿财经领域意见领袖来说，他们时刻关注着国内外经济形势和金融市场动态及其他资讯。当有重大财经政策出台或者市场趋势发生变化时，上述意见领袖会很快在微博上发布他们的解释与分析。他们的意见不仅能直接被广大粉丝接受，而且能通过粉丝们的转发进一步传播。一条用心写的财经分析微博也许会在很短的时间里被转发上万次，阅读量也会高达几百万甚至更多。这样信息就可以迅速突破原来的社交圈子，向更多人扩散。而在信息传播过程中，意见领袖并不是单纯地进行信息搬运，而是融入了他们深刻的想法与独到的见解。其分析常常可以引导粉丝们从另一个视角认识纷繁复杂的财经现象并推动粉丝们更加深入地讨论与思考有关信息，以深化信息传播。从观念引导上看，意见领袖关系辐射也很强烈。在时尚领域中，时尚博主是意见领袖，对于粉丝的审美观念、消费观念等都产生了不可忽视的影响。这些博主们通过展现各自的穿搭风格和分享时尚单品，塑造了别具一格的时尚形象以引起粉丝们的效仿。比如某著名时尚博主在小红书

新媒体时代社交媒体对人际关系的数字重塑与多维影响

中分享一组复古风格的穿着，详细描述了每件物品的搭配心得及购买渠道。这篇笔记被很多人点赞收藏，很多粉丝都表示很有灵感，纷纷尝试这款复古风格穿着，根据博主的建议买一些相关的时尚单品。这一观念既影响着粉丝个人审美与消费选择，也对时尚潮流有一定引领作用。就美妆而言，美妆博主会通过推荐各种化妆品及分享化妆技巧来影响粉丝对美妆观念与消费决策。其推荐通常会激发粉丝对于某一品牌或者某一商品的兴趣，并提升其购买积极性，从而拉动相关商品的销售。从社交互动的维度来看，意见领袖关系辐射可以促进不同人群间的沟通和协作。科技领域中，某些知名科技博主常常通过社交媒体发起新技术和新产品的讨论主题。这些主题吸引着不同行业、不同出身的科技爱好者。比如某科技博主就在知乎发起对人工智能未来趋势的探讨，其中不仅科研人员交流研究结果与看法，也有企业从业者讨论人工智能在实践中所面临的挑战与机遇，就连一些关心技术的普通用户都主动参与进来，并提出了他们的问题与思考。通过这种交往，增强了不同人群间的沟通，扩大了人际关系网络。而意见领袖也可以通过举办线上和线下的活动来进一步推动粉丝间的协作。例如，某美食领域意见领袖发起抖音美食制作大赛并邀请粉丝参加。活动期间，粉丝们互相交流了自己的美食制作经验与心得，有些粉丝甚至组队一起完成了创意美食作品。这一互动在增进粉丝间友谊的同时，也给粉丝们带来合作机会，推动人际关系网络向纵深发展。但意见领袖在关系辐射过程中同样面临着若干问题。一方面，意见领袖的意见并不都是客观、准确的。一些意见领袖受个体认知局限和利益驱动的影响，可能散布片面性甚至误导性信息。比如在健康养生方面，有些意见领袖为宣传某一保健品或者养生方法而可能夸大其效果，甚至散布某些缺乏科学依据的养生理念误导粉丝。另一方面，意见领袖的影响力可能被滥用。有些意见领袖可能利用其影响力实施恶意营销和网络暴力等恶劣行为。例如，个别网红为谋取商业利益在未对商品进行充分检测与了解时，就极力推荐给粉丝，导致粉丝买到劣质商品。另外，某些网络争议事件发生时，意见领袖还可能鼓动粉丝情绪、攻击辱骂他人、破坏网络环境的和谐。意见领袖以社交媒体为核心节点，以关系为中心性，并通过较强关系辐射对信息传播、观念引导及社交互动产生重要影响。但要想保证其能发挥积极作用，意见领袖本身需提升专业素养与道德水平并维护客观公正。社交媒体平台还应对意见领袖加强监督，规范意见领袖行为，构建一个健康活跃的网络环境，使意见领袖关系辐射能够更好地为人际关系网络良性发展服务，推动信息有效传播，实现人与人的主动沟通与协作。

二、社交达人的网络连接

在社交媒体所建构的纷繁复杂的人际关系网络中，社交达人这一核心节点凭借其超强的社交能力以及广阔的人脉资源在网络连接中扮演着独特且至关重要的角色。他们在人与人之间的关系网络中起到了桥梁和纽带的作用，紧密地连接着来自不同圈子和背景的人们，从而扩大了网络的覆盖面和活跃程度。社交达人网络连接能力强首先表现为拥有众多粉丝和好友群体上，而在抖音、微博等社交平台中，社交达人依靠他们特有的魅力、好玩的内容输出或者优秀的社交技巧引起众多用户的关注。比如一个专注于分享生活趣事、旅行经历的社交达人通过生动、有趣的短视频以及图文内容展现各地风土人情、精彩生活，引起几十万乃至上百万粉丝的关注。这些粉丝处于不同的年龄段、职业和地域，涵盖着社会的方方面面。与此同时，社交达人还通过平台主动和其他用户进行交流，通过主动加对方为好友等方式来进一步拓展社交圈子。他们和粉丝、朋友建立了直接联系，使信息在这巨大的人际网络上快速扩散。社交达人不仅善于直接联系他，而且善于架起沟通各种社交圈子的桥梁。他们经常活跃在各个领域的社交圈子中，比如时尚圈、美食圈和健身圈。通过他们的社交活动把本来彼此独立的圈子联系在一起。比如一个社交达人，他对时尚穿搭有狂热的追求，和很多时尚博主和设计师都有紧密的联系，同时也喜欢美食，常常和美食博主、餐厅老板进行互动。他参加时尚活动时认识一个著名美食评论家，然后向美食圈的朋友介绍。如此，时尚圈和美食圈就会形成交叉，各方面的信息、资源都可以流通和分享。这种跨圈子连接给用户提供了新的社交体验与机遇，也丰富了多元化的人际关系网络。

新媒体时代社交媒体对人际关系的数字重塑与多维影响

就社交互动而言，社交达人通过网络连接推动信息快速传播和深度交流。社交达人在发布某一有趣动态或者分享某一宝贵资讯时，他们的海量粉丝及好友群体都能快速做出回应。比如微博上社交达人对某部热门电影发表精彩影评后、被粉丝点赞，评论并转发。该影评不但在他的粉丝群体内广泛传播，而且经由粉丝的转发也扩散到了其他社交圈子内，从而引起了人们对于该片的热议。并且，社交达人还会鼓励粉丝和朋友分享看法和心得，从而推动深度交流。在抖音评论区中，社交达人对粉丝留言做出回应，并和粉丝们进行深度探讨，内容涵盖电影情节、人生感悟等多个方面，主题也随之延伸。这一互动在提升粉丝和社交达人黏性的同时，也使不同用户的思维碰撞出火花，进一步激活社交网络。社交达人也通过举办各种线上和线下的活动来进一步加强网络联系。他们会进行话题挑战和举办线下聚会。比如在小红书平台上，一位社交达人发起了名为"春日里的时尚穿着挑战"的活动，邀请粉丝们分享他们的春日穿搭经验，并为他们准备了丰厚的奖品。此次活动吸引了大批粉丝前来参加，他们在活动现场互相交流穿搭技巧、展现各自时尚品位。这样粉丝间的关系就会更密切，社交网络活跃度也会提高。线下社交达人举办粉丝见面会和主题派对。某健身领域社交达人周末举办户外健身活动请粉丝参与。活动期间，粉丝既可以锻炼身体，也可以与社交达人以及其他粉丝进行面对面的沟通，促进相互间的了解和情谊。这一线下活动使得线上线下建立起来的社交关系进一步稳固，人际关系网络也变得更为牢固。不过社交达人在网络连接方面也遇到了一定的挑战。一方面，社交圈子越来越大，社交达人很难和每个粉丝、朋友都维持优质互动。海量信息与互动请求有可能使其不堪重负，导致使一些关系渐渐变淡。比如有些粉丝上百万的社交达人在面对大量评论、私信时，不能够做到逐一回应，这就有可能使粉丝觉得自己被忽略了，从而影响了粉丝和社交达人的感情。另一方面，社交达人在连接不同圈子时，可能会面临文化差异、价值观冲突等问题。不同圈层的人思维方式、行为习惯都不一样，在社交达人所构建的平台中进行沟通，有可能产生误会或者冲突。比如时尚圈讲究个性和潮流，学术圈则更加讲究严谨和专业，两个圈子之间被社交达人连接起来的时候，可能产生沟通障碍。社交达人以社交媒体为核心节点，以关系为中心性，借助强大网络连接能力对扩大社交圈子、推动信息传播以及社交互动起到了至关重要的作用。社交达人要想迎接挑战并继续发挥积极作用，就必须对社交时间及精力进行合理的管理，并重视与粉丝、朋友之间的优质交往。与此同时，社交达人还应在联系不同圈子的过程中做好沟通协调，增进不同文化、价值观群体的相互了解，推动彼此宽容相待。社交媒体平台还应该提供相关支持，以帮助社交达人保持并扩大人际关系网络，进而促进社交媒体整体生态良性发展，让人与人之间的联系更紧密。

三、专业权威的知识扩散

以专业权威为核心节点的社交媒体所建构的复杂人际关系网络对知识扩散具有决定性影响。得益于他们丰富的专业知识、实践经验和在某些特定领域的权威地位，专业权威已经成为知识传递的核心节点，并对人与人之间关系网络的知识体系和未来发展产生了深远的影响。社交媒体中专业权威的知识扩散，首先取决于他们对专业形象的建构，在知乎和豆瓣小组这些知识类社交平台中，专业权威通过不断发表优质专业内容来建立自身在某一领域内的权威形象。比如某资深医学专家专注于对各种医学健康问题的解答，从常见病的诊治到对最新医学研究结果的阐释，均可提供专业、精准、详尽的解答。他的解答经常会获得很多点赞、收藏以及关注，吸引了很多有志于医学知识学习的网友。这些网友不只是普通大众，也包括医学生、年轻医生和其他专业人士。该医学专家经过长时间的知识输出已经在知乎积累了极高的口碑，是医学领域专业权威，他所发表的文章也是广大用户了解专业医学知识的主要渠道。专业权威知识扩散的精准性与深度性，在很大程度上决定了学术研究成果的影响力和传播花园。以科研社交平台 ResearchGate 为例，物理学领域权威学者发表了对量子物理、相对论以及其他前沿性研究结果的诠释与探讨。这些内容并不是针对公众的科普，而是对专业领域核心问题的深度研究，也是同行学者交流讨论的平台。专业权威知识分享中常包含着大量的研究数据、实验方法与理论推导等内容，专业性较强。其知识扩散有助于同行学者了解该领域研究近况、激发研究新思路、促进学术研究。与此同时，对具有一定专业基础的发烧友而言，可以对专业知识进行深入研究、开阔知识视野。社交媒体中专业权威知识的传播也可以促进各领域知识之间的整合和沟通，职场社交平台 LinkedIn 也是如此，各个行业的权威专家经常分享他们所在领域的专业知识和经验，同时也会密切关注其他领域的最新动态。比如某市场营销领域专家在 LinkedIn 交流数字化营销最新战略与案例分析时，就引起了技术、金融等各领域专业人士的兴趣。这些来自不同领域的专业人士在评论区交流了他们的观点与体会，并讨论了数字化营销在各领域中的运用。通过沟通，各领域知识之间发生碰撞与整合，从而为解决复杂问题提供一种新思路与新途径。这种跨领域知识扩散既在拓展人际关系网络的知识储备，又可以推动不同产业间的协作和创新。专业权威知识扩散对于培养专业人才、提升公众科学素养也发挥了积极的作用，部分在线教育平台、专业论坛等邀请专业权威通过设置课程、举行讲座和其他途径向学生传授专业知识。例如，在 Coursera，计算机科学的权威教授推出了与人工智能相关的专业课程，吸引了来自全球各地的学生和从业人员观看学习。通过对课程的系统讲解与实践指导培养出一批掌握专业知识与技能的人才。科普类社交媒体平台中，专业权威还会把繁杂的科学知识用浅显易懂的形式与公众共享，提升公众科学素养。比如某天文学专家通过微博配图形式介绍了宇宙奥秘、星系形成过程等内容，使更多的人了解了天文学知识，引起了公众对于科学技术的关注。但专业权威在知识扩散过程中也遇到了一定的挑战。一方面，社交媒体信息庞杂，专业权威知识内容有可能淹没在大量娱乐、营销信息中。比如在微博中，一则由专业权威发表的生物医学研究重大成果诠释，就有可能因明星八卦、热点话题等消息泛滥而无法被充分重视与推广；另一方面，专业权威在社交媒体上的知识扩散可能会受到专业壁垒的限制。有些知识太过专业很难被普通大众所理解，造成受众范围有限。比如在数学领域中，有些高深的理论研究成果，便是专业权威所共享，由于专业性太强，只会有极少数同行去了解、去交流。专业权威以社交媒体为核心节点，通过知识的有效扩散对促进学术研究、推动知识融合、培养专业人才以及提升公众科学素养起到了重要的作用。专业权威要想更好地迎接挑战并继续发挥其积极作用，必须不断优化知识传播途径，增强内容吸引力与可及性。社交媒体平台还应强化专业知识内容推荐与管理，更好地支撑与保障专业权威知识传播，以推动社交媒体整体知识生态良性发展，使专业知识在人与人之间的关系网络上更加广泛、深入地传播。

四、网红明星的粉丝聚合

在社交媒体日益兴盛的今天，网红明星以其特有的魅力和影响力成为人际关系网络的中心节点，并在粉丝群体中释放出强大号召力。他们的出现不只是颠覆了传统的社交方式，同时也对粉丝群体的形成、交往和社会文化等带来了深刻的变革。网红明星粉丝聚合最早来自他们鲜明的个人形象和独特才艺，抖音、快手等短视频平台中，很多网红都是靠滑稽幽默的表演、高超的舞蹈技巧或是动人的歌声，吸引了大量粉丝。比如一个因搞笑短剧创作而广为人知的网红通过生动搞笑的角色演绎以及贴近百姓生活的情节给观众带来快乐。其视频经常获得上百万次的点赞，吸引了众多粉丝关注。无独有偶，微博和小红书平台中的明星凭借出众的长相、天赋和精心打造的人设吸引着众多拥趸。例如，一个人气偶像歌手不仅在舞台上表演，还在社交媒体上分享着他生活中的点点滴滴，塑造着积极努力的形象，受到广大歌迷的喜爱。网红明星粉丝聚合也是社交媒体平台传播机制使然，它们通过准确算法推荐向潜在粉丝群体推送网红明星内容。以抖音为例，该平台基于用户浏览历史和点赞评论行为数据分析用户兴趣喜好，进而向用户推荐感兴趣的网红明星视频。若用户频繁浏览美妆类视频，该平台会推荐知名美妆网红。这一精准推荐机制极大提升了网红明星和粉丝的匹配程度，让粉丝可以更加方便地找到自己心仪的网红明星以加快粉丝聚合进程。另外，社交媒体平台互动功能对粉丝聚合具有促进作用。网红明星和粉丝可通过评论、私信、直播的形式互动。比如直播时，网红明星会和粉丝们进行实时交流，解答粉丝提问、倾听粉丝意见，这种亲密接触提升了粉丝黏性，从而吸引更多粉丝参与到粉丝群体中来。网红明星汇聚而成的粉丝群体表现出了社交媒体的高活跃性和互动性，他们会主动参与到网红明星推出的各类话题探讨、事件中。比如在微博中，当明星发了有关新作的动态时，粉丝很快就会在评论区里留言表示自己对该作品的期望与支持，并转发该动态，这些行为有助于扩大传播范围。部分网红明星通过抖音发起挑战，激发粉丝们的创作热情，共享相关的视频。粉丝积极响应，创作了一大批趣味作品，粉丝群体凝聚力进一步提升。而且，粉丝之间也会在社交媒体上进行交流互动，分享对网红明星的喜爱之情，形成具有共同兴趣的小圈子。这些小圈子互相连接在一起组成一个巨大的粉丝网络。网红明星粉丝的聚合对社会文化和消费习惯产生了深远的影响，从文化的角度看，这些网红明星的粉丝群体常常塑造出一种与众不同的粉丝文化。比如有些明星粉丝团有应援口号、招牌和应援色，当明星参加活动时，粉丝都要举办大型应援活动以彰显特有的粉丝文化。这种粉丝文化在丰富社会文化多样性的同时，也对流行文化的走向产生了一定程度的影响。从消费行为上看，网红明星粉丝聚合效应可以拉动相关商品消费。网红明星以推荐和代言的形式引导粉丝选购具体商品。比如某美妆网红力荐的化妆品就有可能因粉丝抢购而迅速变成爆款。明星所代言的服装和电子产品也经常被粉丝们热捧，这一消费带动作用对于促进相关行业发展起到了举足轻重的作用。不过网红明星在粉丝聚合过程中也遇到了一定挑战。一方面，一些网红明星为追逐流量与关注度而可能传播不良价值观或者进行低俗表演。比如部分网红以夸张的言行和恶意炒作来引人注意，这不仅给粉丝特别是青少年粉丝价值观造成消极影响，也损害了社交媒体生态环境；另一方面，粉丝群体内也可能存在不理性的表现。比如，当明星间竞争或者粉丝间冲突时，一些粉丝就会实施网络暴力和恶意攻击，从而影响网络环境和谐与稳定。另外，网红明星和粉丝的感情会有不稳定性。网红明星一旦发生负面事件或者形象崩塌就可能造成脱粉，从而影响到粉丝群体稳定。

第二节 强弱关系的转化与平衡

一、弱关系的激活与拓展

社交媒体大潮之下，人际关系网络中弱关系获得了空前活跃和扩张契机。弱关系是指那些较为松散且联系较少的社交联系，通常易被传统社交模式所忽略，而在社交媒体时代其潜在价值却得到了发掘。社交媒体为启动弱关系提供了大量的工具，就拿各种社交平台动态功能来说，用户每天共享的生活点滴、工作成果和兴趣爱好，就成为启动弱关系的机会。假如一个摄影师定期将其摄影作品刊登于 Instagram，许多独特视角与精湛技艺得以呈现。他有一个只在摄影讲座上见过面的同龄人，浏览动态的时候被这几张照片所吸引，于是就在评论区里留言点赞、咨询拍摄技巧。摄影师对该评论进行回应，两人也因此就摄影技术和创作灵感进行沟通。本来沉睡中的弱关系由于这种相互作用而得以活化，由单纯的认识关系渐渐过渡到更为深刻的交流关系。这种以兴趣爱好为基础的交往使弱关系在联系中寻找到了纽带，打破了原有的陌生感。社交平台中的群组功能也大大帮助了弱关系启动，行业交流群中，往往都是围绕某一主题进行探讨。例如，某互联网产品经理交流群内，有成员对产品用户体验的优化提出质疑。群里一个本来只有点头之交的同龄人，以其丰富的阅历，将一些切实可行的优化策略与案例分享给大家。提问者获益匪浅，然后又和该分享者进行私聊，讨论了更为详细的问题。这种群组互动在弱关系中营造出一种沟通的情境，使那些本来可能没有过多交集的人们由于共同的职业背景与主题而开始产生更加密切的联系。通过群组内思想碰撞与经验分享激活了弱关系，在沟通过程中双方或许会找到更多的共同点，从而为进一步加深感情打下基础。弱关系扩展在社交媒体时代也呈现出多样化趋势，以地理位置为基础的社交功能为弱关系扩展提供了新路径。比如一

新媒体时代社交媒体对人际关系的数字重塑与多维影响

个叫"陌陌"的社交软件就可以让用户找到周边的人。当用户来到一个陌生城市，通过这一功能就能认识当地人。一个旅行者用陌陌的时候发现自己旁边住着一个很懂地方历史文化的人。在闲聊中，该旅行者了解到不少小众景点，以及当地独特的文化习俗。然后两人约好会面并参观了这些名胜。这种根据地理位置而扩展出来的弱关系在丰富旅行者出行经历的同时也给他们社交圈子中增加了新成员。这一拓展方式突破了地域限制并为来自不同区域的人们提供了建立联系的机会。社交媒体平台的推荐机制在弱关系拓展中同样具有促进作用，以抖音为例，该平台将基于用户兴趣喜好，浏览历史以及其他数据向相关用户进行推荐。如果用户常常关注健身类的内容，抖音就会向其推荐健身教练或者健身爱好者。用户以关注被推荐用户的方式开始和他们进行互动。这一推荐机制犹如一座桥梁，把素未谋面的人们联系在一起，扩大用户薄弱的关系网络。而在这些新近扩展的弱关系下，因为基于共同爱好的推荐使得双方更容易找到共同话题并推动关系向纵深方向发展。弱关系的启动和扩展是非常重要的，在信息获取的视角下，启动和扩展的弱关系可以带来更为广阔的信息来源。不同领域和背景下的弱关系联系人可以给我们带来多样化的信息。例如，某金融行业人士通过和某艺术领域弱关系好友的沟通，对艺术市场投资倾向有所了解，并对其投资组合给出新思路。就职业发展而言，弱关系拓展可以带来更多的发展机会。比如通过和在另一公司工作的关系较弱的同学沟通，了解到他公司招聘的相关情况，进而有机会进行职业发展。社交体验中，弱关系的启动与扩展丰富着人的社交生活。但是，社交媒体中弱关系的启动和扩展也遇到了一定的挑战。信息过载会使用户错失和弱关系交互的时机。社交媒体中每天接收到大量消息，其中包括朋友动态和群组消息。用户若不注意，就可能漏掉某些弱关系联系人的交互信号。一些用户对社交媒体产生社交恐惧或者不善表达，也会影响弱关系启动和扩展。比如在遇到新增弱关系联系人时，不知怎么展开谈话，使关系不能继续发展。为解决上述难题，用户在社交媒体中需要对社交时间进行合理安排，增强信息筛选能力，还需不断提高社交技巧并积极与弱关系联系人进行交互沟通。

二、强关系的巩固与强化

社交媒体环境下的强关系一般是指以感情深厚、长期交往和高信任度为基础而形成的关系，例如亲人、挚友和长期合作伙伴。尽管这些关系在传统社交中已较为稳固，但社交媒体的发展为其带来了新的变数，同时也提供了巩固与强化的新途径。经常而且深入地交流是夯实强关系的根本，而社交媒体则为人们提供了方便的交流工具，比如微信语音通话和视频聊天等功能，让人在任何地方都可以随时和强关系对象沟通交流。家庭成员身处两地可以用视频通话的方式来交流日常生活的快乐和悲伤。比如外出打工的孩子随时都能和家长视频通话，聊工作进展、谈生活趣事、听家长嘱咐，感受家长的关心。这种高频率的交流能使对方感到关怀，维系着情感纽带。对挚友来说，深度的交流不只是每天的问候，更是对内心深处所思、所想、所感的交流。例如，一方生活中遭遇挫折，对方通过语音通话给以安慰、鼓励和提出合理的建议。通过深入的感情交流，双方之间的信任感与了解加深了，强关系变得更稳固了。联合参与线上活动对于加强关系是一种有效途径，众多社交平台纷纷开展各类适合多人参与的线上活动。比如在某些游戏平台中，朋友们可组队参与到游戏中，一起面对挑战，享受胜利带来的快乐。如在王者荣耀这样的团队竞技游戏里，玩家的好友们通过团队合作、策略制订和相互支持，不仅加深了他们之间的默契，还在游戏中共享了欢乐和失败的时刻，进一步加强了他们之间的情感纽带。互相支持和帮助对强关系的巩固起着至关重要的作用，社交媒体中一方发出求助消息后，强关系对象通常会快速做出反应。例如，某创业者将遇到的资金紧张问题分享到朋友圈，好友见状，或帮着引荐投资人或给予资助或借助人脉资源搭桥。切实的支持与援助可以使受助者体会到一种巨大的后盾力量并进一步深化相互间的信任感。工作场景下的长期合作伙伴还通过社交媒体相互支持。当一方提出技术难题后，另一方在工作群交流经验及解决方法，一起攻克难点，巩固并加强了合作伙伴关系，并为今后的协作打下了牢固的基础。在强化和巩固关系的过程中，尊重和包容起到了关键的作用。在社交媒体的互动中，人们的观点和表达方式可能会有所不同，因此，在强关系中，尊重对方的差异是至关重要的。比如，家庭群内各年龄段成员之间对于一些社会热点问题的认识会存在差异。年轻人也许会更多地接受新观念；年长成员也许会持有传统观点。这时双方都要尊重对方的观点，切忌强换思路。通过合理的探讨与沟通来加强了解。同样地，朋友间会有生活方式、爱好等不同。尊重这些分歧并尊重彼此的抉择能让关系在融洽的气氛中不断发展。但是，社交媒体时代强关系的巩固与加强同样面临着一定的挑战。社交媒体中信息纷繁复杂，人很容易心烦意乱，从而降低了和强关系对象之间的交流质量。比如当你和好友视频通话的时候，你可能被手机消息不断的提醒搞得心烦意乱，不能集中精力交谈。另外，虚拟社交和现实社交之间也有一定的距离，对线上交流的过分依赖可能导致强关系真实感不足。例如，通过文字聊天来维持感情时间长了，就有可能忽视对方表情、语调等非语言信息而影响感情的确切传达。要解决这些难题，就必须合理地选择社交媒体的使用时机，并在和强关系对象的交流中尽可能地排除干扰、集中精力。还要在合适的时候线下会面，以面对面交流来提升感情的真实感与亲密感。

三、关系转化的触发因素

社交媒体环境下人际关系强与弱之间的转换受到多种因素的制约。其中拥有共同兴趣是弱关系转变的强关系的主要原因之一。社交媒体为人们提供了大量信息与多样化交流的平台，让有同样爱好的人们更容易沟通。比如在豆瓣平台上，用户会围绕着各种各样关于电影、书、音乐等感兴趣的话题组成很多的小组。一个迷恋科幻电影的男人参加了某个科幻电影讨论小组的活动，并在那里认识了很多同样喜欢科幻电影的朋友。一开始，人们只在群里简单地沟通电影的剧情、特效和题材，是一种弱关系。但是随着探讨的不断深入，他找到了与自己观点高度契合的朋友，因此开始私信沟通，两人一起分享更多的科幻电影知识，比如影片背后的科学原理以及导演们的创作理念。这种建立在共同喜好基础上的深度沟通，使双方之间的理解与信任逐步加深，从而使本来较弱的关系逐步过渡到较强的关系。共同兴趣如同纽带把本来可能没有交集的人们紧密地联系起来，给感情的加深带来机会。重大事件的作用往往推动强弱关系的转换，现实生活中人们一起经历了某些重大事件后，他们之间的关系可能发生改变。社交媒体时代这一效应也是令人瞩目的。比如当一个区域遭受自然灾害时，当地人就会借助社交媒体建立互助群组。在群组中，人们之间本来是邻里关系、是弱关系。然而，当面临灾害时，他们会一起解决灾难带来的困难，人们互相支持，共渡难关，感情越来越深厚，由弱感情变成强感情。类似地，工作场景下，团队面对重大项目的挑战，成员间关系会改变。在项目的执行阶段，团队成员经常利用社交媒体工具，例如钉钉和企业微信，来交流项目的最新进展并解决遇到的各种问题。本来感情一般的团队成员在解决困难的过程中，加强了相互间的理解与信赖，感情也随之加深。重大事件犹如催化剂加快了感情的转换，使人与人之间在共同迎接挑战的过程中产生更深的感情联系。频繁交往的累积对关系转化具有显著的驱动作用，社交媒体中频繁交往可以加深对对方的印象与理解，进而促成关系转化。以微博为例，某博主常发有关旅游方面的文章，引起不少粉丝的注意。在这群人中，有一名粉丝几乎在博主的每一条微博下都会给予点赞和评论，同时也分享了自己的旅行体验和个人感受。博主在察觉到这位粉丝的热情之后，便与他展开更为深入的对话，探究他对特定旅游景点的见解，并分享了一些独特的旅行攻略。随着互动不断增多，两人的情谊不再局限于博主与粉丝间的浅淡之交，演变成朋友间的深厚感情。在微信的朋友圈里，朋友们互相点赞和评论，分享日常生活的点滴，这也有助于加深彼此之间的情感。比如有一方分享工作上获得的成绩，好友点赞、留言表示祝贺、分享相似的体验，这样频繁的交流会使对方感到被重视、被支持，感情会愈加亲厚。频繁的交往犹如桥梁沟通了人们的感情，感情亲密度随交往数量的增加而增加。在关系转化过程中，信息共享深度及广度同样起着至关重要的作用，人们通过社交媒体共享宝贵信息且信息深度及广度都能满足彼此需求，则关系更易被改变。在如领英这样的专业社交平台上，职场人士通过分享行业最新动态、专业知识和工作经验等信息，来吸引行业同人的注意。举例来说，一名资深的软件工程师在领英平台上发表了一篇深入探讨最新软件开发技术的文章，详细阐述了该技术的基本原理、应用场景以及其潜在优势。一位青年软件工程师看了以后，对这篇文章的内容很感兴趣，并咨询了资深工程师有关技术细节方面的意见。资深工程师耐心答疑，进一步交流他们将这一技术运用到实际工程中的心得。青年工程师通过这深度信息共享对资深工程师的专业能力深感钦佩，而他们的关系也由普通同行间的弱关系逐步转变为带有学习引导性质的强关系。生活中，人与人之间共享的生活经验、健康知识和其他信息也会推动感情的转变。比如某健身爱好者将健身计划、饮食搭配等内容分享到朋友圈，好友见状咨询其健身方法，两人因此进行了深度沟通，感情越来越深。信息共享好比开启关系转化之门的钥匙，人与人之间可以通过共享宝贵信息来引起对方注意，推动相互理解，促进关系发展。

四、平衡关系的策略方法

在社交媒体所建构的错综复杂的人际关系网络里，强弱关系之间的权衡是非常关键的。保持良好的强弱关系平衡有利于扩大人脉资源，在获得多元信息的同时给个体提供稳定情感支持。下面介绍几种平衡关系实用策略方法。社交精力的合理配置是权衡强弱关系的根本所在，社交媒体中联系人数量较多，如果没有规化好，就容易对某类关系投入过多的精力而忽略了另一种类关系。亲人、挚友等强感情关系，虽感情很深，但不能因感情牢固而长时间疏于联系。可经常安排时间跟家人深入沟通、分享人生大事及内心感受。比如每周都会安排家庭线上聚会方便大家自由讨论。对挚友不妨每月安排一次视频通话既能知晓对方近况，又能一起回忆过去的美好时光。保持强关系时不可忽视弱关系。每天挤出一段时间浏览社交媒体上的动态，并适当注意弱关系联系人更新，比如点赞和点评。这样不但可以使对方感到自己被重视，还会给弱关系带来更进一步的机会。比如在领英平台上注重业内弱关系联系人共享专业文章、留宝贵意见、增进相互沟通。关注沟通的质与量对于平衡强弱关系至关重要。当你和强关系对象交流的时候，切忌流于形式地寒暄，要深入地讨论一些有价值的问题。在和朋友沟通的时候，不只是聊一些日常琐碎的事情，也能分享自己的人生目标、价值观和感到的迷茫。比如在探讨职业发展方向的过程中，朋友们也许会以不同的视角提出意见，这样既可以加深对双方的了解，也可以给自己带来一些新思路。对弱关系而言，沟通时应该把握关键信息并进行有效和有价值的沟通。在行业交流群中，和弱关系同行沟通时，对所提问题给出准确而又切实可行的解决方法。这样不仅可以显示出自己的专业能力，还可以使对方感受到诚意，进而加深相互之间的关系。积极扩大弱关系而又巩固强关系是达到均衡的重要手段。借助社交媒体推荐功能及各类群组积极认识新人脉。微博中通过对感兴趣主题及相关博主的关注、参与主题讨论等方式认识志趣相投者。在抖音上，参与契合自身兴趣的挑战活动，以此拓展弱关系社交网络。扩大弱关系的同时，应继续巩固强关系。和家人参加线上线下活动，比如共同看线上音乐会或者参加户外亲子活动等，提升家庭凝聚力。和朋友们一起完成了很多有意义的计划，比如合作写了篇论文，拍了个视频等，合作中加深了相互之间的信任和默契。学会在不同关系中保持适度的自我暴露，在强关系中，适当地袒露你的脆弱、害怕与梦想，与朋友和亲人分享你内心世界，使其对你有更深的认识，以增加亲密感。但是自我暴露还要适度，以免过分地倾诉让对方感到紧张。弱关系下的自我暴露更要小心。可从共享一些和兴趣和工作有关的中性信息入手，在感情逐步深入时，适当提高自我暴露的程度。比如跟刚认识的弱关系联系人沟通，首先要分享你在职场中的小收获，激发彼此的学习兴趣，然后慢慢地分享你在职场中遇到的挑战以及应对方法。及时解决关系中存在的矛盾与冲突，是保持强弱关系平衡的关键。强关系下的矛盾是无法避免的，而应及时交流化解。在和朋友意见不一致的情况下，要心平气和地听取对方意见、表达自己的观点、找到双方均可接受的解决办法。处理矛盾时应注意把控彼此的情绪，尽量避免伤害性语言。弱关系下，如果有冲突发生，则应采取平和而理智的方式进行交流。当社交平台中和弱关系联系人之间因为某一事件发生纠纷时，应礼貌地、客观地阐述你的看法，如不能取得一致意见，可选择求同存异以免恶化关系。经常梳理、反思你的人际关系网络，分析哪一种强关系因繁忙而被忽略，哪一种弱关系又具有进一步成长的可能。对被忽略的强关系要及时给予补救，比如送上诚挚问候和安排会面。对潜在弱关系要制订方案、增进互动、推动关系提升。定期梳理可以及时发现人际关系中存在的问题并进行策略调整，保证强弱关系均衡发展。

第三节　网络层次与关系分层

一、亲密层的情感深度

在由社交媒体构建的复杂的人际关系网络中，亲密层是关系分层中情感最为深厚的一部分，其情感深度表现出独特的状态。社交媒体在给亲密层情感交流提供全新途径和契机的同时，也提出了一系列的挑战。社交媒体让亲密层情感表达变得更及时、更方便，以微信为例，身处两地的恋人可以通过文字、语音、视频进行沟通，无论何时何地都能分享生活中的点点滴滴，表达对彼此的想念和牵挂。在家庭亲密层，家长和孩子之间哪怕隔着很远的距离，都可以通过社交媒体即时通信功能来了解对方的日常事务。孩子可将旅行照片、工作进展情况分享到微信朋友圈，家长也可通过点评、私信等方式进行关注与鼓励。这种情感交流突破了传统时空的局限，使亲密层成员时刻能感受着对方的感情支持并深化了感情。在社交媒体中亲密层间信息共享更为全面深入，也有利于增进彼此感情的深厚程度。亲密的朋友间不只是分享快乐的事，也能吐露人生的苦恼和失意。通过微博私信，好友间能毫无保留地交流情感、工作和家庭上的烦恼。比如一个人工作上遇到挫折，或情绪低落时，就会以私信的形式向好朋友吐露心声，好朋友耐心倾听，给以慰藉与忠告。这一信息的深度共享，使双方对对方的人生及内心世界获得一个较为完整的认识，情感共鸣也随之增强，使情感联系进一步深化。家庭方面，社交媒体还可以使成员间共享更多的生活细节。家长可通过孩子在社交媒体中共享的生活照片及文字来了解其生活环境、社交圈子等，从而更深入地了解孩子的生活状态并提升亲子间情感深度。社交媒体也给亲密层营造出更多的虚拟空间让他们一起参与，从而推动情感向纵深方向发展。在某些游戏平台上，恋人或者好友可组队进行游戏，一同迎接游戏挑战、尽情体验游戏带来的乐趣。比如在进行王者荣耀这样的团队竞技游戏中，亲密层成员之间会用语音进行沟通、拟定战术、相互合作，这样一个共同参与过程既增添了相互间的默契，也从比赛中体会到了彼此的支持和信赖，进一步加深了感情。家庭成员还可一起参加线上绘画比赛和知识竞赛。通过共同备战赛事和参与赛事，家庭成员间交往更频繁，情感交流更深刻，亲密层情感深度有效增强。但社交媒体深化亲密层情感深度也面临一定挑战。社交媒体具有虚拟性，情感表达会出现一些失真现象。人与人之间的网络交流通常都是经过了某种形象与感情的装饰。比如在朋友圈里，家人也许只表现出了其美好的方面，而隐藏了某种负面情绪与难处。这样就会使亲密层成员误解对方真实生活状态，从而影响情感深度。并且，社交媒体中信息庞杂，易分散人们的注意力，从而降低了和亲密层成员之间的沟通质量。社交媒体的过分对比也会给亲密层情感深度造成不利影响，朋友圈里，我们常常能看到别人展现出来的美好生活，比如奢华的出行和精致的食物。如果进行对比会使亲密层成员之间形成心理落差而影响到彼此的感情。比如一个人在朋友圈中看到一个朋友经常分享他的高端生活方式，而自己过得比较平淡，就会有自卑或者嫉妒的心理，从而影响到两人之间的感情。为迎接上述挑战，发挥社交媒体在亲密层情感深度上的正面影响，人与人之间需保持社交媒体沟通的诚意，努力表现出真实自我，切忌过分修饰与虚假表达。在无干扰环境下选择视频通话或者语音交流以保证情绪的高效传达。另外，应该正确地看待社交媒体中的消息，切忌过多地进行对比，应注重亲密层成员间情感交流的本身而非外部物质展示。

二、熟悉层的日常交往

在社交媒体构建的复杂的人际关系网络中，熟悉层位于亲密层之外，是

新媒体时代社交媒体对人际关系的数字重塑与多维影响

一个与个体有频繁交往的人群集合。这一层级的人与人之间的关系并不像亲密层那么感情深厚，但它也不是简单的友情，它的日常互动具有独特的方式和属性。社交媒体为熟悉层提供了一个方便且多样化的交流途径，以微信为例，人们可以通过微信聊天等功能，便捷地与同事、同学等熟悉层的人交流日常事务。例如，在工作小组中，同事们可以讨论关于项目的进度、任务的分派以及其他与工作相关的议题，这种方式既方便又高效，大幅提升了工作的效率。在同学群中，每个人都会分享他们毕业后的日常生活和工作经验，同时回忆起学生时代的有趣事情。这种依赖于社交媒体的交流方式，消除了时间和地点的束缚，使熟识的成员无论身在何处，都可以随时保持沟通。即便是多年未曾见面的同窗，也能借助微信群迅速找回过去的熟悉感，进而与大家分享生活中的点滴。在与熟悉层的日常互动中，信息的分享呈现出选择性和广泛性。团队成员将会讨论一些日常生活中经常遇到的话题，例如美食、旅行和娱乐等。在社交媒体的朋友圈里，你可以经常看到熟识的朋友们分享他们所品尝过的各种美食、旅行途中的自然风光照片，或者是他们对当前热门电影和电视剧的个人观点。这样的分享不仅拓宽了朋友之间的生活视角，同时也为日常的对话和交流提供了丰富的话题。比如有一个朋友分享了他在一家特色餐厅的用餐体验，熟识的朋友看到后，可能会在评论区分享相似的美食体验，或者询问餐厅的具体位置。这样的美食分享与互动，加深了熟悉层成员间的相互了解和交流。但是，与亲密层有所区别，熟悉层在分享信息时，常常会有所隐瞒，不会像亲密层那样毫无保留地分享内心的困扰和隐私。社交媒体中的众多交互功能，为熟悉层成员之间的交往带来了更多的乐趣。通过点赞、发表评论和转发等多种功能，熟悉层成员间的交流变得更为频密。当一位熟识的朋友在社交媒体上分享了自己的健身照片时，其他的朋友可能会通过点赞来表示他们的关心和支持，或者在评论区写下鼓励的话，例如"持续锻炼，真的很好"或"加油，期待遇见更出色的你"。这样一种看似微不足道的简单互动方式，实际上却能让朋友们感觉自己受到了关注，进而缩短了他们之间的心理和情感距离。转发功能为成员提供了分享平台，使他们能够分享一些既有趣又有价值的信息给他们所熟知的人，从而进一步拓宽了信息的传递范围，并加强了成员间的互动。比如有一个朋友把一篇关于健康养生的文章分享到了他的朋友圈，熟识的人在看到后，可能会阅读并分享他们对这篇文章的观点，从而激发了对健康议题的深入讨论。尽管如此，社交媒体在熟悉层的日常互动中也带来了某些挑战。在众多问题中，信息过载显然是一个难题。由于社交媒体上充斥着各种各样的信息，大量的朋友圈动态、群消息等不断涌入。由于信息量过大，熟悉层的成员可能没有时间去关注，这可能导致一些关键的信息被忽略。比如在某个同学交流群中，大家经常分享日常小事、娱乐新闻等内容。但有时，一些重要的聚会通知或某位同学的求助信息可能会被大量不相关的信息所淹没，导致部分群成员无法及时看到。另外，社交媒体上的互动有时可能仅仅停留在表面。尽管频繁地进行点赞和评论等互动，但多数情况下仅仅是简单的问候或附和，并没有进行深度的思想交流。例如，在社交媒体的朋友圈评论里，很多人只是简短地回应"哈哈"或"不错"，这并不能有效地加深两人之间的相互了解。为了在社交媒体的背景下更有效地进行熟悉层的日常互动，有必要实施一系列高效的策略。为了解决信息过载的问题，成员们可以充分利用社交媒体的各种设置功能，例如为重要的群聊设置消息置顶，将熟悉的朋友进行分组，并优先关注重要朋友的最新动态。这种方式有助于提升信息采集的速度，并确保不错过关键的信息交流环节。同时，在进行互动的过程中，应尽量避免浅层次交流，尝试发起一些有一定深度的话题讨论。比如当你在朋友圈里发表评论时，你可以根据分享的信息提出自己的独到观点，从而促进更深入的互动。朋友在分享了一篇关于社会焦点事件的文章后，在评论部分分享了自己对该事件的观点，并询问朋友们的看法，从而进行深入的讨论，加深了彼此的了解。

三、陌生层的初步接触

在社交媒体构建的复杂的人际关系网络中，陌生层是指那些还没有建立深度联系，彼此之间了解很少的人群。不过，社交媒体为陌生人提供了一个宽广的交流平台和多种可能性，这使原本可能完全没有交集的人们有了更多的机会来进行互动和交流。社交媒体的推荐功能成为陌生层初次接触的关键途径。以抖音平台为例，该平台利用算法推荐功能，根据用户的兴趣、浏览历史等数据，推送相关的视频内容和用户。当一名用户对健身视频产生浓厚兴趣时，抖音平台会向他们推荐一批健身博主，以及其他同样对健身感兴趣的用户。当用户浏览推荐的视频内容时，可能会被某位健身爱好者分享的独到健身方法所吸引。因此，他们可以点击进入该爱好者的个人主页，并通过私信或评论的形式与其进行初步的互动，以获取更多有关健身的信息。这样一种以兴趣为基础的初步互动方式，使得处于陌生环境中的人们能通过共享的兴趣点迅速缩短距离，并找到可以进行交流的话题。同理，在微博平台上，用户可以通过关注他们感兴趣的话题，遇到很多对该话题有相同看法却并不熟悉的用户，这样在评论区进行的互动交流就成了他们的初步接触。在豆瓣平台上，群组和话题讨论经常成为陌生层初次接触的地方，这些小组围绕多个不同的主题，例如电影、书籍和宠物等，形成了多样化的讨论群体。对于对特定主题有兴趣却不熟悉的用户，当他们加入这个小组时，会积极地参与相关议题的讨论。比如在一个专注于科幻电影的豆瓣小组中，一名新加入的成员注意到大家正在讨论某部热门科幻电影存在的剧情缺陷，便分享了自己的看法。此见解一出，其他成员中有些人表示赞同，也有人则提出了不同的观点，这引起了激烈的讨论。在这一交流过程中，不熟悉的成员通过深入讨论话题，逐步了解了其他成员的看法和思考模式，从而达到了初步的交流。例如，在探讨一个与历史文化相关的议题时，不同背景的用户踊跃分享他们的研究发现和观点，从而在交流过程中建立初步的联系。社交媒体提供的交互功能为陌生用户间的初次互动带来了新的活力，如点赞、评论和转发等，这使得相互不熟悉的用户可以轻松地进行互动。当一个用户在小红书上分享了一篇关于美食制作的精彩笔记时，其他并不相熟的用户在看到后会通过点赞来表达他们对该内容的喜爱，并在评论区分享赞赏或询问制作的细节。发布者进行了评论回应，从而开启了双方的对话。这一简洁的交互模式降低了不同陌生层间的沟通难度，使初次的互动体验变得更为简单。转发功能能够通过高质量的内容在不熟悉的用户间建立联系。举个例子，有一名用户在微博上分享了一篇行业分析文章，并附带了个人观点。当其他不熟悉的用户看到后，他们可能会对转发的内容和作者的看法产生浓厚的兴趣，进而与转发者展开初步的交流。但是，在社交媒体环境中与陌生人的初次互动也遭遇了若干困难。判断信息的真实性是众多问题中的一个核心难题。在虚构的网络环境里，有些用户可能会提供虚假个人资料，这使人们在初次接触时很难深入了解对方。例如，在某些社交媒体平台上，用户伪造自己的身份、年龄和职业等信息，这可能导致与他们交往的陌生用户从一开始就建立在错误的认知基础上。另外，社交礼节和交流方式的不同也有可能对初次接触产生影响。每位用户都有其独特的成长经历和文化背景，因此他们对于社交礼节的认知和交流方式的喜好也各不相同。例如，部分用户可能更倾向于简单明了的交流方式，而其他一些用户则更倾向于使用更为委婉和含蓄的表达方式，这样的差异有可能在初次接触时造成误解，从而妨碍交流的顺利进行。为了在社交媒体环境中更有效地与陌生群体展开初步互动，有几个需要重点关注的策略。处理信息真实性的问题时，在交流过程中应始终保持警觉，切勿轻易相信那些过分夸张或违背常理的信息。我们可以通过广泛的互动和观察，逐渐深入地了解彼此。例如，在与不熟悉的用户互动时，我们可以从他们分享的内容和观点等多个维度来判断其真实性。面对不同的社交礼节和交流方式，我们需要持有一个开放和包容的态度。在与他人的沟通过程中，我们应当尊重他们的表达方式，并努力去理解他们的意思。若产生误会，应立即进行沟通和解释，避免由于沟通不顺畅而导致初步接触的中断。在初次接触的时候，选择合适的话题是非常重要的，避免讨论过于敏感或私密的话题，可以从轻松、常见的话题开始，比如兴趣爱好、热门事件等，这样可以使交流更加自然。

四、关系分层的动态调整

社交媒体作用下人际关系网络的关系分层表现出明显的动态调整特性。

这一动态调整突破了传统关系分层中较为平稳的格局，体现出社交媒体时代人际交往的灵活性和多元性。改变生活情境对触发关系分层动态调整具有显著影响。人们的生活场景与需要在人生的各个阶段都在变化，推动着关系分层也随之变化。比如人们进入职场之后，工作就成了人生中重要的组成部分，和同事、行业内人士之间的联系也越来越多。本来在社交网络上位于陌生层或者浅层次熟悉层的关系，由于工作互动频繁，这些个体之间的感情渐渐深厚，有可能进入熟悉层乃至亲密层。以项目合作为例，团队成员经过密切合作，解决了种种困难，由原来单纯的工作沟通，逐步了解了对方的个性、品质，关系越来越亲密。反之，当个人爱好发生改变时，那些曾因为共同爱好而建立起联系的人，就有可能变得疏远。比如某人曾对篮球情有独钟，常和球友通过社交媒体交流篮球赛事、训练技巧等，他们处于熟悉层面。但是后来由于工作忙，他逐渐减少了对篮球的关注，和球友之间的交流也越来越少，感情可能会倒退到比较生疏的状态。社交媒体平台自身特点也促进了关系分层的动态调整，其算法推荐持续向用户推送新增内容及潜在联系人。用户在这些推送的基础上，与来自不同背景的人进行接触，扩大社交圈。举个例子，抖音会基于用户的浏览历史，为那些热衷于旅游的人推介各地的旅游博主和同样对旅游充满热情的用户。用户在和新接触的人互动交流之后，如果发现他们之间存在着共同爱好，关系就有可能由陌生层进入熟悉层。同时社交媒体中互动的频率与质量对关系亲疏有直接的影响。持续和深入的交往可以拉近彼此距离，长时间缺少交往会让感情变得疏离。例如，在微信群里，有的好友常常分享自己的生活感悟和工作经验，大家都积极响应，热议不断，感情也越来越深厚。但是如果某个群体长期没有人说话，则成员间的关联将被淡化，关系分层将随之改变。个人成长发展对于关系分层的动态调整具有相同的作用，其社交关系需求随个体知识、技能提高及价值观转变而转变。比如一位同学在求学期间通过加入学术交流群认识到很多专业领域内的专家学者。随着自己学术水平的不断提升，和这些专家之间的沟通也由原来的求教学习逐步过渡到了平等学术探讨的阶段，感情也从生疏到熟悉变得更加密切。而且在个人价值观改变的情况下，也许要重新审视和一些人之间的关系了。

例如，某人本来热衷社交活动并且和许多泛泛之交保持着联系。但是经过某件事情之后，他更专注于深度情感交流，因此减少了和缺乏深度交流者之间的交往，而他们之间的感情可能由社交网络中的熟悉层调整到陌生层。动态调整关系分层在社交媒体中有诸多表现：一方面，关系层级上升或下降现象频发。正如前面所说，职场新人和同事之间的关系拉近是从低层级到高层级提升。而且由于兴趣的变化造成了和朋友之间关系上的隔阂，这就是降低了关系层级。另一方面，对关系进行重新划分比较普遍。比如在社交媒体中，有一些人一开始就因为共同兴趣而建立起了联系，他们位于与兴趣有关的关系层。但是随着沟通的不断深入，人们发现双方在事业发展中也能够互相支持，因此感情可能会由简单的兴趣关系层面，过渡到事业合作关系层面。但动态调整关系分层也提出了若干挑战。快速的情感变化会使人们很难适应，因而出现社交焦虑。比如本来相熟的好友因为生活轨迹不一、感情渐远而令人怅然若失、心烦意乱。在关系调整过程中，也难免产生误解与矛盾。例如一方觉得感情越来越深，交往也越来越频繁，而另一方由于自身情况变化，想疏远对方，这种的分歧就会引发冲突。为了迎接上述挑战，个体需保持积极态度，了解动态的关系变化是常态。关系调整中及时地交流是非常重要的。如果发现和朋友关系出现问题，可以坦率地沟通、了解对方的状况，如有双方有意愿，可以一起找一个新联系点来维系感情。即使感情深厚，仍需尊重对方的界限，避免因过分亲密而让对方感到不适。

第四节 网络密度与关系紧密程度

一、高频互动的紧密关系

在社交媒体所建构的复杂人际关系网络中，高频互动与其关系密切程度紧密相关。高频互动作为社交中的关键行为之一，在推动关系紧密程度方面起到了至关重要的作用。高频互动可以加深对对方的了解，进而增进亲密关系。社交媒体环境中，通守微信聊天、微博评论或是抖音私信进行沟通，为双方提供了更多分享生活细节、兴趣爱好和价值观的机会。比如两位摄影爱好者在一个摄影交流群中进行了高频交流，他们不但分享了拍摄技巧，展示了自己的作品，还交流了自己对于不同拍摄风格的偏好，以及拍摄背后所发生的故事。其中一方分享了在进行风光摄影时所遭遇的挑战，而另一方则分享了应对策略，以及摄影过程中的有趣体验。通过这种高频互动双方对彼此的专业能力、个人性格及生活经历等有更深的了解，感情亦因此变得更为深厚。这种深刻的理解所建立起来的信任与共鸣是亲密关系的一个重要依据。不同情景中的高频互动在促进紧密关系时有不同的表现。在家庭场景下，社交媒体高频互动使家庭成员之间即便是散居各处也能够保持密切联系。比如孩子外出打工，每天都会通过微信视频通话跟家长分享打工时的点点滴滴，生活中的有趣事情，倾听家长的嘱咐。电话里，孩子们诉说了他们工作上取得的小小成绩，得到家长的鼓励表扬；家长分享家里的小事，孩子耐心地聆听并提出意见。这种高频互动不仅使家庭成员对彼此的生活状态有了更多的了解，还使他们之间在感情上相互支撑，亲情关系得以深化。工作场景下团队成员借助企业内部社交平台进行高频互动以提升工作效率，同时促进关系发展。例如，在项目实施过程中，团队成员通过钉钉群实时交流项目的进展情况，探讨解决问题的方案。通过高频互动，团队成员对彼此的工作风格和专业能力有了一定的了解，并能进行较好的合作。各成员在解决问题过程中互相支持，一起战胜困难，使彼此之间的联系更为密切，从而产生了以工作为基础的密切合作。社交平台兴趣群组内高频互动对紧密关系也有促进作用。以某美食爱好者微信群为例，群员每天都会分享他们制作美食的图片和烹饪心得，探讨各地区美食文化。有人分享自己尝试制作新菜品的过程，包括遇到的困难和最终的成果，其他成员纷纷点赞、评论，给出建议或分享类似的经历。通过这一高频互动，群员之间因对美食的共同爱好而产生了密切的联系，组成了富有朝气、凝聚力强的小圈子。群员不只在美食上互相学习与沟通，也会在生活中其他领域彼此分享与扶持，关系的密切程度也越来越高。

但高频互动促进紧密关系发展的同时，也遇到了一定的挑战。一方面，高频的交互会造成信息过载。在社交媒体中，人们经常进行沟通，就会产生大量信息，包括文字、图片和视频。如果不加以筛选与管理，就有可能淹没在信息中使人应接不暇、焦虑不安。比如活跃的粉丝群中每天会出现很多与偶像相关的动态、讨论以及话题分享等内容，粉丝需要花很多时间去浏览，这些内容会对其正常的生活与工作产生影响；另一方面，高频互动并不一定都能保证高质量。有时候人与人之间也许仅仅是打个招呼，简单地附和或毫无意义的寒暄，缺少深层次的思想交流与感情共鸣。这种质量不高的高频互动很难真正推动关系升温。比如在某些微信群中，群成员日常只是简单的问候和发点表情包而已，不会有实质意义上的沟通，感情也不会因经常交往而越来越亲密。为了迎接上述挑战并达到高频互动有效推动紧密关系发展的目的，必须采取若干战略。针对信息过载的情况，人们应该提高信息管理的能力并学会甄别与过滤信息。消息提醒方式可依据消息的重要性、相关性以及自身兴趣来设定，对无关紧要的消息可选择无视或者定时查看。以粉丝群为例，粉丝群中的成员可只专注于偶像重大事件的相关资讯，而对一些鸡毛蒜皮的闲谈资讯则设置免打扰。还要注意互动质量，切忌流于形式。互动过程中，积极展开富有深度的讨论，促使彼此交流自己的真实想法与情感。比如在和朋友沟通时，不只谈日常琐碎的事情，也能就人生目标、社会热点问题等分享自己的观点，并通过这样深入地沟通，加强相互了解与信任，进一步提高关系密切程度。

二、低频交流的疏远关系

社交媒体所建构的人际关系网络，高频互动对其具有正向推动作用，低频交流则容易造成人际关系疏离。这一现象存在于许多情景中，并受诸多因素的影响。了解低频交流造成关系疏离的机理对我们保持良好人际关系网络非常重要。在同学关系情景下，社交媒体虽然为联系提供了便捷渠道，但是低频交流会让关系渐行渐远。学生在毕业后会到不同的城市做着不同的职业。

新媒体时代社交媒体对人际关系的数字重塑与多维影响

刚开始的时候，也许会把最近的情况分享到同学群里，沟通还是很频繁的。但是，时间一长，繁忙的工作与生活使交流频率渐渐降低。就拿我和曾经的大学室友来说，刚毕业时还会偶尔通过微信相互问候、分享职场新鲜事。但是随着各自职业发展的压力越来越大，一边忙着攻克项目难题一边为了升职而刻苦学习，沟通也由原来的每月数次逐步降低至数月一次。这种低频交流使人们对彼此生活的了解越来越少，共同的话题也越来越少。随着时间的推移，感情渐行渐远，由昔日亲密的室友到社交媒体中偶尔点赞的普通联系人。在家庭关系中，低频交流对亲情紧密程度的弱化也是如此。在现代社会中，家庭成员之间由于工作和学习而分居两地的现象比较普遍。尽管有微信、视频通话等工具，但如果交流频率过低，亲情也会受到影响。例如，有些外出务工的家长和留守在家中的子女，因为家长忙于工作，也许一个星期甚至更长时间才能和子女通一次电话。有限的通话时间里，常常是单纯地问孩子学习、生活等方面的问题，当孩子希望分享一些学校有意义的事情或是倾诉心中的烦恼时，家长会因为时间紧或者心不在焉等而错过孩子的情感表达。孩子的成长过程家长未能参与其中，家长的艰辛孩子也很难真正体会到，相互间的情感连接渐渐淡薄。这种低频交流所造成的感情疏离可能使子女长大后倍感寂寞，亲子间容易产生隔阂而影响家庭关系融洽。朋友关系中低频交流对关系疏远亦有显著影响。朋友间在长期缺乏深度的沟通，仅通过社交媒体维持好友关系的情况下，双方的关系就会淡一些。例如，两位原本难舍难分的好友，由于生活圈子发生了改变，参与了不一样的社交活动、接触了不一样的人，社交媒体中的沟通也少了很多。一开始也许只会在彼此生日或者重大节日发一条祝福的信息，但是单纯的问候缺少深度与情感共鸣。一方生活中遇到了困难时，因为平时沟通较少，担心打扰到另一方，未必会主动向对方吐露心声。而对方则由于不了解情况，不能及时地提供支持与帮助。随着岁月流逝，彼此渐行渐远，感情由亲密无间的好友走向疏离，到最后，或许只能在记忆里留存曾经美好的情谊。低频交流造成关系疏远有很多原因，一是生活节奏的加快，人们面临着工作、学习等各方面的压力，而且时间精力都有限，从而减少了社交媒体中与人沟通的次数。比如职场人士为完成工作任务而频繁加班，回家时已经很累了，没有时间去和朋友、同学沟通。二是社交媒体中的信息纷繁复杂，人很容易因为各种各样的信息而分心。例如，在刷屏朋友圈或者浏览微博过程中，海量娱乐新闻、广告以及其他信息占用了人们的时间以及注意力，导致与具体联系人之间的沟通被忽略。另外，由于人们的生活经历、爱好、主题等都会有所变化。若双方不能及时地更新对对方的认识，则会在沟通中发现缺少共同的话题，使沟通意愿下降，并进一步造成沟通频率下降。为避免低频交流所造成的感情疏离，我们可以采取相应措施。鉴于大家时间、精力有限应该合理地安排时间，注意和重要联系人沟通。可设置固定时间和亲朋好友交流，比如一周安排和家人视频通话一次，一个月和朋友深度聊天一次。沟通的时候，应该全心投入，避免受到别的事情打扰。对于信息分散注意力问题，应增强自我管理能力，缩短社交媒体中毫无意义的浏览时间，把更多的精力投入和重要联系人的交流中。与此同时，应注意彼此生活中的变化并积极寻求共同的新话题。例如，了解好友的新爱好、共同讨论有关话题、交流彼此的看法与经验等。通过上述方法，提高了沟通的频率与品质，避免了由于低频沟通而导致的关系疏远。

三、群体网络的疏密差异

社交媒体情境中群体网络表现出显著的疏密差异。这一差异广泛存在于各种社交群体之中，对于信息的传播、人际关系的发展和群体凝聚力的增强具有重要的作用。各类群体网络疏密程度迥异。在与工作有关的社交网络中，比如在公司内部的团队项目中，网络的密集度往往相对较高。团队成员要完成项目任务就必须经常交流协作。他们利用各种即时通信工具，例如钉钉和企业微信等，来实时分享项目的进展和解决出现的问题。项目实施过程中，团队成员可能会天天在群里交流工作成果，探讨碰到的难题和解决方法。这种高频次交互使成员间关系密切，网络密集。与此相对照，像摄影爱好者这样的松散的兴趣群体，在网络上的活跃度相对较低。尽管群员们对摄影很感兴趣，但是因为每个人的时间安排和拍摄习惯不同，所以交流频率也不够稳定。有的群成员可能偶尔在群内分享摄影作品或问几个简单的摄影技巧方面的问题，群成员间交流比较少，网络联系不密切，表现得比较疏离。群体网络疏密差异的形成受诸多因素影响，其中目标一致性为关键要素。工作团队内各成员有一个共同的目标——完成项目。为了达成这一目标，他们必须加强合作，并经常分享信息，这也使集体网络更为密集。以软件开发团队为例，要想准时推出优质软件产品就必须使开发人员、测试人员和产品经理密切交流，在需求分析、功能开发、测试上线等各个环节均需各成员间密切合作才能构成高密度群体网络。而兴趣爱好群体内部，成员之间虽存在共同爱好，但目标却比较零散。以摄影爱好者群为例，一部分成员追求艺术创作，另一部分成员则注重记录生活，不同的目标对象使每个人交流互动缺乏一致性与紧迫性，造成网络密度偏低。群体规模对网络疏密程度同样具有显著影响，总体上规模越小的群体网络密度越大。比如有十几个人的读书俱乐部就可以让会员们充分交流。每一次线上线下读书分享活动结束之后，会员们都要通过微信群不断地探讨书中内容并交流感受。由于人数较少，大家发表意见和与其他会员沟通的机会更多，群体网络更加密切。而在群体规模比较大的情况下，比如一个有数千人的行业交流群信息传播速度很快，但是成员间却很难有全面和深层次的交流。新会员入群之后可能难以快速融入团体并建立起和其他成员之间的联系。并且，过多的信息可能会使成员不能逐一阅读并回复，从而造成群体网络较为稀疏的现象。社交平台所具有的功能特性对群体网络疏密差异也有一定影响，部分平台所提供的直播、群接龙和投票等丰富互动功能可以促进群体成员间沟通并增加网络密度。以某美食爱好者群为例，群主用群接龙功能举办线下聚餐，群内成员主动参与签到并在群内探讨聚餐位置、菜品和其他细节，这些都极大地增加了成员间的交互频率，拉近了群体网络的距离。反之，一些社交平台的功能较为单一、缺少有效互动工具会造成群体成员沟通受限、网络密度低等问题。群体网络疏密差异对于信息传播具有显著影响，高密度群体网络下信息传播速度快、范围广。比如在一个工作项目群中，当项目有重大更改消息公布时，成员可以迅速接收和讨论，消息可以在很短的时间内在群中传播。而稀疏群体网络上信息传播可能受阻。以摄影爱好者群为例，当有成员分享了一种全新的摄影技巧后，若其他成员不及时留意群消息，这个消息可能不会被广泛地传播与讨论。在人际关系发展视角下，高密度群体网络有利于成员间建立密切关系。通过经常交往，成员之间能更深刻地了解对方的个性、才能与价值，增加信任与友情。比如项目团队内部成员之间通过一起解决问题而形成了密切的合作关系。而且稀疏群体网络内成员间关系较为松散，很难形成深层次情感联系。为使群体网络疏密程度达到最优，对不同群体可采用不同策略。针对类型各异的兴趣爱好人群，可通过举办经常性线下活动和设立主题讨论周来增加会员间交往机会和网络密度。对高密度工作群体应重视信息流量的合理调控，以免因信息过载而对成员造成压力。可通过对信息进行分类整理，制定信息发布规范来提高信息传播效率与质量。

四、关系紧密的影响因素

在人际关系网络中，关系紧密程度受到诸多因素的影响，它们对不同情景、不同关系类型起到至关重要的作用，并决定着人们情感联系是否深刻、稳定。共同的经历是加强紧密关系的关键要素，当人们一起参与特定的活动、面临挑战或经历重大事件时，会在彼此之间建立特殊的情感联系。校园生活方面，学生们为考试一起挑灯夜战，一起参加社团活动等体验，会加深相互间的友谊。例如，在准备校园文艺晚会的过程中，学生之间分工明确，或承担节目策划或承担场地布置或承担演出任务。在这一过程中，同学们克服了时间紧张和资源有限的困难，为奉上一台精彩绝伦的晚会共同努力，确保晚会顺利地举行，这种共同的体验成为每个人宝贵的记忆，也让同学间的感情变得更深厚。工作情景下，同事共同合作完成了一项重大工程，其间一起加班克服技术难题，这段并肩战斗的体验使彼此更熟悉更信赖，感情变得更亲密。交流频率直接影响着关系的紧密程度，频率高的沟通能给双方提供更多的机会去分享生活中的点点滴滴，所思所想，促进相互了解。社交媒体时代即时通信工具被广泛应用，让人与人之间的沟通变得更容易。比如有两位朋友天天在微信上聊天，一起分享这一天的有趣事情，工作上的苦恼或一起计划自己的未来。一方在工作中遇到挫折时，会第一时间向另一方倾诉，另一方则给予安慰并提出建议。通过频繁沟通，双方感情越来越深厚。反之，若长时间不沟通，即使两人亲密无间，也会渐行渐远。例如，以前的好朋友由于工作和生活上的变动，各忙各的，渐渐地接触少了，时间一长，他们之间的生活轨迹就越来越远，共同的话题少了，感情就平淡了。情感投入是密切感情的核心因素，人与人之间真心实意地关怀着彼此，并心甘情愿地付出自己的时间、精力与感情，感情就更牢固了。从亲情关系上看，家长对孩子无私的爱与奉献表现在生活中各个方面，比如认真备餐、关心孩子学习与成长。孩子体会到来自家长的关爱，并且用他们的方式来报答家长，这一份份深厚的感情投入让亲子关系变得坚不可摧。在恋爱关系里，双方都会给予对方关怀、体贴与支持，因为对方高兴而高兴，因为对方难过而难过，这样深厚的感情投入会使爱更甜蜜更持久。朋友之间也是如此，当一方有困难时，另一方毫不犹豫地伸出援手，给予物质和精神上的支持，这种情感投入会让友谊更加深厚。价值观契合度在关系紧密程度中起着决定性作用，双方价值观越接近，就越能引起共鸣与理解，感情越和谐。比如两位环保志愿者由于对于环保事业有着共同热爱与追求，在参与环保活动过程中对于环保理念、行动方式的认知是相同的，能够互相支持与鼓励。当面对他人对环保活动的质疑时，他们会毫不犹豫地站在一起，共同为环境保护事业发声。价值观一致使两人感情更亲密，成了志趣相投的好友。反之，若价值观相差太大，遇到某些问题，就有可能产生严重分歧甚至造成关系紧张。例如，团队里有一部分人追求短期利益、注重迅速完成工作以获得收益，也有一部分人更加关注长期发展、关注团队信誉等，价值观上不同有可能导致冲突并对团队成员间关系产生影响。利益关联也是影响关系密切的因素之一，当工作场景下同事间有共同利益目标时，比如团队成员为完成项目任务而得到奖金或者晋升机会时，他们就会更密切地配合。就商业合作而言，伙伴间也会维持紧密关系，以达到互利共赢。比如两家公司为联合开发一种新产品而分享资源、技术及市场渠道等，合作期间双方为达到共同商业利益而主动进行交流、协调，从而使关系密切。但随着利益关系的变化，比如合作的终止或者利益分配的不均衡等，也会对关系造成一定的影响。

第五章
社交媒体对人际关系
情感维度的作用

第一节　情感表达的新形式

一、表情符号的情感速达

在社交媒体所建构的数字化沟通环境下，表情符号以其特有的情感表达形式展现出较强的情感速达能力。它用一种简洁而直观的表达方式，瞬间传达出复杂的情绪，是人与人之间社交互动必不可少的因素。丰富的表情符号是它达到情感速达的根本，如今的表情符号库几乎囊括了人类的全部情感。从基本的喜、怒、哀、乐到比较细微的难堪、羞怯、无助等，均有相应的表情符号。例如，当人们在聊天中分享成功的喜悦时，一个"🎉"（庆祝）表情符号，能瞬间将那种兴奋与成就感传递给对方。这个表情符号通过色彩鲜艳的图案和象征庆祝的元素，让接收者无须过多文字解读，便能清晰感受到发送者内心的激动。而当人们遇到挫折或不顺心的事情时，"😔"（难过）表情符号则以其低垂的眉眼和嘴角，生动地展现出失落的情绪。这种丰富多样的表情符号，为人们提供了广泛的选择，使其在各种情境下都能迅速找到合适的符号来精准表达情感。表情符号的便捷性极大地加快了情感传达的速度，在快节奏的现代生活中，人们的交流时间往往较为碎片化，需要一种高效的情感表达方式。表情符号满足了这一需求，只需点击一下，就能快速发送。在与朋友聊天时，若对方分享了一个有趣的段子，回复一个"😁"（大笑）表情符号，比输入"哈哈，太好笑了"等文字更加快捷。这种便捷性不仅节省了时间，还能让交流更加顺畅。在一些紧急情况下，表情符号的便捷性优势更为明显。比如当朋友遭遇突发状况向自己寻求安慰时，回复一个"🫂"（抱抱）表情符号，能在第一时间给予对方情感上的安慰，无须长篇大论，却能迅速传递关心与支持。表情符号在跨文化交流中展现出卓越的情感速达能力，在全球化的背景下，社交媒体让不同背景的人得以轻松交流。然而，语言差异可能成为情感交流的障碍。表情符号则打破了这一障碍，成为一种全球通用的情感语言。例如，在国际社交平台上，无论是东方文化还是西方文化，人们看到"😊"（微笑）表情符号，都能理解其传达的友好、和善之意。在与外国友人交流时，即使语言沟通存在一定障碍，通过表情符号，也能顺利表达自己的情感，如用"😍"（爱心）表达喜爱之情，用"😎"（耍帅）展示自信态度。表情符号跨越了语言和文化的界限，让情感能够在不同文化背景的人群中迅速传递，促进了全球范围内的情感交流与融合。表情符号还能与文字相互配合，增强情感速达的效果。在一些复杂的情感表达中，单纯的文字描述可能不够生动，而单纯的表情符号又难以准确传达全部含义。此时，两者结合便能发挥出巨大作用。例如，在表达对朋友的感谢时，写道："真的非常感谢你，你帮了我大忙！🙏"（双手合十），文字表达了感激之情，而"🙏"表情符号则进一步强化了这种感激的深度和诚意。在分享自己对一部感人电影的感受时，"这部电影太催泪了😭（流泪），看完我久久不能平静"，文字描述了电影的感染力，"😭"表情符号则直观地展现出因电影而感动落泪的情感状态，使情感表达更加立体、生动，让接收者能更深刻地体会到发送者的情感。在社交媒体时代，表情符号以其丰富性、便捷性、跨文化传播能力以及与文字的协同作用，实现了情感的快速、精准传递。它改变了人们的情感表达和交流方式，让情感在数字世界中得以高效流通，为构建更加紧密、多元的人际关系网络奠定了基础。无论是日常的轻松聊天，还是重要的情感沟通时刻，表情符号都在默默地发挥着情感速达的作用，成为现代社交中不可或缺的一部分。

二、动态图标的情绪渲染

在广阔的社交媒体领域，动态图标这一新型情感表达形式因其特有的魅力对情绪渲染具有明显效果。突破传统静态表达限制，带给用户更生动、更直观、更有感染力的情感表达体验。动态图标具有动态特性，使其具有很强的情绪渲染功能。相对于静态表情符号而言，动态图标可以通过画面的不断变化以及动作更加形象地展示多种情绪状态。当表达兴奋情绪时，一个闪烁着五彩光芒并不断跳跃的"🎊"（庆祝动态图标），比静态的庆祝表情符号更能传达出热烈、激动的氛围。动态图标中的光芒闪烁和跳跃动作，仿佛让人看到一场正在进行的盛大庆祝活动，从而更强烈地感受到发送者内心的喜悦与兴奋。而在表达悲伤情绪时，一个缓缓落下眼泪的"😢"（哭泣动态图标），眼泪不断流淌的动态效果，比静态的哭泣表情更能触动人心。这一动态呈现方式使接收者仿佛目睹发送者身处忧伤的情境之中，心情也更易受到感染。不同社交场景下动态图标均可准确表达情感。在好友间分享搞笑趣事的过程中，典型喜剧角色动态图标、夸张逗趣动作、卓别林般的搞笑行走姿态等，搭配愉悦音效，可以瞬间向对方传递快乐气氛。接收方看到这一动态图标就像沉浸在喜剧表演中一样，被逗笑，进一步加强了好友间的愉快交流。动态图标是恋人间沟通时传情达意的好帮手。当一方想表达爱意的时候，就发一个由爱心构成的动态图标，爱心不停闪烁、转动，渐渐地变大，这浪漫的动态效果能深深地触动另一方的心灵，使爱的表达更强烈。工作交流场景下，团队完成一项重要工程后，分享发动态图标来庆祝，大家都为之喝彩，个个都满面春风，瞬间营造出团队的快乐气氛，提升团队成员间的凝聚力与归属感。动态图标不仅可以与文字和语音等多种情感表达方式相融合，还能进一步提升情感渲染的效果。当它与文字相结合时，文字描述提供情绪产生的背景及特定内容，而动态图标则生动地解释了文字表达的感情。例如，在描述一场惊心动魄的体育比赛时，写道："这场比赛太激烈了，最后时刻的绝杀简直让人心脏都要跳出来了！💥"（爆炸动态图标），文字让接收者了解到比赛的紧张程度，而"💥"动态图标则通过爆炸的视觉效果，进一步渲染出那种激动人心、震撼的氛围。在与语音结合时，动态图标能够与语音的情感基调相配合。例如，将火焰燃烧着的动态图标适时地插入一段段激情澎湃的语音分享当中，并伴随着声音的律动而忽明忽暗，可以使声音里的激情表现得更加强烈，使接收者能够从各个角度体会发送者的感受。动态图标对于跨文化交流的情绪渲染同样有优势，由于不同文化背景下的人们对一些表情符号会有不同的认知，而动态图标的直观性与生动性，则可以超越这一文化障碍。比如用一个动态的图标来表达欢迎，图标上的人张开手臂，微笑着热情呼唤，不论是东方文化背景还是西方文化背景下的人都可以很明显地将其理解成亲切、欢迎的感情表达。国际社交平台中这种跨文化情绪渲染能力使各国人民可以通过动态图标实现更好的情感交流，增进不同文化间的理解与交融。动态图标在社交媒体上作为一种新颖的情感传达方式，凭借其动态的特质、多种场景的应用、与其他表达方式的融合以及跨文化的优势，在情感渲染上展现出了巨大的影响力。丰富了人与人之间的感情交流方式，使感情在数字世界里得到更生动和更深入地传达，对构建更多彩和更有感情温度的人际关系网络起到了积极推动作用。不管是在轻松愉悦的日常闲聊中，还是富有感情张力的重大交流瞬间，动态图标均可以通过特有的感情渲染使人的感情表达得更加准确和强烈。

三、语音消息的情感传递

在社交媒体日益兴盛的今天，语音消息这种新型的情感表达正以它特有的方式对人们的情感传递产生深刻影响。语音消息突破文字交流限制，给情感沟通提供更直接、更真实、更丰富的感受。语音消息有一个显著特点就是能完整地保留说话人的语气语调，这一特点使情感传递变得更加鲜明。人在激动时会无意识地抬高语气和提高语速；伤心的时候语调会变得很低、语速减慢。比如孩子在校期间取得了优异的成绩，迫不及待地用语音消息分享给家长，家长就可以从他们高亢、迅速而又满怀欣喜的言语中感受到那种激动和骄傲。再比如，朋友在遇到挫折时，以低沉、暗哑而带有哭腔的声音吐露心声，不需要太多的语言描述，聆听者就会深切地感受到对方的忧伤和无奈。这种由语气语调所传达出的感情在文字中很难被完整地再现出来，语音消息使感情的传达变得更生动、更立体。语音消息在情感传递便捷性方面也有明显的优势，繁忙工作之余人们也许没有耐心一个字一个词地录入。这时语音消息只要长按说话键就可以很容易地传递思想和感情。例如，碰到好玩的事，想要和好友们一起分享时，可以用语音消息迅速地把这种快乐传递给他们。在某些突发事件中，语音消息可以更快速地传达感情。比如在突发危险时，发语音消息呼救，既可以使对方在第一时间知晓情况，又可以通过语音上的紧张感、恐惧感，使其真切地感受到危险的迫切性，以便更迅速做出反应。不同社交场景下语音消息对情感传递起到了重要作用。家庭场景下，语音消息使家庭成员关系更加密切。外出打工的孩子，用语音消息跟家长唠唠家常，家长可以从语音里感受孩子的生活状态以及情绪上的变化。每逢重大节日，哪怕不能归家团圆，一句充满深情的语音祝福都会让亲人体会到浓浓亲情。恋人间，语音消息是传达爱意的强大手段。一句轻轻的"我爱你"，用语音消息发出来，比起冰冷的文字更能传递深厚的情感。夜深人静之际，恋人之间以语音消息相互倾诉，交流一天的体验与感悟，深化彼此的情感联系。工作场景下的语音消息同样可以有效地传达感情。队员们在完成某项艰巨的工作后，会用语音消息互相道贺，那种满心欢喜、豪情万丈的语气，可以提高队伍的凝聚力。而且在交流工作问题上，语音消息能使对方更加清楚地了解其态度与情感，从而避免由于文字表述而可能出现的错误认识。语音消息也可以和其他情感表达形式配合增强情感传递效果。在和文字相结合的时候，文字能够补充解释语音里的感情。比如当你发了一条饱含感激之情的语音消息时，再附上一段话，详细表达感谢的理由以及具体的事，可以使对方对你的感受有一个比较完整的了解。在和图片、视频等多媒体形式相结合的情况下，语音消息能为其增加情感色彩。例如，共享一个旅行视频，并配以饱含激情的语音解说可以使观看者对拍摄者的旅游情感体验有更深体会。语音消息还具有跨文化交流时特有的情感传递价值。语言虽有差异，语音上的感情却相通。各国人民在用语音消息进行沟通时，即使无法理解特定的内容，也可以从语气和语调上体会到彼此的亲切、热情或者是其他感情。比如在国际商务交流当中，利用语音消息来表达双方合作的真诚与激情，可以使彼此更加直观地感觉到对方的心态，从而推动双方的合作顺利开展。语音消息作为一种社交媒体上新的情感表达方式，因其可以保留语气和语调，使用便捷，可以多场景应用，具有与其他社交媒体形式的协同以及跨文化交流的优势，在情感传达方面展示了巨大的影响力。丰富了人与人之间的情感交流方式，使情感能够在数字世界里得到更真实和更深刻地传达，对建立更密切和更深厚感情的人际关系网络起到了至关重要的作用。不管是日常轻松的沟通还是情感沟通的重要时刻，语音消息可以作为情感传递的强有力的桥梁拉近人们的关系。

四、视频通话的情感互动

在社交媒体日新月异的大潮下，视频通话这一影响巨大的新型情感表达形式为人与人之间的情感互动开辟了新的道路。它把视觉和听觉完美地结合在一起，突破时间和空间的界限，使感情的沟通更直接、更鲜明、更有深度。视频通话最重要的优点是它可以做到面对面地实时沟通。这一直观互动方式使人可以捕捉彼此的每个表情、目光以及微妙的肢体动作等非语言信息，这些信息对情感表达起到至关重要的作用。比如相爱的人身处两地聚少离多，在视频通话时，他们脸上洋溢的微笑和眼睛里闪烁的泪花，毫无保留地传递给对方。一个单纯的眼神交汇，使彼此体会到浓浓的思念和关怀。这种面对面的情感互动让远隔千山万水的爱人似乎就在身边，大大拉近了他们之间的关系。家庭场景下，视频通话对维护亲情起到强有力的支撑作用。对长期由于工作和学习而分离的家庭而言，视频通话已经成为情感沟通中的一座重要桥梁。如父母在外打工，子女和爷爷奶奶住在一起等。在视频通话中，家长们能够实时了解孩子们的成长和变化，陪伴他们完成作业，听他们讲述故事并参与到孩子的日常生活中。孩子们也能在视频中感受家长对自己的爱，向家长讲述自己在校期间的有趣经历与苦恼。在春节和中秋节这类重大节日里，一家人以视频通话的方式共同庆祝，尽管身处两地，也营造了一种温馨团圆的气氛，使亲情流动于画面的两头。情侣关系里，视频通话是情感互动必不可少的一环。身处异地的恋人靠视频通话解除相思之苦。晚上两人以视频聊天的方式分享当天的体验与情绪。当一方工作受挫时，对方可通过视频给予安慰、鼓励，并用目光传递出温暖和支持。在生日、纪念日等特别日子里，用视频通话送上祝福与惊喜可以使情感更深厚。视频通话时的亲密无间，比如甜美的笑容、柔和的目光交流等，会加强恋人间的感情联系，使爱情持续升温。好友间的视频通话可以丰富情感互动途径。朋友之间因为各自繁忙的生活而不能频繁相聚，视频通话就成了一种新型的聚会方式。我们可以在网上分享自己的生活点滴、交流心得、探讨热点话题。分享趣味体验的同时，用视频来传达欢乐，制造愉悦气氛。当朋友有困难的时候，通过视频通话给他们送去关怀与帮助可以使友谊更牢固。比如某好友备战重要考试压力很大，而另一好友则通过视频通话给他加油、交流学习经验、减压方法等，这样的感情支持可以帮好友战胜困难。商务场景下视频通话也起到情感互动的效果。远程商务谈判时，双方可以通过视频通话来观察彼此的表情、肢体语言等，以便更深入地了解彼此的态度与情绪。一张自信的笑脸，一双坚毅的眼睛，无不传递着自己的真诚与果断。团队协作时，通过视频通话使团队成员可以进行实时交流，交流工作的进展及存在的问题。团队在完成一项重大工程后，会用视频通话来庆祝，团队成员的欣喜与骄傲会从画面上传递出来，提升团队凝聚力与归属感。视频通话也可以和其他媒介形式结合使用，更进一步地丰富情感互动。就跨文化交流而言，视频通话给不同文化背景下的人们带来了情感上的直接交流。尽管语言和文化存在差异，但通过视频通话，人们可以从对方的表情、动作中感受到友好、尊重等情感。比如在国际学术交流上，学者通过视频通话来共享研究成果，沟通时的笑容、点头等行为，可以传递对对方的肯定与尊敬，增进不同文化间的了解与沟通。视频通话，作为社交媒体中情感传达的创新方式，凭借其实时的面对面沟通、多种场景的应用、与其他媒体的融合以及跨文化的交流特点，显著地增强了人们之间的情感交流体验。它使感情能在虚拟空间里真实地传达，是建立并保持密切而有感情的人际关系网络，不管在日常生活，或者在社交、商务等重要场合中，都起到了无可取代的作用。

第二节　情感共鸣的激发机制

一、共同经历的回忆唤起

在社交媒体构建的情感交流环境中，共同经历的回忆唤起成为触发情感共鸣的关键要素之一。这就像是一把解锁心灵深处情感宝藏的钥匙，能够唤醒那些已经沉睡的情感记忆，并激发人与人之间强烈的情感共鸣。在学校的日常生活中，社交媒体上的校友群和班级群成为唤起共同回忆的主要平台。那些已经毕业多年的同学们，可以通过这些社交媒体重新建立联系。当某人在群聊中分享一张泛黄的毕业照片或一段校园运动会的视频片段时，会立刻唤起大家对校园时光的美好回忆。那些日子，大家曾在教室里为了考试而努力复习，课间与同学们的欢笑和玩闹，以及运动会上为了班级荣誉而拼搏的热血瞬间，都像潮水一样涌上了心头。众人都在群聊中留下了自己的评论，分享了他们共同经历的特殊记忆。有些人回想起某次考试之前，和同桌一同熬夜复习，互相鼓励的时光；有些人分享了他们在运动会上跌倒后，同学们纷纷赶来表达关心的感人时刻。这些建立在共同经历上的回忆激发了同学之间深厚的情感共鸣。虽然现在大家生活在不同的城市，从事不同的职业，但通过这些回忆，同学们似乎又回到了那段纯真而美好的校园时光，彼此之间的距离也瞬间缩短了，情感连接得到了极大的加强。在职场环境里，那些共同经历过的记忆也能激发出强烈的情感共鸣和潜能。当同事们合力完成某个关键项目之后，他们可能会被分派到不同的部门或职位。但是，当社交媒体上有人开启关于这个项目的话题时，之前的共同经历就会被迅速唤醒。大家都回想起了在项目进展中遇到的各种难题和考验，以及团队成员是如何团结一致、努力加班来克服这些挑战的。例如，在某个软件开发项目里，团队成员为了如期完成所有任务，不得不在办公室里连续工作几天几夜。大家回想起那一段既紧张又充实的时光，他们在社交媒体上分享了当时的心情和经历。当面对技术上的挑战时，团队的成员们积极讨论，不停地寻找各种可能的解决策略；有些人分享了身心俱疲时，从同事那里收到一杯咖啡和一句鼓舞人心的话，这让他们重新振作了起来。回忆起这些共同的经历，使同事之间产生了深厚的情感纽带。即便在不同的工作环境中，他们也能深切地感受到团队之间的深厚情感，进一步增强了团队的凝聚力和归属感。在家庭背景下，社交媒体为家庭成员之间的共同回忆提供了一个开启的机会。比如，在家庭微信群中，长辈们会分享一些家庭的老照片，或者是讲述过去的家庭故事。当子女们看到他们小时候全家在海边度假的照片时，他们会回想起在海边玩耍、堆沙堡、追逐海浪的快乐时光。在群聊中，大家都分享了自己对家庭的共同体验和回忆。有人回忆起父亲在海滩上教他游泳的情景，而有人则分享了母亲为大家准备野餐时的温馨场景。这些共同的经历和回忆加深了家庭成员间的情感纽带。尽管由于日常工作的繁忙，大家的相聚时间可能会很少，但通过社交媒体分享的回忆，可以触发情感的共鸣，进一步提升家庭的温馨感并加深了亲情。共同体验过的记忆不仅能在特定社群内部激发情感的共鸣，还能在更多的社交维度上产生深远的影响。例如，在社交媒体平台上，当某一地区遭遇重大事件，比如发生自然灾害时，那些曾经在该地区居住过的人们会选择通过社交媒体来分享他们在当地的生活体验和回忆。这段回忆触动了其他有共同经历的人的情感，纷纷在评论区发表评论，表达对受灾地区的关心和祝福，以及对那段生活的回忆。这样的情感共鸣不仅加深了有相似经历的人们之间的联系，还能激发社会各群体对受灾地区的关心与支援，从而形成强大的社会动力。

二、感人故事的情绪感染

在社交媒体这一宽广的舞台上，感人至深的故事犹如璀璨的星星，凭借其强烈的情感感染力，成为触发情感共鸣的关键力量。这一系列的故事充满了人与人之间的真挚情感，它们跨越了地域、年龄和职业的界限，触动了人们心灵最柔软的地方，使不同的人在情感的交流中产生深深的共鸣。得益于社交媒体的迅速传播能力，感人至深的故事能在极短的时间里得到广泛的传播。在短视频平台上，一则讲述一名老人多年坚守保护濒危野生动物栖息地的故事迅速赢得了人们的关注。在这段视频里，那位老者分享了他与野生动物之间的种种经历，他那布满皱纹的脸庞上充满了对大自然的热爱和对动物的关切。这个故事在短时间内因为用户的点赞、评论和转发而收获了数百万次的播放量。人们被老者无私的奉献精神所感动，纷纷在评论区表达他们的敬佩。一名网友发表评论说："看到老人的坚持，我深受感动，他让我认识到每个人都有能力为保护地球贡献一份力量。"这样的情感在评论区持续扩散，人们在互动中产生了深深的情感共鸣，对于野生动物保护工作都展现出了更加浓厚的关心和热忱。感人的故事常常聚焦于人性中的美好方面，例如亲情、友情、爱情和陌生人之间的善意，这些情感元素很容易引发观众的情感共鸣。微博上曾经出现过一个感人的"邻里互助"故事，这一事件激起了广泛的讨论。一名独居的老人突然生病，得知这一消息后，邻居们立即开始分工合作，有人紧急拨打急救电话，有人联系老人的家属，还有人在楼下等待救护车的到来。老人最后得到了及时的医治，避免了生命危险。这一故事被一名年轻人在微博上分享后，激起了众多网友的转发与评论。很多人被邻里间那份真挚的关心所打动，纷纷分享他们周围的温馨故事。一些网友评论说："我也曾遇到过这样的善良邻居，在我最困难的时候伸出援手，这种邻里关系实在是太珍贵了。"通过分享与互动，人们对这种深厚情感的共鸣逐渐加深，这在社交媒体上催生了一波关于邻里之间相互帮助的情感共鸣。在各种社交媒体平台上，感人至深的故事不仅能够触动人们的情感，还能促使人们对社会现象进行深入的思考，进而引发更为深刻的情感共鸣。比如，一篇讲述贫困山区教师坚守职责，为孩子们创造教育机会的文章在社交媒体上广泛传播。在这个故事里，尽管教学环境艰苦，教师仍然用自己微薄的薪水为孩子们购置了学习材料，并在他的努力下，一代又一代学子走出山区。这篇文章加深了人们对于教育资源分配不均这一社会问题的思考。在被深深打动之后，很多人开始思考如何为改进这种情况尽自己的一份力量。在社交媒体的朋友圈里，人们纷纷发表评论，对山区的教育状况表达了他们的关心和支持。其中，一些人表示愿意捐献书籍和学习材料，而另一些人则希望能组织志愿者赴山区进行支教活动。这种由感人至深的故事激发的对社会议题的深入思考和实际行动意向，使得人们的情感共鸣不仅仅是表面的感动，更是转化为实实在在的行动动力，从而推动社会进步。在社交媒体上，感人的故事能够超越文化的界限，激起全球各地的情感共鸣。在全球的社交媒体上，一个关于一名年轻人在疫情中为社区的老年人无偿送餐的故事引起了大众的关注。在这段视频里，年轻人背着装满食物的背包，在城市的各个角落穿梭，为那些行动不便的老年人提供日常生活所需。他的善良行为不仅给社区中的老年人带来了温暖，同时也触动了全球各地的网民。在评论区，来自不同国家的人们用各种语言来表达对年轻人的赞誉和崇敬。虽然每个人的文化背景都有所不同，但对于善良和奉献这些美好的品质，大家的看法都是一致的。这种跨越不同文化背景的情感共鸣，使人们在社交媒体平台上深刻体验到了人类命运共同体的紧密联系。

三、群体行为的情感带动

在社交媒体的生态环境里，集体行为就像是一种强烈的情感动力，它在触发情感的共鸣上起到了决定性的作用。集体行为中所包含的集体情感能量，有能力在网络环境中快速传播，从而激发更多人的情感参与，并进一步触发广泛而深入的情感共鸣。在社交媒体上发起的公益活动是由群体行为激发情感的一个经典示例。当某公益机构要在社交平台上启动一个为贫困地区的孩子捐献学习材料的行动时，他们会通过精心设计的宣传海报、感人的图片和详尽的活动描述来吸引大量用户的关注。最初，可能只有极少数热情的用户会做出反应，他们会主动捐款并在社交平台上分享他们的参与经历和感受。这些早期的参与者所展现的行为和情感，就像星星之火，迅速地点燃了众多人的激情。随着更多的用户参与到捐赠活动中，逐渐演变成一种集体行为。在评论区，人们分享了他们对贫困地区孩子的深切关心和祝愿，分享了自己童年时期对学习工具的向往，以及他们希望通过这次捐献为孩子实现愿望。这一集体行为所传达的对贫困地区孩子深切的关心和温情，吸引了更多的人加入，使更多的人对贫困地区儿童的困境产生了同情和共情，进一步唤醒了人们内在的善意和责任心，在社交媒体上催生了一股强烈的公益情感共鸣。在各种社交媒体平台上，粉丝为他们的偶像进行应援的行为，深刻地展现了集体情感的驱动效应。以某著名偶像歌手演唱会为例子，粉丝们在社交平台上组织各种应援活动。他们早早地制订了精致的应援海报，准备了具有特色的应援用品，并在社交媒体平台上分享了他们为偶像所做的努力和期望。随着演唱会日期的临近，粉丝们在社交媒体上的讨论和互动达到了顶峰，大家纷纷表示了对偶像的热爱和支持。这样浓厚的情感环境，不只是吸引了参与应援的粉丝，还吸引了那些原来对这位偶像不甚了解的用户。观察到粉丝们展现出的热情和全身心地投入，一些原本持观望态度的用户开始对他们崇拜的偶像产生浓厚的兴趣，并逐步被粉丝群体的情感所吸引。他们逐渐对偶像的创作产生了浓厚的兴趣，深入了解偶像的发展轨迹，并积极参与粉丝组织的各种应援活动。在这一过程中，由于粉丝群体的积极响应和情感驱动，更多的人开始与偶像产生情感上的共鸣，从而进一步提升了偶像的社会影响力。在社交媒体上，热门话题的讨论成为群体行为激发情感的关键方式。当某一具有争议性或关注度较高的社会议题在社交媒体上引起广泛关注时，持有不同看法的群体会在评论区展开热烈的讨论。以对某部电影的评价为例，一部分观众觉得电影蕴含了丰富的思想和出色的制作技巧，但也有一部分观众持相反的观点。两方都在社交媒体平台上发表了自己的观点，他们通过分享各自的观影体验、分析电影的情节和表现技巧等，试图说服对方。在这一进程中，两方的情感逐渐加深，对自己的观点也变得更为坚决。这样的集体行为所营造的情感环境，成功地吸引了更多的用户加入讨论话题中。那些原先对这部电影并不感兴趣的观众，在见证了大家热情的讨论之后，也对电影产生了兴趣，并分享了自己的观点。在讨论的过程中，人们之间的情感产生了碰撞和影响，这使更多的人对电影所传递的情感和价值观产生了共鸣。无论是对电影的热爱，还是对电影所揭示的社会议题的反思，都在集体行动的推动下，在社交媒体上激起了大家的情感共鸣。在社交媒体环境中，集体行为所引发的情感也在一些具有纪念意义的活动里得到了体现。在每年的特定纪念日，例如"世界地球日"和"国际禁毒日"，社交媒体上都会有大量的用户参与到相关的话题讨论和活动中。用户群体通过发起环保倡议、分享禁毒知识和展示他们为环境保护或抵制毒品所付出的努力，形成了一种集体行为。这样的集体行动所表达的对地球的深厚情感和对健康生活的向往，促使更多的人开始关心这些关键的社会问题。在参与各种活动时，人们不只是对活动议题有了更深层次的认知，同时也在情感层面上产生了共鸣。人们逐渐认识到自己在这些问题上所承担的责任和义务，并此在日常生活中采取了一系列积极措施，例如减少一次性塑料制品的使用，以及向周围的人普及禁毒知识等。

第三节　情感距离的调控因素

一、时空分离的情感维系

在社交媒体日益兴盛的今天，时空分离已经不是妨碍人与人之间情感交流的一道难以逾越的沟壑了。社交媒体以它特有的功能和属性为处于不同时空中的人架起了牢固的情感桥梁，并有效地调节了情感距离，使情感在时空中的区间内持续并加深。对身在异地的亲人来说，社交媒体已经成为维系亲情的重要通道。比如孩子在外地读书或者打工，和家长之间距离很远。但通过视频通话功能，如微信视频，子女可以定期与父母"面对面"交流。视频里，孩子可以和家长分享他们异地生活的点点滴滴，比如在校期间的出色表现，工作上的一些重要项目；家长还可以观察到孩子的神态，嘱咐孩子要关注健康，关心自己。每逢佳节，哪怕不能回家团圆，都可以通过视频通话联络感情，相互展示备好的节日美食、分享欢乐。这种超越时间和空间的实时

新媒体时代社交媒体对人际关系的数字重塑与多维影响

互动使亲情在画面两端得以传达，大幅缩短了由于时间和空间分离而造成的感情距离。特殊情况下，比如家长过生日，孩子可通过社交媒体向家长送上一张精心准备的电子贺卡、附上一句情真意切的祝福、通过视频通话面对面问候等，让家长感受到孩子对他们的爱和关怀，从而使亲情更加牢固。在夫妻关系里，时空分离通常是情感上的重大考验，而社交媒体却给其情感维系提供了有效途径。当夫妻双方因为工作和学业而分隔两地后，社交媒体中的日常沟通就成为夫妻双方感情交流的一个重要途径。他们每天都会通过 QQ、微信等即时通信工具来分享体验与情绪。一方生活中碰到好玩的事，都会在第一时间拍下照片或者录下视频与另一方共享，让另一方也可以体会那份乐趣；一方在职场上遭遇挫折时，还会向对方吐露心声，求得慰藉与鼓励。在纪念日或者特殊日子里，双方通过社交媒体精心制作惊喜送给彼此。例如，有一方通过社交媒体拍摄了一个回忆满满的视频，把两个人认识、了解、恋爱的经过记录下来，并配以动听的音乐，动人的话语，于纪念日那天送到另一方手中。这种超越时间和空间的情感表达使夫妻间的情感进一步得到升华，并对时空分离所带来的潜在情感疏离进行有效的调节。对朋友群体而言，社交媒体也是一种时空分离中保持友谊的途径。曾共同求学的好朋友们在毕业之后分别去了不同城市生活。社交媒体中的群组比如微信群、QQ 群等都可以让每个人保持联络。群里，朋友分享了各自的工作经历、人生趣事，相互沟通了职业发展中的迷茫与人生的苦恼。当有朋友有困难的时候，其他人就在群里出谋划策、给予帮助、给予支持。比如有朋友想去另一个城市租房子，但对当地条件比较陌生，群里其他朋友就把自己租房子的经历分享给他们，提供可靠的租房平台，并提供房源信息。每逢重大节日即使不能相聚，人们也会借助社交媒体在线上聚会。例如，春节时，好友发起群内视频聊天、共同"云拜年"、分享老家过年习俗、追忆曾共度的快乐时光等。这种穿越时空的交往，使友谊在时间与距离的检验中仍然牢固，缩短了时空分离所造成的感情距离。在社交媒体中，人们也会通过与他人共享生活照片和视频，使处于不同时间和空间的亲友可以实时地了解到他们的生活状态并保持感情。比如旅行时，大家在朋友圈、微博等平台上分享美景、美食以及趣味体验。远隔千山万水的亲朋通过这些共享，也可以沉浸在分享者的喜悦激动中。这种视与情的共享加强了相互间的感情联系，甚至在时间与空间的分离中都可以使感情得以维系。同时社交媒体的点赞和评论功能对情感维系具有支撑作用。当家人和朋友发布最新消息时，大家通常会通过点赞和发表评论来表达他们的关心和关注，简单的"你真棒""注意安全"和"真为你们高兴"这样的评论，都会使彼此感到亲切，更进一步缩短情感距离。当时空分离时，社交媒体从多方面对人与人之间的关系进行了有效的维护，并对关系距离进行了调节。不管是亲人、恋人或朋友间的感情都会借助社交媒体超越时间与空间的束缚而持续并加深。社交媒体已经成为人与人之间在虚拟空间里保持感情的一种重要手段，使人在各种时空环境里，仍然能感受到来自对方的爱、支持与陪伴，在建立与维系良好人际关系网络中具有无可取代的作用。

二、线上陪伴的情感支持

在社交媒体高度发展的今天，线上陪伴已经成为民众获得情感支持的一种重要方式，并在调节情感距离方面起到了至关重要的作用。尽管人们生活在不同的地方，但通过社交媒体的丰富功能，他们可以跨越时间和空间的束缚，为对方提供心灵的慰藉，并缩短情感的距离。在好朋友关系上，线上陪伴带来的感情支持得到了充分展示。在好友遇到挫折比如在失业或失恋的窘境下，社交媒体就会变成情感倾诉和寄托的港湾。微信聊天时，朋友们耐心地倾听着彼此的苦恼，用语言给以慰藉和鼓励。例如，朋友因工作失误被领导批评、心情低落，在向好友倾诉时，好友会回复："不要太自责了吧，人人都有犯错误的时候，这段经历恰好可以给自己一个教训，下一次一定可以做好的。我对你的才华深信不疑！"亲切的话使低谷中的朋友感到了温暖和被理解。除文字交流外，语音通话功能还可以强化情感支持作用。朋友失恋了，心里的苦闷很难用文字充分表达出来，拨一个语音电话向好朋友倾诉，感受一下彼此的陪伴，可以有效地减轻悲伤情绪。在这一过程中由于线上相伴的感情支持，缩短了好友之间的感情距离，让友情变得更牢固。家人关系中线上陪伴情感支持也必不可少。对于因工作需要而长期在外的孩子来说，和父母进行线上互动就成了保持亲情和调节情感距离的一个重要途径。孩子们可以通过视频通话和家长们一起分享自己的生活点滴。例如，周末视频通话时，孩子给家长看新学会的菜、讲做饭时有趣的事，家长观察孩子生活状态、嘱咐孩子注意饮食健康等。每日线上陪伴让家长感受到了与孩子们的亲密无间，填补了无法经常陪伴在身边的遗憾。而且当家长有困难或者身体不适的时候，孩子还可以在线上提供关怀与支持。比如家长在使用智能设备的过程中出现的问题，孩子可通过视频通话的方式循序渐进地引导其进行操作并耐心答疑。这样的线上陪伴，既解决了实际问题，又传达了孩子对家长的爱，使亲情在虚拟的空间里延续并增温。情侣关系中，线上陪伴情感支持是维持情感的重点。异地恋中的情侣由于空间距离而面临很多挑战，社交媒体却给其情感交流带来了便捷。每天早安晚安打招呼，与对方分享当天的工作与学习，让双方都能体会到彼此的关怀与爱意。在情人节和生日等特别日子里，当无法面对面地庆祝时，也能通过线上的方式制造惊喜。例如情人节那天，一方会通过社交媒体给另一方量身定做线上鲜花、礼品，并附上深情告白文字，这样即使两人身处异地，也能体会到浓浓的爱意。当一方面对生活或者工作上的压力时，另一方会以线上陪伴的方式给予鼓励与扶持。视频通话时，恋人们看到彼此深情的目光，听到温馨安慰的话，紧张的情绪就能得到缓解。这种线上相伴的感情支持让恋人之间的感情始终紧密相连，也让爱情在异地考验中持续成长。线上群组还为大家搭建了一个广阔的情感支持平台——部分兴趣小组微信群内，成员因为共同爱好而聚在一起。当一个成员在兴趣领域有困难，群内其他成员就提出建议、帮助、鼓励。比如某摄影爱好者群中，某成员拍夜景出现曝光问题，群内寻求帮助之后，其他成员就会分享拍摄经验、参数设置技巧等来帮其解决问题。这种线上陪伴情感支持在提高成员技能水平的同时也加强了群体凝聚力和拉近成员情感距离。在部分心理健康支持群内，各成员分享心理困扰并相互倾听，相互理解与支持。在某位成员吐露其焦虑情绪时，另一些成员提出了应对之道，在感情上产生共鸣并相互鼓励。

这种线上相伴的情感支持使陷入困境的人们感到了温暖，并在虚拟空间里找到了归属。在社交媒体构建的虚拟世界中，线上陪伴以各种形式为人们提供情感支持并有效调节情感距离。不管是亲友或恋人间，也不管是兴趣群组或互助社群内，线上陪伴已成为人与人感情交流的主要途径，使感情能在网络空间传递与升华，为建立更密切、更融洽的人际关系打下坚实的基础。

三、长期失联的情感淡化

在社交媒体所构建的错综复杂的人与人之间的关系网络中，长时间的失联往往成为情感逐渐淡化的关键触媒。当人与人之间长时间不曾联系时，不管是在哪种社交媒体平台，情感的距离都会逐步拉大，而情感的深度也会相应变浅。在与同学的互动中，长时间的失联对于情感的淡化影响尤为突出。在毕业之后，学生们分别前往不同的城市，选择了不同的生活和工作路径。一开始，大家可能还会在同学群里偶尔分享最新的情况、进行交流和互动。然而，随着时间的流逝，大部分的精力都被繁忙的工作和生活的压力所占据，这导致群里的信息逐渐减少，交流的频次也大大降低。比如那些曾经日夜相伴的高中同窗，有的毕业后选择到其他地方深造，而有的则直接进入了职业生涯。刚开始的时候，每当节假日来临，大家都会在群聊中互相打招呼，分享学校的有趣事情或者工作的小细节。但是，几年之后，有些学生为了进一步深造和考研，全心全意地投入学业中，没有时间和精力在群内进行互动；由于工作压力大，在职的学生经常需要加班和出差，这导致他们逐渐减少了对群内新闻的关注。由于长时间处于失联状态，同学们对彼此的日常生活的了解逐渐减少。有时，当群聊中有人发表意见时，其他成员可能由于对对方当前的状况不熟悉，难以给出恰当的反馈，导致交流变得生硬且简短。久而久之，同学间的情感纽带逐步变得松散，那些曾经深厚的同窗之情，在长时间的失联影响下也逐渐变得淡漠。长时间的失联也给朋友关系带来了极大的情感冲击。例如，两个曾亲密无间的朋友，由于工作的变动，其中一人选择到另一个城市继续他的事业。一开始，他们还习惯于通过微信与对方保持沟

新媒体时代社交媒体对人际关系的数字重塑与多维影响

通，分享日常生活中的小事。然而，在新的环境背景下，他们逐渐认识了新朋友，并参与了丰富的社交活动，因此两人交流的频次也从每周几次减少到了每月或甚至数月一次。因为没有持续的交流，导致了情感上的疏远，曾经深厚的友谊逐步变得冷淡，而情感的距离也在不断地扩大。在家庭关系的层面上，虽然亲情具有非常深厚的感情基础，但长时间的失联状态仍然有可能导致情感的淡化。在当代社会中，由于工作和学习等多种因素，家庭成员分处不同地区的情况已极为平常。尽管社交媒体是一个沟通的桥梁，但如果长时间不进行有意义的交流，人们的情感也可能会受到冲击。举例来说，有些外出务工的父母和留在家中的孩子，由于父母的工作任务繁重，可能很长时间都没有与孩子进行深度的交流。在孩子的成长过程中，当他们遇到学业上的挑战或生活的困扰时，往往不能与父母分享心声。由于父母对孩子的当前状况缺乏了解，父母不能提供有针对性地关心与指导。久而久之，孩子和他们的父母之间可能会产生隔阂，他们的情感关系可能不再像过去那样亲密。相似地，在某些大家庭里，如果远方的亲属长时间没有保持联系，他们之间的感情也会逐步变得淡漠。比如说，由于表兄弟姐妹各自的日常生活繁忙，他们在社交媒体上的互动非常有限，即使在重要的节日里，他们也只是简单地打招呼，缺少深度的交流。随着时间的推移，彼此的记忆可能只停留在童年的回忆中，这使他们之间的情感纽带逐渐变得脆弱。长时间的失联会导致人们情感的淡化，这其中有许多原因，首先，时间和空间的双重限制使人们很难保持原有的情感热情。由于长时间的不互动，人们之间的生活背景和经验差异逐渐扩大，共同的话题也随之减少。其次，尽管社交媒体为大家提供了一个交流的平台，但如果人们不愿意主动交流，那么信息的传递可能会被打断，从而使情感的交流变得困难。最后，新的社交网络和生活环境可能会使人们的焦点转移，导致对过去关系的关注减少。举例来说，当一个人在新的工作场所遇到了众多的同事，并参与了与工作相关的各种社交活动时，他很自然地会将更多的精力投入新的人际交往中，这可能导致他忽视了与老朋友之间的交往。在社交媒体的时代背景下，长时间的失联对人与人之间的情感联系具有显著的负面影响，导致了情感的淡化和距离的增大。为了预防此类情况的发生，人们应该更加重视与家人和朋友的沟通。即便身处不同时空，也应该积极地借助社交媒体来保持定期和有效的交流，积极参与到彼此的日常生活中，分享各种情感，努力维护情感联系，让珍贵的友谊在时间和空间的考验下依然坚固。

四、频繁互动的情感升温

在社交媒体所形塑的人际关系网络中，频繁交往就像情感的催化剂一样，有力地促进了情感的增温，成为调节情感距离的一个关键要素。人和人之间可以通过频繁的沟通和互动加深相互理解，增强感情上的联系，进而缩短感情距离，使感情更深厚。朋友关系方面，交往频繁对于情感升温有显著影响。就拿两位志同道合的好友来说吧，两人都喜欢户外运动，并借助微信等社交媒体平台经常分享户外运动体验。一方分享近期登山之路，旅途中遇到的美景及战胜困难的历程，而另一方正面响应并分享相似的经验，或给予鼓励并提出建议。这种经常性的交往，不但使双方在兴趣领域得到更深地沟通，而且增进了相互间的了解。他们逐渐认识到彼此在遭遇困境时的毅力和对大自然的独到见解，这些新的发现进一步加深了他们之间的相互欣赏和认同。在他们的日常互动中，会分享一些日常生活的小细节，例如工作中的有趣事件和家庭中的小事。日常频繁的交往使他们仿佛时刻陪在彼此身旁，感情距离越来越近，友谊在这高频的交往中逐渐升温。即使偶尔会有一些小小的摩擦，只要经常沟通、坦诚相待，就可以很快解决矛盾，让感情变得更牢固。就家庭关系而言，经常交往也是保持与增进感情的一个重要途径。对现代家庭来说，家庭成员可能会因为工作和学习的需要而散居各地，社交媒体为他们搭建了一座沟通的桥梁。比如家长和在外地读书的孩子之间就经常会进行视频通话。每个星期都会有一个固定视频时间，孩子会给家长详细地介绍他们在校期间的学习状况，参加过的社团活动以及认识的一些新朋友。家长则关注孩子的生活状态，嘱咐孩子要关注健康，并与孩子一起分享家庭中的小事。这种频繁的交往使家长参与了孩子的成长，孩子感受到了家长对他们的爱与支持。除例行沟通外，家庭成员之间在特殊时刻的交往更能增进感情。例如，当孩子遇到重大考试的时候，家长每天都要用留言或者打电话的方式给孩子打气、加油。孩子在这一过程中体会到了家长对他们的陪伴与期望，家庭情感也随之升温。在一个大家庭里，家庭成员通过社交媒体群组经常分享人生的快乐，例如新生儿出生、孩子学业取得成就，一起欢度一些重大节日等。这种频繁的交往与情感分享使家庭成员间的关系变得更为密切，家族情感也在交往中持续升温。在情侣关系里，频繁互动成为感情升温的重要推动力。恋人间在社交媒体上保持着高频次沟通，共享着彼此的情感与思考。从日常的清晨问候到夜晚临睡前的倾心交流，两人在沟通中加深了理解。比如当一方工作受挫、情绪低落时，就会借助即时通信工具向对方吐露心声。另一方马上给以安慰与鼓励，并分享相似的体验，帮他舒缓心情。在这一过程中双方情感联系比较密切，感受到了相互支持、相互理解。在特别的纪念日里，恋人将通过社交媒体精心准备庆祝事宜。例如，有一方事先做了一个回忆满满的视频，把两人认识后的点滴记录下来，并在纪念日那天与另一方共享。这种心意满满的互动会让对方体会到浓浓的爱，也会让感情迅速升温。另外，恋人间还会通过社交媒体来探讨未来的计划，比如共同的人生目标、出行计划等，这样一种对于未来的向往与沟通进一步缩短了彼此感情上的距离，也使爱情在经常的交往中得到升华。在同事关系方面，经常交往还有利于创造良好工作氛围并增进彼此的感情。工作群组内的同事经常沟通项目的进展情况，交流工作经验与心得。比如某软件开发项目，小组成员日常交流群内代码编写问题，功能实现想法等。成员通过这类频繁的专业交流在提升工作效率的同时，也增进了彼此对他人专业能力的认可。下班后同事还会通过社交媒体与大家一起交流生活趣事，比如周末户外活动和美食体验。这种轻松愉快的沟通使同事间关系变得更和谐，打破工作场合严肃气氛，缩短感情距离。在团队遇到挑战或者压力的时候，经常进行交流可以使成员之间互相激励，一起处理问题。例如，当工程接近交付期限的时候，团队成员会通过频繁的交流来协调工作的进展，相互支持、一起战胜困难。这段共克时艰的体验，让同事间的感情在频繁的交往中不断深化，也让团队凝聚力不断提升。

第四节 情感冲突的处理方式

一、线上争吵的化解策略

在社交媒体深度融入生活的当下，线上争吵频繁发生，给人际关系中情感维度带来了负面影响。如何有效地解决因线上争吵而产生的情感冲突就成了保持良好的人际关系的关键所在。下面就几个方面来说明化解的策略。线上争吵，第一个策略就是平静，看到对方通过社交媒体发表过激的语言，人们本能的反应就是马上反击。但是这样的冲动行为容易使争吵升级，情感冲突越来越激烈。比如微博评论区中，双方对于某一热点事件意见不一致而产生争论，一方语言激烈指责对方愚昧。如果对方马上用同样激烈的语言回怼，事态势必会越来越严重。这个时候应该做到，不急于回应。可试着深呼吸数次，使激动的心情渐渐平静下来。也可以暂时远离手机做点别的事，比如喝一杯水，走几步路等，让情绪有缓冲的时间。等心情稍微安定，再回头来看对方的话，想想背后的原因，以免受情绪影响而产生浮躁以及做出不利于解决问题的反应。积极交流对于解决线上争吵很重要，心情平静之后要积极进行沟通。但是这种交流是需要注意方式方法的。以微信聊天中朋友间的争吵为例，一方可以先表达对对方情绪的理解，比如"我知道我们刚才的沟通使你有点恼火，而且我认识到我的说法也许有点不恰当"。这样的表达可以使对方有一种被理解的感觉，进而减少抵触情绪。然后明确而平和地阐明自己的观点，并着重说明自己原来所表达的意思，以免彼此进一步的误会。比如"我之前说的意思并不是要否定你，而是从另一个角度看这个问题，我觉得……"。同时，要给对方充分表达的机会，鼓励对方说出内心想法，如"您在此事上一定有独特的见解。我非常愿意听听您的细述"。通过这种积极而富有建设性的交流，可以使双方对彼此的想法有一个更加明确的认识，从而为解决冲突打下基础。理解和包容对于解决由线上争执触发的情感冲突是至关重要的，因为每个人在社交媒体上的表达方式、知识储备和价值观都有所不同，这些不同可能会导致争吵。在抖音视频评论区中，对于某一视频内容的诠释，不同的用户会因为各自经历的不同而产生分歧，继而发生争执。例如，一个居住在城市的用户与一个居住在乡村的用户，对于一个描述农村生活的视频持有不同的观点。城市用户也许会因为对农村的真实情况缺乏认识而提出片面的看法，导致农村用户的不满。这时双方应该试着从对方的立场来考虑问题。城市用户应该认识到他们可能是因为没有深入了解农村而说错了话，给农村用户道歉，并且表示他们想了解更真实的情况；农村用户也应该理解城市用户由于生活环境的不同而可能产生的误解，并耐心地说明农村生活中的真实情况。这种相互理解包容可以有效地缓和矛盾，促进相互了解和尊重。当网上争吵陷入僵局而自己又难以解决的时候，利用第三方力量不失为一种行之有效的对策。微信群聊时，学生们因为对班级聚会的安排不一致而产生了激烈的争执，各持己见、水火不容。这时可请一位保持中立、声望高的学生出面。该学生对双方性格特点都很清楚，能用客观、公正的方式来处理。他会单独与当事人私聊，听取其意见和想法。例如，知道一方想把聚会地点选在交通便利处以便于大家前往，而另一方出于费用考量，想选择一个比较经济的场所。面对这种分歧，该学生综合了双方的观点，给出了折中方案，比如选个既交通方便又经济实惠的地方。通过第三方协调成功打破僵局化解了矛盾，让同学关系回归融洽。解决线上争吵所带来的情感冲突时，对自己进行反思是非常关键的。吵架之后，不管结果怎么样，要反省一下吵架时的状态。例如，反省一下自己的话是否太激烈，是曲解了对方的意思还是沟通方式有问题。比如在 QQ 群和群友们探讨游戏攻略的时候吵了起来，后来认识到他们在探讨的时候，也许是太执着于自己的攻略方法了，没能充分考虑到别的群友们的意见，而且口气很硬，从而引发了冲突。通过反思、总结经验、吸取教训，以后线上交流时注意调整表达方式、沟通态度等，以免争吵重演，以更好地维系人际关系。

二、观点分歧的协商沟通

在社交媒体所建构的错综复杂的人际关系网络里，因观点分歧而产生的情感冲突并不少见。如何有效地进行协商沟通以应对这种情感冲突是保持良好人际关系的关键。下面从几个关键的角度来说明应对的策略。首先明确观点分歧是客观存在的，社交媒体平台中不同的用户由于其成长背景、教育经历以及生活环境不同常会产生不同的见解。以知乎为例，对某一历史事件的阐释，有政治层面的，有注重文化层面的，也有注重经济因素的，这些都造成视角的多元化。在遇到分歧的情况下，我们不能选择忽略或逃避，而应该首先正视这一问题。以微博话题讨论为例，对于某一部刚刚公映的影片，有的观众认为它情节精彩、逻辑性强，有的观众却感到情节拖沓、漏洞百出。这个时候双方应该认识到这一观点分歧属于正常现象，各有各的审美标准与观影感受。只有认识到和尊重这一分歧，才有可能为随后协商沟通打下基础。创造协商沟通的良好氛围至关重要，社交媒体环境中，由于隔着屏幕容易忽视对方的情绪，从而造成语言过激现象。例如，在微信群里探讨职场问题时，有的人可能会因为急着发表自己的看法而采用强硬的口气，从而引起别人的反感。因此，协商沟通之前，先调整心态，平和且理智。在开始沟通之前，你可以首先表示对对方观点的认可，比如说："我知道您对此有着很深刻的想法，您的看法一定是有道理的。"这种开场白可以减轻对方潜在的抵触情绪并营造出一种比较亲切和公开的交流氛围，让双方都乐于听取对方的观点。协商沟通时，适当地表达和主动地倾听是必不可少的。在表达意见时应条理清楚，切忌含糊其词或造成歧义。例如，在抖音评论区讨论科技发展对生活的影响，一方应详细阐述自己的观点，如"笔者以为科技发展带来许多方便，像移动支付使购物变得更加方便，但是也存在个人信息较易外泄的问题，这是因为许多软件的使用都要采集海量的用户数据"。同时要主动听取对方的意见。以豆瓣小组讨论书籍为例，当对方分享自己对某书的独到见解时不应该急着辩驳，而应该用心去倾听，去了解对方的想法与根据。可以通过提问的方式进一步了解对方观点，如"您提及书中这一人物性格转变十分突兀，能否具体谈谈您是从什么地方看出来的呢"。通过这种表达和倾听，可以使自己对对方的思想有一个比较全面的认识，从而为谋求共识创造了条件。谋求共识是协商沟通最核心的目的，经过充分的表达与听取，各方应该共同寻找意见的契合点或者可以协调的地方。比如小红书中对于美妆产品的讨论，有网友认为某个牌子的粉底液遮瑕效果不错，也有网友认为它质感厚重。这时可商议得出这种粉底液对于要求高遮瑕，但是日常偏好轻薄妆容的人更合适。例如，在百度贴吧中探讨旅游目的地时，有些人偏爱大自然的美景，而有些人则钟情于历史和文化的景点。通过磋商，可以形成一种共识：选择兼具自然风光和历史文化遗迹的目的地。在谋求共识时，我们应采取灵活态度而非固执己见；我们应本着开放的态度接受合理意见，并一起为分歧寻找解决办法。协商沟通之后，还要注意保持后续的关系。即便是在取得共识的情况下，潜在的问题也是不容忽视的。比如朋友间由于对某个聚会活动的安排意见不一，经协商后确定计划，但是执行时可能会出现新的情况。这个时候就要保持沟通渠道的通畅，对碰到的问题及时沟通，一起解决问题。此外，社交媒体中，对那些曾因为观点分歧而发生过情感冲突的关系，后续可通过共享相关积极内容以巩固情感。以微博为例，以前因为对某个社会热点看法不一致而吵架的两个人，后来能够分享该热点的积极进展，并表示出对对方理性交流的肯定，从而进一步加强感情，避免同类情感冲突的重演。面对社交媒体环境中由于观点分歧而产生的感情冲突时，应明确理解分歧，营造良好的氛围，做好表达和倾听的准备，积极争取共识并重视后续协商沟通策略，它能有效地化解矛盾，保持人际关系的和谐，使社交媒体真正成为增进沟通和了解的平台。

三、情绪宣泄的合理引导

在社交媒体建构的多元人际关系网络中，情感冲突频繁发生，伴随着冲突而来的情感宣泄如果得不到合理疏导，则容易导致矛盾激化，严重损害人际关系。所以如何合理地引导情绪宣泄就成了应对情感冲突过程中至关重要的一环。理解情绪宣泄为合理引导提供了依据。社交媒体环境下，人与人之间发生观点分歧或者其他情感冲突时，会很自然地引发各种各样的情绪，比如生气、委屈和不满。比如微博上讨论话题时，对于某一热点事件双方因为立场不同发生争吵，有一方会因为另一方的辩驳而生气，这股情绪会驱使他们想马上宣泄出来。这个时候要清楚情绪宣泄的本身并不是错的，关键是怎么去疏导。我们要认识到这些情绪都是矛盾的正常反应，但是不应任由它肆意地迸发出来，否则就会使局势一发不可收拾。以微信群中因为项目分工问题引发的感情冲突为例，团队成员也许会因为感觉到任务太重而心有不满，这份不满如果得不到理解，也许就会怨天尤人，责难发泄，进一步加剧了冲突。只有当我们明确地了解情绪是如何产生的，并深入探究其背后的驱动因素，才能为情绪的合理释放奠定坚实的基础。选择适合自己的情绪宣泄方式非常关键，社交媒体中不恰当的宣泄方式会导致更多矛盾。以抖音评论区为例，有一些人因为对某段视频的内容不满意，情绪激动，就会直接用攻击性语言对创作者进行评论谩骂，这不仅会伤害到对方也会引起其他网友的反感。理性的宣泄方式，可通过私人聊天，向好友吐露心声。比如当朋友圈因为发表意见而遭到他人反对、心情不快时，不妨找个值得信赖的好友私下聊聊，细述事情的来龙去脉以及自己的心情。朋友以旁观者的身份，能够给以理解与慰藉，有助于平复心情。此外，还可用录音的方式来宣泄。例如在微博小号里，用文字记录冲突的过程和内心想法，并在记录过程中对心情进行梳理，让情绪得以宣泄。这样的方法既不会直接引发与冲突双方的进一步矛盾，也能有效地释放自己的情感。掌握情绪宣泄的分寸是进行合理引导的重点，就算选择了比较恰当的宣泄方式但没有把握好分寸，还是会产生不良的后果。比如当你向朋友吐露心声的时候，你若只是一味地埋怨和指责，就有可能使你的朋友产生厌倦的情绪，而这对于真正解决这个问题是不利的。发泄情绪应该适度。还是以微信群项目分工冲突为例，在向朋友倾诉时，可以说"此次项目分工我认为不合理，所承担的任务量也超出了我的能力范围，给我带来了很大的压力"，而不是"他们太过分了，故意布置那么多的工作，就是想整我"。前者是用一种客观的态度来抒发情感，可以使朋友们更容易理解，同时有利于对后续问题进行理性分析。与此同时，当记录下自己的心情后，就不应该陷入消极情绪之中，而是应该试着在宣泄的过程当中逐步调整好自己的心态并回归到理性当中去。引导情感的恰当表达可以使宣泄变为问题解决的动力。社交媒体上的情感冲突，许多情绪宣泄都来自交流的不畅。比如豆瓣小组讨论影片的时候，由于对影片评价的差异而产生矛盾，一方会因为急着发表意见而口气生硬，引起另一方的反感。这时，就可尝试变换表达方式。比如将"你对这部电影一无所知，你给出的评价是彻头彻尾的错误"改为"对于影片，众说纷纭，我认为影片在一些方面表现突出，也许与大家所关心的要点并不是十分相同，大家可以进行交流"。这种表达方式不仅提出意见，避免直接矛盾，还能给双方带来进一步交流的契机。通过恰当的表达感情，可以使对方更清楚地认识到自身立场，具有共同讨论、化解感情冲突的潜力。留意别人的回应也是理性引导情绪发泄的一个重要方面。社交媒体中宣泄情绪时应注意对方和身边人群的回应。例如，在小红书中分享了因为和朋友之间情感冲突而心情不好后，如果朋友看完回几句安慰的话或者询问，就要认真地对待，从这句话中体会到彼此的心态。若对方表示愿意解决这个问题，则要适时调整情绪、积极应对，一起化解矛盾。反之，若不断地宣泄情绪就有可能贻误解决问题的机会，从而使感情更加恶化。类似地，群聊发泄情绪的时候，还要注意其他成员的回应，如果发现宣泄方式让大家都感到不舒服，就要及时进行调节，以免对整个群体氛围造成不良影响。情绪宣泄之后注意后续关系的维护。即便宣泄情绪并不会引起太多的矛盾，但是感情上的矛盾终究是存在的，对于人际关系也会带来一定的影响。

四、关系修复的情感重建

社交媒体复杂人际网络下情感冲突难以避免，冲突后关系修复和情感重建变得更加重要。它不仅关系到人和人之间关系的持续，还会影响到相互间感情的深浅和品质。下面就产生情感冲突之后，怎样进行关系修复和情感重建进行说明。坦诚沟通为关系修复和情感重建奠定了基石，情感冲突过后双方需静下心来，用平和诚恳的方式沟通。例如，在微信聊天中，一方可以主动开启话题："以前我们因某些事而产生矛盾，我想有必要好好聊一聊，说出心中所想。"通过这种开场白给交流营造了活跃的气氛。在沟通时，要清晰地表达自己在冲突中的感受，比如"那时候听您那么一说，心里特不是滋味，觉得自己被人误会"。还要仔细听取对方的意见并给他足够的表达机会。例如，耐心倾听对方讲述其行为背后的原因，像"当时之所以这么说，是过于焦虑，没顾上考虑你的感受"。透过这样坦率的沟通，可以让双方有更深入的了解，从而为修复关系打下基础。道歉是修复感情的一个重要环节，当感情发生冲突，自己的确有过失时，要及时道歉。在社交媒体中，可采用私信和评论的形式进行诚恳的道歉。比如在微博上，因对某条评论言辞过激伤害到对方，可私信对方说："我对自己之前的那条评论表示歉意。我说得有些过分，没能控制情绪。望您见谅。"一次诚恳地道歉可以减轻彼此的负面情绪并彰显出对这段感情的看重。即使难以判断谁对谁错，表达"对这次矛盾使我们的关系不愉快，我深感遗憾"这样的话语，也能传达出希望修复关系的诚意，为情感重建创造条件。理解和包容对关系修复具有至关重要的作用，社交媒体中每一个人的一言一行都会受自身背景，情感等因素的影响。以抖音评论区为例，由于人们对某段视频理解上的差异而产生矛盾，其中一方或许来自不同文化背景，对于视频中所传递的信息也会有着不同的诠释。这时，双方都应尝试着从对方的立场去考虑问题，了解对方看法的出发点。可以说："我能理解你从你的角度有这样的看法，可能是我们的背景和经历不同导致理解有差异。"这种谅解和宽容的心态可以使彼此感到尊重、缓和对立情绪、帮助修补受损的感情。与此同时，对彼此的小错或者不恰当的言行举止，应该采取宽容的态度，而不是抓住不放使矛盾进一步激化。共同回忆是推动关系修复和情感重建的一种有效手段，它可以通过对以往美好时光的追忆来引发双方积极情绪。例如，在 QQ 空间，翻出曾经一起旅行的照片、共同参与活动的记录等，分享给对方，并配上温馨的文字，如"记得大家一起来（旅行地点）时？当时真高兴，但愿我们还是老样子"。这些共同的记忆可以唤起双方曾有过的深情厚谊并冲淡目前冲突带来的消极影响。在微信群聊里，一起追忆团队曾经取得的成绩，开心聚会的瞬间等，使成员间的感情在一起追忆的温馨气氛下得以修复。创造新体验有助于进一步重构感情。社交媒体方面，可举办线上活动，例如线上观影和游戏竞赛。例如，周末，和好朋友通过腾迅会议一起去看一部大家感兴趣的电影，看完之后就在群里交流感想与意见。通过一起参与新事件，营造出积极的互动体验并给关系带来了新生机。情侣间，可共同在线学习一种新技能，比如烹饪和绘画，学习期间相互沟通和鼓励以增进感情。这些新体验可以使双方在轻松愉悦的气氛下重建感情上的联系，修补因为矛盾而受损的感情。在自己很难修补关系的情况下，利用第三方的力量也不失为一个行之有效的方法。可请共同亲友或声望较高者从中协调。比如当同学间因为冲突而出现隔阂时，普通朋友就能分别跟双方交流，了解彼此的所思所想、心结所在。接着，组织线上或线下的派对，引导双方坦诚相待，解决冲突。再比如在工作团队里，同事间因为项目问题而产生感情上的矛盾，领导可出面、安排开会，使双方都能在一个公平的环境里表达自己的意见、协调问题、推动关系修复。第三方的参与可以提供一个有助于双方加深了解，促进关系修复和情感重建的客观角度。关系修复之后的持续维护尤为重要。应经常交流和交往，避免同类矛盾重演。比如在好友间，经常在微信群里分享一些生活趣事，交流一些最近的学习和工作情况。在社交媒体中，关注并主动回复彼此共享的内容，比如点赞与评论，从而使彼此都能体会到他们对于这段感情的看重。还要注意沟通方式和避免用可能引起矛盾的言辞。通过不断的磨合，使修补好的感情更加牢固、情谊更加深厚。

第六章
社交媒体中的人际关系
信任构建与危机

第一节　信任建立的基础条件

一、真实身份的认证保障

新媒体时代社交媒体已经深度融入人们社交生活中，对真实身份进行认证保障则是建立信任关系的基石。真实身份认证保障既能够使用户在沟通过程中体会到彼此的可信性，又能够给整个社交媒体环境营造一个健康可靠的氛围。平台认证机制是确保真实身份认证的第一道防线。以领英为例，作为一个职场社交平台，它对于用户的身份验证更为严格。注册时需要用户详细填写真实的姓名、工作单位和岗位。该平台将通过与相关单位或公司的数据比对来验证用户工作经历是否真实。比如对某些知名企业员工来说，领英有可能通过和企业人力资源系统对接来核实用户填写资料的真实性。对教育背景也会与学校学籍管理系统核对等。这一严密的认证机制保证了平台中用户所显示身份信息的真实性和可靠性。招聘者通过浏览求职者资料、查看已认证信息等方式，可以对求职者专业能力、背景等产生更多信任感，进而对双方信任关系的构建产生强有力的支持。社交平台的数据安全保障对保持真实身份认证至关重要。社交媒体平台上掌握了海量的用户身份信息，而这些信息一旦泄露不仅侵犯到用户隐私，而且可能使真实身份认证变得毫无意义，从而破坏信任关系。比如某知名社交平台就曾经因为数据安全漏洞导致大量的用户信息被不法分子获取，其中就包括了用户真实的姓名、联系方式以及其他身份信息。当用户得知信息泄露时，对于平台的信任程度会大大降低。为了避免这种情况发生，该平台需要使用高级加密技术来加密和存储用户身份信息。同时设置了对访问权限的严格管理，用户数据只能由被授权者进行访问。比如阿里云这样的云服务提供商使用多层加密技术来加密数据传输和存储，以保证用户的数据安全。社交媒体平台应该借鉴这类技术来确保用户真实身份信息安全，使其能够放心展示真实身份进而增进信任关系。用户自律和教育在真实身份认证的保障中同样具有举足轻重的地位，用户本人需加深对真实身份认证重要性的理解，自觉服从平台规定并真实填写个人信息。比如在微博这样的社交平台上，尽管并不存在领英那么严苛的职业信息认证问题，但是用户填写个人简介这样的信息也应该秉持真实原则。该平台能够通过开展教育活动来增强用户真实身份认证意识。例如，在引导新用户进行注册时，详细描述真实身份认证给自己和其他用户带来的益处，如能得到更加准确的社交推荐和更好的个人形象展示等。同时通过发布安全提示和案例分析，使用户认识到使用虚假身份会产生的危险，例如受人欺骗和不能建立真正信任关系。通过这些途径来引导用户自觉地进行真实身份认证并在信任关系构建过程中尽一份力。监管和法律约束为真实身份认证提供了重要保障，有关政府部门应加大社交媒体平台监管力度，并建立严格的标准及规范。比如，需要社交平台在审核用户身份信息过程中做到透明和公正，并将认证失败的理由清楚地告诉用户。同时对平台违反真实身份认证的行为予以严惩。从法律层面上看，应当健全相关法律法规并明确对于泄露使用者真实身份信息和冒用他人员身份的处罚措施。如在《中华人民共和国网络安全法》中明确了网络运营者在用户个人信息保护方面的义务与责任，违者必究，将会受到法律的制裁。通过实施严格的监管和法律限制，促进社交媒体平台更加注重真实身份的验证，为用户创造一个安全且值得信赖的社交场所，并促进建立互信的关系。对真实身份进行认证保障对于社交媒体信任的建立起着无可替代的重要作用，本书从健全平台认证机制和强化数据安全保障等方面进行了研究，推动用户自律和教育，只有加强监管和法律约束等才能切实维护用户真实身份，为在社交媒体上建构健康、牢固的信任关系打下了坚实的基础，使社交媒体能够更好地对人们社交生活产生积极影响。

二、稳定形象的印象管理

在社交媒体所建构的复杂社交网络中，印象管理的稳定形象是信任建立中最关键的因素。它就像一条无形的纽带搭建起用户间信任的桥梁，并深刻地影响了人和人之间关系的发展和信任的建立。一致性展示为稳定形象印象管理奠定了基石，社交媒体中用户呈现的各方面形象需保持一致才能给他人留下稳定可靠的印象。以微博为例，一个关注科技领域的博主不管是在所发表的职业文章、视频内容上，或是与粉丝进行互动点评时，都是紧紧围绕科技话题来进行，表现出对科技行业深刻的了解和职业素养。若该博主今日分享科技前沿动态而明日突然发布与技术无关的娱乐八卦，则会令粉丝们感到困惑并质疑其专业形象，进而影响信任感的形成。同样地，朋友圈里，如果一个人一直营造着积极和喜欢锻炼的印象，也应该不断地通过健身日常和锻炼成果的分享来强化这种印象。例如，经常公布自己跑过的里程记录，参与马拉松比赛时的图片，等等，这样可以使朋友看到他对于体育的执着和喜爱，进而加深对于他正面形象的理解和信赖。这种行为上、话语上、利益上的一致性呈现，可以使他人在脑海中建构出鲜明而稳定的印象，从而为信任感的孕育提供了坚实的土壤。以持续价值输出作为稳定形象印象管理核心的社交媒体用户，只有持续为别人提供有价值的内容才能够保持和增强良好的形象和获得信赖。知乎平台中，众多专业领域答主以不断输出优质专业知识与见解而获得广泛关注与信赖。比如有一位法律领域的答者，持续解答各种与法律有关的疑问，无论是常见的民事问题还是复杂的刑事案件，他的回答都是逻辑严密且条理分明的，还能结合实际案例深入解读并给提问者以可行性建议。这种持续的价值输出使答主在法律领域中树立了权威形象，提问者等使用者在认同其自身专业价值的基础上形成了答主信任感。抖音中，部分知识类创作者以短视频的形式不断分享生活中的小窍门和职场技巧等实用信息。比如一个以办公软件教学为主的主创人员经常会发布一些有关 Excel、PPT 等软件的使用视频来帮助受众提高工作效率。受众在不断地获得这些宝贵内容的同时，也会认可创作者的专业能力与形象，进而形成一种稳定的信任关系。积极互动对于塑造稳定形象印象管理具有重要意义，社交媒体中主动与人交往可以塑造人际关系中的良好形象，从而增进信任。微信群聊时，成员主动参与讨论、认真听取别人的看法、提出建设性建议，能给其他成员留下良好的印象。以某行业交流群为例，只要某成员提出了工作上遇到的疑难问题，某活跃成员总会主动与大家交流经验并提出解决方法，还对其他成员的意见予以认可与补充。这一主动的互动行为使其在群内树立起热情、专业的形象并增强了其他成员对他的信任。小红书中博主和粉丝主动互动也很重要。博主会在适当的时候回复粉丝们的留言以及私信来解答他们关于商品的使用、穿搭技巧等问题，会让粉丝感受到被关注被重视。粉丝们根据这一积极的互动体验对博主形象有了好感，信任关系在互动过程中得到了巩固。危机应对为维护稳定形象印象管理提供了保证，而社交媒体中，不可避免地会遭遇各种可能会对形象造成影响的危机状况，比如负面评价和误解。这时如何恰当地处理危机并保持稳定的形象就显得尤为重要。比如某抖音博主发视频时，因为某一提法不精准而导致一些网友产生误会并发表负面评论。博主发了道歉声明后及时说明了当时表述的背景并更正了错误。也保证以后创作时会更严谨，避免再出现类似问题。这种主动积极的危机应对方式不仅消除了网民们的误会，也让我们看到了博主敢于认错和负责任的精神，使其在网民心目中的形象得到了维持。无独有偶，微博上也有企业官方账号，面对消费者投诉，快速响应、积极解决、处理结果向社会公开。这一做法可以消除消费者的不满情绪、巩固良好企业形象、维护消费者对商家的信任感。

三、持续互动的熟悉增进

在由社交媒体组成的人际交往网络上，持续互动对于提升熟悉感和建立信任关系具有重要意义。持续互动就像催化剂一样，推动着双方在沟通中加深理解并逐渐积累信任，进而建立牢固的社交关系。多维度交互加深理解是不断交互提升熟悉感的第一表现，社交媒体平台中用户通过各种交互方式对彼此进行多维度理解。以微信为例，用户不仅能用文字聊天的方式分享自己每天的所思所想、所感所悟，还能用语音通话的方式，更加直接地传递自己的心情与语调，也可以通过视频通话观察到对方表情、肢体语言以及其他非语言信息。例如，好友间通过微信进行文字交流时，一边是对近期工作所面临挑战的分享，一边是对对方的鼓励与忠告，主要以文字互动为主来传递信息。当一方面临是否跳槽等重大决定时，双方会通过语音通话的方式进行深入的讨论，从不同的视角来分析其中的优势和劣势，这样的语音互动可以更加深刻地交换意见。如果双方已经很长时间没有见面了，可以用视频通话的方式，既可以交流思想，又可以查看生活环境、观察精神状态，从而在更多层面上加深了解。这种多维度互动方式使双方对彼此有了一个全面了解，也为建立信任打下了基础。互动频率和信任积累密切相关，社交媒体中互动频率越高越有利于加快信任积累。以QQ空间为例子，好友们经常互相访问对方的空间、互相点赞、评论发布的动态，这种频繁的互动使得双方能够持续关注彼此的生活状态。比如有学生在QQ空间里分享了他们参与社团活动时的图片及心得体会，其他学生则适时点赞、点评，以表示对他们活动的关注与支持。久而久之，大家对彼此的爱好、性格特点等更加熟悉。这种熟悉感渐渐转化为信任，一方有困难更倾向于求助这些交往频繁的朋友，这是因为在交往频繁的情况下，双方已形成了某种信任关系。无独有偶，微博中博主和粉丝间的信任也是通过频繁的互动来实现的，比如博主频繁地对粉丝的评论进行回复、粉丝主动地参与到博主所发起的主题讨论中，并且双方间的信任感会随互动频率的提升而累积起来。互动内容深度拓展对于熟悉增进与信任建立具有重要意义，社交媒体互动内容由简单问候、聊天，逐步向价值观、人生目标等深层话题延伸时，双方熟悉感有了极大增强，信任感更牢固了。在知乎上的某些专业讨论组里，参与者们针对专业领域的前沿议题、行业的发展方向等议题进行了深入的交流。例如，在人工智能的讨论组中，成员们不只是分享他们的技术知识，还深入探讨了人工智能对社会和伦理的各种影响。这种深度的互动使成员们对彼此的专业能力、思考模式和价值观有了更为深刻地认识。成员间通过这样的深度互动构建了一种以专业认可为基础、以价值观契合为核心的信任关系。在豆瓣部分兴趣小组里，成员会分享对于书籍、电影和其他作品的独到见解，并由作品解读引申出对于生活的感悟，这种深度互动使得成员在精神上彼此靠近，增加了熟悉感，继而产生了深刻的信任感。互动场景的丰富性是不断提升熟悉感的一个重要维度，社交媒体所提供的互动场景种类繁多，丰富的互动场景可以使彼此对对方产生不同视角的理解并加强关系。以抖音直播间为例，主播和受众之间以弹幕和连麦的形式进行交流，受众能够从中了解直播场景中主播的主持风格和应变能力。在抖音短视频评论区中，受众间就视频内容展开讨论，交流各自观点与体验，又是一个互动场景。

四、共同兴趣的信任基石

在社交媒体构建的人与人之间的互动框架里，共同的兴趣就像一块坚固的信赖之石，为用户间的信任关系奠定了坚实基础。它不只是连接个体的桥梁，更是推动深度沟通和增强相互信赖的关键元素。共同的兴趣往往能激发强烈的情感共鸣，在社交媒体平台上，当人们发现彼此有相同的兴趣爱好时，他们的内心会自然产生一种亲近感。以音乐相关的社交媒体平台为例，那些对同一支乐队情有独钟的粉丝，由于对乐队的音乐特色和歌词的内涵有着深深的喜爱而汇聚在一起。他们在这个平台上分享了乐队的最新消息和经典的演出视频，并分享了他们对每首歌曲的独到见解。例如，乐队发布新的单曲时，粉丝们会在评论区热烈讨论，有人认为这首歌的旋律唤起了自己的一段难忘的回忆，有人分析歌词中蕴含的深层含义。这种建立在共同兴趣基础上的情感互动，使粉丝们深感共鸣和共情。在这一过程中，人与人之间的信任逐渐开始萌芽，这是因为他们意识到对方能够深刻理解他们对音乐的热情和独特的情感，这种理解成为建立信任的关键起点。共同的兴趣在很大程度上推动了深度的互动，具有相同兴趣的用户在社交媒体上可以讨论更多的话题，从而使交流更为深入。在摄影爱好者的社群里，不论是通过微信群还是特定的摄影论坛，他们都会围绕摄影的技巧、设备的选择、拍摄的地点等议题展开热烈的讨论。举个例子，有位摄影爱好者分享了他在拍摄日出时所采用的曝光方法，并详细阐述了如何根据光线的变化来调整摄影参数，以实现最理想的拍摄效果。其他的爱好者也纷纷做出回应，分享他们的相似体验或提出各自的观点。他们也会分享在各种拍摄地的特殊体验，例如在西藏捕捉雪山的壮观风光，或在云南拍摄少数民族的文化风貌。这种深度的互动不仅提高了双方的摄影技巧，更为关键的是，经过持续的交流，双方对于彼此的专业技能、审美观和性格特点都有了更为深刻的认识。随着相互了解逐渐加深，信任也在不断地积累，大家都相信彼此在摄影领域的观点和建议是可信的。共同的兴趣促使人们在各种社交媒体平台上建立合作关系，例如在设计和写作等与创意有关的领域，有共同兴趣的用户往往会携手完成各种项目。以写作社群为例，一些对小说充满热情的作家可能会在平台上启动合作创作的讨论。他们一起设计了故事的结构，为角色和情节分配了创作任务，并在创作的过程中互相分享和修改。例如，有的人精于构建宏大的世界观，而有的人则在人物情感的描述上表现得非常细腻和细致，大家都在发挥自己的长处，共同创作出令人印象深刻的小说作品。在这场合作中，团队成员之间需要建立深厚的信任，确信对方能够准时完成他们所承担的任务，并坚信对方的创作才华可以为团队的作品增添亮点。通过这种形式的合作，不仅成功地创作了高质量的作品，更重要的是，团队成员间的信任关系得到了显著加强。由于他们在合作过程中共同应对挑战，互相扶持，共同进步，这样的经历进一步加强了他们之间的信赖。共同的兴趣增强了集体的认同感，从而进一步稳固了信任的纽带。在社交媒体环境中，那些基于共同兴趣而形成的集体，其成员们往往会感受到强烈的归属感和认同感。以电子竞技爱好者为例，他们在与电竞有关的社交媒体平台上，就各种电竞比赛和游戏技巧等多个主题进行了深入的交流。当自己所支持的战队赢得比赛时，团队中的所有成员都会齐声欢呼并庆祝；面对战队的失败，所有成员会共同探讨背后的原因，彼此给予的鼓励。这样的情感共鸣和对集体的强烈认同，使成员间的信任进一步增强。他们认为自己是这一独特群体的一部分，群体中的每一个成员都持有相同的目标和价值观念。当面临外界对电子竞技的各种误解或疑虑时，该群体的成员会团结一致，共同维护和提升群体的公众形象。这种建立在共同兴趣基础上的集体认同，如同黏合剂般将团队成员紧密结合在一起，从而进一步加强了他们之间的互信。

第二节　信任发展的动态过程

一、初步信任的试探阶段

在社交媒体的背景下，信任的发展动态中，初步信任的探索阶段极为关键且微妙。它处于信任的初始阶段，为未来信任的深化打下了坚实的基础，并对整体信任关系的走向产生了显著的影响。在社交媒体平台上，当用户意识到彼此具有某种共同的兴趣时，他们会自然地产生一种亲近感，这也是触发初步信任探索行为的一个重要因素。拿动漫爱好者来说，当他们在社交媒体或论坛上分享新动漫的精彩片段或讨论剧情时，其他的动漫爱好者会因为共同的兴趣而被吸引。他们开始以一种探索性的态度参与到讨论中，例如谨慎地分享自己对于动漫角色的观点，并留意其他参与者的反应。这样的探索性思考是基于对共同兴趣领域的深厚情感，同时也希望能够通过沟通找到与他人在兴趣上的契合点，进而评估是否可以建立更为深入的关系。举个例子，有一名动漫爱好者在群聊中分享了他对某部热门动漫主角性格变化的独到见解，并且会密切关注其他成员的反馈。如果他得到了广泛的认同或引发了更深层次的对话，将增加他继续沟通的动力，这标志着初步信任探索的开始。在此过程中，他希望通过观察他人对自己观点的认同程度，来探寻双方在兴趣上的共鸣，并据此初步评估是否能够信赖对方对动漫的解读和了解，为之后的沟通打下坚实基础。在互动与交流的过程中，对初步信任的探寻呈现出多种形式。在语言表达方面，用户倾向于使用更为婉转和谨慎的语言。例如，在摄影爱好者的交流群中，一名成员分享了自己拍摄的照片，可能会说："我这次拍的这组照片，尝试了新的构图方法，不知道大家觉得效果如何？"这样的提问方式不仅是为了表达个人的分享意愿，同时也带有一定的探索性，目的是了解其他成员对自己创作的看法，同时也是为了观察其他成员对自己作品评价的客观性和专业性。除了语言表达，回复的即时性也是一种探索性的体现。当一方发送了交流信息，如果另一方能够迅速做出回应，这将使发出者感受到对方的关心和积极态度，从而增强双方交流的信心，这也会在一定程度上影响初步信任的形成。例如，在游戏爱好者的社交平台上，当玩家分享了他们的游戏攻略后，很快就会收到其他玩家的反馈和讨论。这种互动会使分享者更加重视自己的分享，也更愿意与那些给予积极反馈的玩家进行深入的交流，探索彼此在游戏领域的相互理解和合作机会，从而为建立信任关系迈出关键的一步。在初步建立信任的探索过程中，也有一些风险因素需要考虑，例如，过度的探索可能会引起对方反感。例如，在社交媒体环境中，部分用户为了迅速建立与他人的信任关系，频繁地提出过于私密的问题，或者在交流过程中过于急切地阐述自己的观点，没有给予对方充分表达的自由。在与美食爱好者的互动中，如果一方初次相识就频繁地询问对方关于家庭饮食、经济状况等个人问题，可能会使对方感觉隐私被侵犯，从而对交流产生反感，并妨碍信任的建立。从另一个角度看，在探索过程中可能会遇到不真实的答复。在某些社交媒体平台上，有些用户为了迎合他人或实现特定目标，可能会给出不真实的反馈。比如在读书交流群中，有些人为了更好地融入这个群体，会对自己从未接触过的书籍发表不真实的赞誉。当这种不真实的回应被揭穿时，可能会严重损害双方初步建立的信任关系，使双方的交流产生阻碍。试探的结果对信任的走向起到了关键的作用，当试探获得正面的反馈时，信任常常会向更深层次的方向发展。举个例子，在音乐创作爱好者的社交平台上，一名音乐创作者分享了他新创作的旋律，而其他的音乐爱好者则给予了真挚的肯定，并提出了建设性的意见。这种正面的反馈让创作者感受到被理解和支持，这不仅增强了他对爱好者的信赖，还使他更愿意分享自己的创作理念和作品，从而在这个过程中进一步巩固和发展信任关系。

二、中度信任的合作阶段

在社交媒体情境下的信任发展动态过程中，走过了最初信任试探阶段，就进入了中度信任合作阶段。这一阶段正是信任关系向纵深发展的关键时期，在初步信任的基础上通过合作互动使信任关系有了更加实质性的发展。用户间通过最初的信任试探发现彼此在利益、理念上有一定的契合度时，双方就会有合作的机会。以社交媒体创业沟通群组为例，部分创业构想者在群内沟通创业思路，进行市场分析，经过一段时间沟通试探，找到了在项目理念和业务方向等方面有共同点的成员，从而形成了合作意向。例如，几位有志于线上教育创业的人士在一个群组中探讨在线教育市场需求，课程设计等，渐渐发现彼此的专业技能与资源能够优势互补，有的人擅长教学内容的开发，有的人对线上平台的运营比较熟悉，还有的人具有市场推广的经验，基于这种互补性以及共同的目标，决定联手推出一款线上的教育项目。这一建立在初步信任与共同目标基础上的合作机会为中度阶段信任的深入展开搭建了一个平台。合作中的信任有很多体现，一是对任务分配要有信任感。合作成员将根据对方的才能与专长合理地分配工作，相信对方能胜任工作。就上述线上教育项目而言，负责教学内容研究与开发的成员将重点放在设计课程体系和编写教材上，而其他成员认为自己可以依靠专业知识与能力来完成优质教学内容。类似地，负责平台操作的成员将着手建立一个线上教学平台并制定操作策略，大家都相信他可以将这个平台运营得很好。这种彼此相互信任是协作得以顺利进行的根本。二是在信息共享中建立信任。成员间愿共享有关合作项目的重要资料，包括商业机密和市场动态。比如负责市场推广的成员在得知业内新营销趋势或者竞争对手动态后，会及时与其他成员共享，每个人的行动都是基于信任，对这些信息的真实性和可信度抱有信心，并借助它们来调整项目的策略方向。信息共享与信任的结合有利于合作效率和项目发展。但合作阶段并不是一帆风顺的，它将面临许多挑战。一方面，会有意见分歧。在推进合作项目的过程中，由于团队成员的思维方式存在差异，他们可能对项目的方向和具体的执行策略持有不同的观点。例如，在线上教育项目的课程定价环节，负责经营的成员认为应该采取低价策略来吸引更多的用户；而负责教学内容研究与开发的成员认为课程质量好、成本投入多、定价应该较高。这一意见分歧若处理不好，就有可能影响合作关系和降低信任度。另一方面，会遇到能力与期望不一致的问题。尽管合作初期以初步信任为基础对成员能力进行了一些评估，但是在实际运作过程中可能发现有些成员能力与预期相差甚远。比如负责市场推广的成员在实施推广计划时因经验不足而导致推广效果不理想，这样就会引起其他成员对其能力的怀疑，从而影响信任关系。面对这些挑战，有必要采取积极的对策。对意见不一致的情况，要充分沟通、协商化解。以线上教育项目课程定价为例，成员可共同搜集市场数据并分析各种定价策略对于用户数量和收益的影响，以客观数据为依据，以理性分析为手段，共同寻求兼顾各方面利益的定价方案。成员进行沟通协商时，应尊重对方的观点，从合作项目的整体利益出发，经过充分沟通形成共识。对能力与预期不一致的情况要予以支持与协助。对于推广效果较差的成员，其他成员可通过交流经验、提供有关学习资源等方式协助其提高自身能力。同时还可结合实际情况对工作任务做适当的调整，使成员在更加合适的岗位上发挥作用。采取这些积极的对策，既可以解决合作过程中存在的一些问题，又可以进一步加强双方的信任关系。在合作的种种考验下加深了信任。成功地解决了意见分歧与能力挑战之后，成员间互相有了更多的理解与更坚实的信任。比如线上教育项目有一定的效果，吸引一定的用户、有良好的声誉之后，成员回顾合作历程，就能认识到对方为合作所做出的努力与奉献，以及在遇到难题时互相支持、一起解决的体验。这段共同成长、战胜困难的历程使建立在初步认识基础上的适度信任进一步加深到建立在共同体验、共同结果基础上的高度信任。会员之间对彼此的才能以及对项目的真诚有了更多的信任，今后合作时就会有更多的默契，从而为不断发展信任关系打下了更为稳固的基础。

三、高度信任的依赖阶段

在社交媒体情境下的信任发展动态过程中，成功度过中度信任合作阶段之后就跨入了高度信任依赖阶段。这一阶段是信任关系的高级发展形态，它表明双方或者多方之间在信任层面上都已上升到一个全新高度，相互之间已经形成一种深度依赖关系。高度信任依赖阶段是在前一阶段所累积信任的基础上发展而成。在最初信任的试探中，双方以共同的利益开启沟通，初步认识对方，并建立了初步的信任。然后在中度信任合作阶段通过项目合作在任务分配和信息共享上进行交互来进一步深化信任。仍以线上教育创业项目为例，团队成员经过项目理念的讨论、课程的设计、平台的运营等一系列的协作环节，成功地应对意见分歧与能力的挑战并取得一些成果。在这一过程中，成员之间不仅充分肯定了对方的才能，而且因共同战胜困难而建立起深厚的感情联系。这种建立在共同经历、成果和情感纽带上的信任感成为高度信任依赖阶段的一个关键因素。成员清楚地认识到对方对项目的奉献与价值，因而逐步形成相互依赖。高度信任依赖阶段有很多具体体现，一是决策依赖。项目推进时，成员依靠对方专业判断与决策能力。比如当线上教育项目遇到课程调整的时候，承担教学内容研究与开发的成员以自己的专业知识与对教育内容透彻的了解提出课程优化方案，另一些成员则将在对其高度信任和依靠其决定的基础上，相信该计划能提升课程质量并满足学生需求。类似地，当市场推广策略调整完成后，负责市场推广工作的成员们会拿出全新的促销方案，成员们会因为相信其能力而认可该决定，并认为通过高效的促销能吸引更多的用户。二是资源依赖。团队成员对于资源的获取与使用是相互依赖的。例如承担线上平台运营任务的成员拥有平台技术资源与运营数据，而其他成员则负责教学内容优化与市场推广，他们将依靠前者提供的平台数据，深入理解用户的行为与需求并对相应的策略进行调整。并且承担教学内容研发任务的成员所掌握的专业教育资源也是平台运营与市场推广的核心支撑，成员之间相互依赖、共同促进项目的开展。三是情感依赖。在漫长的合作过程中，各成员之间建立起深厚的感情联系，感情上互相依赖。在项目遭遇困难或者成员个人有压力的情况下，对团队中的其他成员吐露心声，寻求情感支持。比如当项目推广效果不理想、承担市场推广任务的成员心情郁闷时，其他成员就会给以鼓励与安慰，一起去剖析问题，而这种感情的依赖使得成员遇到困难时会充满干劲与自信。但高度信任依赖阶段也不是没有风险。一方面，外部环境的改变会影响依赖关系。比如线上教育行业政策的大调整就会使项目方向改变。本来建立在以往市场环境与政策基础上的合作模式，业务策略等，均需进行重新定位。在此背景下，成员可能由于适应新环境能力的差异而出现新的意见和分歧，从而影响相互间的依赖关系。另一方面，内部成员变动也可能带来风险。若团队中有核心成员由于个人原因离职，可能造成专业能力的不足和资源链的断裂。例如，承担教学内容研发任务的核心人员离职可能会阻碍课程研发进度，而其他人员对于自身专业能力的依赖也得不到满足，导致团队信任危机并影响项目整体进展。要想保持高度信任依赖关系就必须有一系列举措。对于外部环境的改变，团队要保持敏锐地洞察力，关注行业动态、政策变化时。以线上教育项目为例，成员应定期搜集行业资讯并分析政策调整对于该项目的影响。在面对政策变化，一起探讨应对的策略，并经过充分的交流与磋商，对项目的定位与运营模式进行重新定位。成员在此过程中要发挥自身专业优势、互相支持、共同应对外部环境的变化、固化依赖关系。对内部成员的变更，队伍要建立健全人才储备与交接机制。项目推进期间，重视后备人才培养，保证核心成员卸任后有适当人员接替。同时，成员离职后做好工作交接，确保专业知识与资源的传承。比如负责市场推广的成员在离职之前，要和接替者做细致的工作交接，分享市场推广经验，客户资源等，让新人能尽快地适应工作，保持团队稳定成长，进而维系高度信任依赖关系。

四、信任衰退的原因分析

在社交媒体环境下信任发展这一动态进程中，信任衰退问题值得关注。尽管信任经过初步试探、中度合作发展到高度依赖阶段，但多种因素仍可能导致信任关系出现衰退，以下从多个方面进行原因分析。外界环境的变动被认为是导致信任衰退的关键因素之一，首先，行业政策调整会对信任关系产生冲击。以线上教育行业为例，政策在课程内容、收费标准上进行了较大调整后，原有建立在旧政策基础上的业务模式与合作策略也需要进行变革。比如政策对线上教育课程收费上限有了较大幅度的下调，对负责线上教育创业项目运营及市场推广的成员来说，盈利模式及推广策略都有必要进行重新规划。在这一过程中成员之间可能会由于对新政策认识及适应能力的差异而意见不一致。负责市场推广工作的成员也许会觉得应该加强宣传，以数量取胜确保回报；负责教学内容开发的团队成员可能认为，有必要进一步提升课程的质量，增加课程的附加价值。这一差异如果不能消除，就可能造成成员之间信任的断裂，进而导致信任衰退。其次，市场竞争压力对信任关系也有一定的影响。在激烈竞争的市场环境中，公司或者项目团队都可能会面临着很大的生存压力。例如线上教育市场中，不断有新的竞争对手出现，带来全新教学模式与课程优势。为了应对竞争，团队也许要迅速地作出决策，并调整自己的业务方向。但在快速决策时可能忽略了成员之间充分交流与磋商。比如，小组决定抓紧引进一个热门的新课，但是负责研究和开发教学内容的队员可能会因为时间仓促而不能确保课程质量符合预期。其他成员则可能由此怀疑其能力，进而损害信任关系并造成信任衰退。内部成员变动也是导致信任衰退的一个关键因素，核心成员离职常常会造成严重的后果。如果线上教育项目负责教学内容研究与开发的核心人员离职将阻碍课程研究与开发进度。由于其他会员都非常依赖其专业能力，他的离职会造成专业知识与经验的损失。新入职人员可能需要较长时间才能适应该项目的开展，而这一过渡阶段课程的质量也可能会出现波动，从而影响到该项目的全面开展。这种情况可能使其他团队成员对团队的稳定和将来的发展感到担忧，从而降低了他们对团队和成员的信任度。而成员间关系的改变也可能引发信任问题。随着项目的推动，成员间可能会因为利益分配和工作责任的界定而产生冲突。举例来说，当项目取得了某种程度的成功之后，关于奖金的分配，有些成员觉得自己所做的贡献并没有得到应有的认可，这导致了他们的不满情绪。这种情绪影响了成员之间的合作氛围，造成交流减少和协作效率下降，并最终使信任关系式微。协作中存在的问题还可能推动信任衰退，其中沟通不畅就是一个普遍的问题。社交媒体平台中的交流会因为信息传递的不完整或者误解而损害信任。比如线上教育项目团队利用微信群交流课程调整方案，群内负责教学内容开发的成员对课程调整方向进行简单阐述，但是并没有对具体理由及预期效果进行详细介绍。负责市场宣传的团队成员可能误读了市场调整的初衷，并根据自己的解读来进行市场推广，这可能会导致推广的内容与实际的课程内容不一致。引发成员之间互相指责而减少互相信任。协作困难对信任关系亦有一定的影响。项目合作时，成员之间的工作是互相关联的，如果合作出了问题将影响到整个项目的进度。例如，线上教育项目，承担线上平台运营任务的成员和承担教学内容研发任务的成员之间没有有效地合作解决课程上线时长问题，导致课程迟迟不能上线。这样不但会影响市场推广计划的制订，也会使用户不满意该项目的开展。成员会因协作问题而质疑对方的能力，从而弱化信任的基础，造成信任的衰落。社交媒体本身的特点也会造成信任衰退，信息过载就是问题之一。社交媒体中，海量的信息层出不穷，由于信息过多，成员可能会忽略重要的信息。以线上教育项目社交媒体群组为例，群组日常发布各类行业资讯和用户反馈。承担市场推广任务的成员可能会因为忙着处理海量信息而遗漏了有关用户新的课程需求这一重要反馈，无法及时传递到教学内容研发成员手中。这就会造成课程脱离市场需求、影响项目开发，进而造成成员之间信任危机。

第三节　信任危机的根源剖析

一、信息虚假的信任破坏

社交媒体环境中，信息虚假是信任危机的关键来源，并通过各种途径严重损害了人与人之间的信任关系，深刻地影响了信任关系的稳定性和可持续性。虚假信息通过社交媒体进行传播有很大的便利性，一是社交媒体平台具有开放性，使信息发布的门槛降低，谁都可以很方便地进行内容发布。比如在微博和抖音平台上，用户不需要进行严格的审核即可发布文字、图片和视频。这为虚假信息提供了滋生的土壤，某些别有用心的人或者为了博眼球，或者为牟取私利而虚构和发布虚假信息。例如，编造某个知名品牌将要破产的新闻，借助大众对于该品牌的关注，很快就形成了大范围的传播。二是社交媒体信息传播异常迅速，覆盖面广。虚假信息一经传播，经过用户转发、共享，可以在短期内扩散到广大受众群体中。以微信朋友圈为例，一则虚假养生知识可能会在短短数小时之内被广大用户转发出去，由个人朋友圈蔓延至其他好友的朋友圈，然后逐层蔓延、波及。三是社交媒体中算法推荐机制有时对虚假信息传播有助推作用。算法通常是基于用户兴趣、浏览历史等来推送消息，而在虚假消息迎合某些用户兴趣点的情况下，则由算法推送到兴趣相似的更多用户手中，从而进一步加快扩散速度。虚假信息损害信任关系的途径有很多，在个体层面上，个体收到虚假信息并信以为真时，会使相关方产生误解而损害信任。比如在一个社交群组里，就会有人散布某好友一些不真实的负面消息，比如说该好友在职场故意使坏导致了项目的失败。如果其他成员盲目地相信该消息，可能会对这位好友产生不良的印象，从而导致原先建立的信任关系迅速瓦解。朋友间信任的基础是相互理解与尊重，而虚假信息则会在这些关系中造成误会与隔阂。团队合作场景下的虚假信息也同样具有极大的危害性。例如，某线上项目团队中，就有传播项目资金链断裂等不实信息的行为，造成团队成员恐慌。会员对于项目前景感到忧虑，对于承担项目资金管理任务的成员心存疑虑，这反过来又会影响小组协作氛围及工作效率，损害小组成员间信任关系。在更为广泛的社交层面上，海量虚假信息扩散将导致社交媒体整体环境中信任度降低。当用户经常接触到虚假信息时，他们就会质疑平台中的一切信息，不会再轻易相信其他用户的言论，从而使基于信任的社交互动陷入了困境。虚假信息造成信任破坏有其深层次的原因：一方面，某些用户的信息辨别能力的不足。在这个信息爆炸的年代，很多用户还未养成批判性思考的习惯，见到某些看起来很有吸引力的信息便会盲目相信、转发。比如有些虚假新闻报道常常采用夸张标题以引人注意，而有些用户在没有验证信息来源及其真实性的情况下，便大肆扩散，成了虚假信息扩散链条上的一环。另一方面，社交媒体平台监管不力也是重要因素。尽管部分平台具有信息审核机制，但是在面对大量信息时审核常常会出现漏洞。有些虚假信息会以含蓄地方式打擦边球来绕开审查。另外，平台对于虚假信息发布者惩罚不到位，很难产生有效的威慑作用，使部分人敢肆无忌惮地发布。再者是社会环境存在着某些不良风气，这些不良风气又助长了虚假信息泛滥。比如有些人有猎奇心理，对某些耸人听闻的虚假信息感兴趣，这一需求促使更多的虚假信息产生并扩散。要处理好虚假信息的问题，就必须采取一系列的措施。用户本身应加强信息辨别能力的培养。收到信息后，应养成从多方面进行验证的习惯，看信息来源的可靠性，有无权威机构和多方证实。例如，对健康养生方面的信息，可以通过查询专业医学网站和咨询医生来证实该信息的真实性，然后决定是否传播。同时，我们还应提升自己的媒介素养，学会批判性思考，不被虚假信息内容迷惑。对社交媒体平台的监管要加大力度。健全信息审核机制，运用人工智能等技术手段快速甄别分析信息，发现虚假信息。如通过分析信息文本特征、传播模式等来判断信息真实性。对经审查属实的虚假信息要及时删除，发布者也应受到相应惩罚，比如限制账号功能或封号，从而达到警示效果。

二、行为失信的形象崩塌

社交媒体环境中，行为失信作为信任危机产生的最主要原因，就像多米诺骨牌一样，一旦碰触就会带来一系列连锁反应，最终使个体或机构在他人心目中的形象坍塌，给信任关系带来毁灭性的冲击。不同情景下行为失信的表现是多样的。个体社交场景中行为失信以违背承诺的形式呈现。例如，微信聊天时，好友间约好了共同参与某事，但一方因为临时变故没有事先通知另一方，就直接缺席。这一行为会损害对方的信任感，使其感到被忽视。再如社交媒体中，有的人承诺要向别人提供援助，例如帮别人介绍工作、分享专业知识等，结果没有履行。言而无信会使对方感到失望与不满，进而影响到相互间信任关系。商业合作情景下的行为失信更多地表现为合同履行与商业道德的失信。比如有的公司通过社交媒体推广商品的时候夸大其词。消费者在购买后发现产品质量不佳，功能缺失，觉得被骗了。这不仅会损害消费者利益，而且会使商家在消费者心目中的形象和信任度大幅下降。又比如企业和合作伙伴订立合同之后，没有按合同条款去履行，延误交货时间、降低产品质量标准，等等，都会破坏合作关系的信任基础并导致合作伙伴丧失信任。网络社群场景下的行为失信主要体现在恶意攻击与造谣两个方面。比如某些论坛或者群组，有的用户为达到一定的目的而对其他成员进行恶意攻击并发表诋毁性的言论。或编造虚假信息抹黑他人的形象。这一行为在损害被攻击方的同时还损害了社群整体信任氛围，并使其他成员质疑社群的安全可靠性。行为失信造成形象崩塌经历了一个渐进的演化过程：一是失信行为出现时会引发相关方的关注与不满。以好友在个人社交场景下失信为例，爽约方一开始会让人失望进而怀疑失信方。在商业场景下，当消费者发现商品不符合宣传时会质疑商家是否诚信。这一怀疑将引起相关方对失信方更深入地观察与评价。失信方若不及时采取补救措施将使失信行为进一步蔓延。受社交媒体传播的影响，更多人会知晓这些失信行为。比如消费者通过社交媒体分享其对虚假宣传产品的购买体验就能吸引其他消费者关注。当知晓人数增多时，失信方形象也开始遭到损害。人们基于这些失信行为给予了负面评价并产生了负面印象。当负面评价累积到一定程度时，失信方在人们心目中的形象就会完全崩塌。在网络社区，当恶意攻击者不诚信行为暴露出来时，其他成员就会声讨他们，拒绝与他们沟通和配合，导致他们在社会上陷入孤立、形象直线下降。行为失信造成形象崩塌的背后有很多原因，在个体层面上，一些人诚信意识不强，意识不到承诺与言行举止的意义。他们作出承诺是随意的，既不顾及自己的实际能力，也不顾及可能发生的改变。比如有些人为展示自己的才华或者人脉在社交媒体上轻易许诺帮他人解决问题，而自己并不能兑现。另外，有些人在短期利益的驱动下，为谋取个人利益，选择了失信行为。例如，商业场景下，有些商家为追逐高利润，以虚假宣传来吸引顾客购买商品，却忽视了企业长久的声誉与形象。在社会环境方面，目前社会上存在着一些浮躁风气，有些人过分强调短期利益与表面形象而忽视诚信等内在品质。同时，失信行为的社会监督处罚机制不健全，使部分人失信成本降低，因而敢于失信。以网络社区为例，由于对恶意攻击者、造谣者缺乏有效惩罚，致使这一现象屡屡发生。为了避免发生因行为失信而造成形象崩塌的情况，必须多方合力。个人应加强诚信意识，社交媒体上的沟通及各项承诺，都必须慎之又慎。在作出承诺之前，对自己的能力及可能发生的事情进行全面评估，以保证能履行承诺。如遇特殊情况不能兑现承诺时，要及时与相关方沟通、真诚致歉、解释理由。与此同时，我们还应树立正确价值观，懂得诚信是构建良好人际关系、塑造个人形象的根本。商业领域中的企业应强化自律、遵守商业道德与法规。在产品宣传及合同履行的过程中要真实、诚信。企业要以诚信经营为核心价值，重视品牌的长远建设与信誉积累。比如企业可在内部建立诚信监督机制来监督员工行为，保证企业诚信的整体形象。社会方面应加强诚信文化建设并通过宣传和教育等途径增强公众诚信意识。同时要健全失信监督与惩罚机制，加大失信惩罚力度。如建立失信行为数据库、记录失信个人与企业、约束他们在社会活动中部分权益等。在网络社区，建立严格社区规则，严惩恶意攻击、造谣和其他失信行为，构建诚信和谐社区环境。

三、隐私泄露的安全感丧失

社交媒体环境下，隐私泄露是信任危机产生的主要原因，严重削弱了用户安全感，损害了用户和平台以及用户间的信任关系。隐私泄露的方式有很多，社交媒体平台本身存在的漏洞就是一个普遍的原因。有些平台的数据存储、传输环节有技术上的不足，比如服务器防护系统薄弱，容易受到黑客攻击等。黑客在入侵后可以获得海量的用户信息，这些信息包括用户的名字、联系方式、住址乃至消费记录。一些小的社交平台为了节约成本对数据安全防护的投入力度不够，使用户的信息安全存在很大的风险。此外，第三方应用的访问也会造成隐私泄露。很多社交媒体允许各类第三方应用访问，在用户对它们进行授权的时候，一些不良应用就会过度采集用户的信息，并将其用于销售或者不正当的用途。比如一些看起来很平常的小游戏应用在访问社交媒体账号登陆之后，会采集用户好友列表，位置信息等，来获取超出用户正常操作需要的权限。用户自身安全意识不强，可能造成隐私泄露的问题。部分用户通过随意点击社交媒体中的不明链接和扫描陌生二维码等方式致使恶意程序移植到手机或者电脑中，造成个人信息被盗用。隐私泄露造成了用户安全感的严重损害，从个体层面上看，用户总是担心自己的信息被滥用。例如，当用户手机号码被泄露时，就可能经常接到各类骚扰电话、诈骗电话甚至垃圾短信等。这样既扰乱了用户的正常生活还可能造成财产损失。用户发现家庭住址和家庭成员信息泄露时，因担心自己和家人的人身安全，不敢在社交媒体中轻易分享生活点滴信息，社交媒体信任度锐减。社交关系层面上，隐私泄露会损害用户间信任。若社交媒体平台将用户聊天记录泄露出去，用户间原本私密的沟通内容也随之公布于众，这将让沟通双方产生被背叛的感觉，信任关系也将在一瞬间瓦解。比如两位好友聊天时共享一些个人的隐私与秘密，聊天记录泄露后不仅对平台大失所望，还会使双方在今后的沟通中心存疑虑，再也不敢像过去那样坦诚相待。隐私泄露的背后有其深层次的原因，在科技方面，虽然科技不断进步，但是网络安全防护技术却一直面临着同黑客攻击技术博弈的问题。黑客技术在不断地更新，总可以发现已有防护技术中存在的漏洞。而且部分社交媒体平台技术更新滞后，不能及时对新出现的安全威胁做出反应。在商业层面上，一些平台或者第三方应用在利益驱动下认为用户隐私数据是可变现的商品。受到利益的诱惑，它们会不惜违背道德与法律的规定向其他组织或者个人销售用户的资料。在监管层面，当前对于社交媒体隐私保护法律法规尚不健全，对于隐私泄露的定义与惩罚标准也不清晰。这就使某些不良平台及应用有恃无恐、恣意侵害用户的隐私。为了解决隐私泄露问题，需要多方共同努力，社交媒体平台应加强技术防护，定期开展服务器安全检测与漏洞修复，增强数据加密技术以保障用户信息存储与传输时的安全性。同时要严格把关第三方应用的访问，并明确他们获取数据的权限，避免过度采集用户的信息。比如平台可设置第三方申请白名单，只允许经过安全审核的申请访问。用户本身应增强安全意识，慎重处理社交媒体中各种链接及授权请求。不要随便登录不可信的站点和应用程序中的社交媒体账号，并定期替换账号密码。共享个人信息时应慎重考虑隐私设置问题，避免不必要的信息披露。政府应当加强监督，健全隐私保护的相关法规，并明确隐私泄露的责任确认与惩罚标准。加强对非法采集和利用用户信息的整治，严惩违规平台及应用，增加违法成本。隐私泄露是社交媒体环境下引发信任危机的关键因素，严重损害了用户安全感和信任关系。只有通过平台、用户和政府的共同努力，采取有效措施防范隐私泄露，才能重建用户对社交媒体的信任，营造安全、健康的社交环境。

四、网络诈骗的信任创伤

在社交媒体和网络广泛传播的今天，网络诈骗已经成为信任危机产生的一个突出原因，对受害者造成了难以消除的信任创伤并严重损害了社会信任体系的根本。网络诈骗手段层出不穷，虚假信息诱导就是常用招数，诈骗分子往往会通过社交媒体传播虚假中奖信息、投资机会等。比如在社交平台公开宣称某个著名企业周年庆的抽奖活动，用户只要点击链接填写个人信息、支付手续费就可以获得丰厚的奖品。很多用户由于贪念或者缺乏防范意识，在点击链接时不但奖金没有拿到，个人信息比如身份证号和银行卡号也被诈骗分子获取，供随后盗刷或者其他诈骗活动使用。也有伪装熟人诈骗，诈骗分子利用窃取的社交媒体账号，假冒被害人亲友，以因突发急事缺钱等方式寻求被害人帮助等。例如，骗子在盗号时哭着告诉被害人他在外地出差时遇到了车祸，迫切需要手术费请被害人转账。由于使用的是熟人账号，受害者往往难辨真伪，焦急之下轻易转账，造成财产损失。另外，网络购物诈骗行为屡见不鲜，诈骗分子通过建立虚假购物网站销售低价商品来吸引顾客。消费者在下订单支付货款后，不是迟迟收不到货物，就是收到了质量很差的假冒伪劣商品，即使支付了货款，网站也直接倒闭了，消费者也没有维权的门路。网络诈骗给个体的信任带来了极大的创伤，心理上，被害人被诈骗之后，常常会陷入一种自责和懊悔的情绪中。他们开始怀疑自己的判断力，对周围的人和事物也变得过于警觉了。比如一个用户本来相信网络社交，当他遇到伪装熟人诈骗时，不但怀疑网上的消息，就连实际生活中亲友寻求帮助都要反复查证而不敢轻信。这种过分警惕会影响到正常社交生活，使他和他人之间关系疏远。从经济方面来看，诈骗带来的财产损失使被害人对于金融交易及网络平台的信任急剧下降。如果受害人因为参与虚假投资诈骗血本无归，他们将害怕各种投资平台、银行转账以及其他金融操作，甚至在面对正规投资机会时，也不敢轻易尝试，极大地影响了个人经济发展与理财规划。网络诈骗也给社会信任体系带来了严重的破坏，导致大众在网络环境下信任度下降。随着网络诈骗事件日益增多，民众对于整个网络空间充满了畏惧与不信任。这种不信任将波及社交媒体、网络购物平台以及其他网络领域，使人与人之间的沟通与交易变得谨小慎微，从而妨碍网络经济与社交正常进行。比如部分消费者因为害怕遇到网络购物诈骗而减少了网络购物行为转而选择线下传统购物方式，给电商行业带来了不利影响。网络诈骗也影响着大众对于社会管理机构的信任度。受害人在遇到诈骗时，如果不能及时有效追偿损失，就会怀疑公安机关、金融监管部门以及其他社会管理机构的能力，认为有关部门没有有效地打击诈骗行为和保障公众安全，这也降低了人们对社会整体管理体系的信任。网络诈骗频繁发生的背后有其深层次的原因，在技术方面，网络技术迅猛发展给诈骗分子提供了许多作案手段，但网络安全防护技术落后。在移动支付盛行的今天，诈骗分子借助其快捷性与便利性设计了多种新的诈骗手段，比如二维码诈骗、手机支付账户盗刷等。但是对应的安全防范技术却没有及时跟进，致使用户支付安全受到威胁。在社会方面，一些市民对网络安全认识不足，防诈骗意识薄弱。很多人并不了解网络诈骗的方式及危害，遇到诈骗信息，不能及时分辨真假。与此同时，社会对于网络诈骗宣传与教育不到位，没能覆盖各年龄段、各社会群体，致使一些人成为诈骗分子的目标。在监管层面上，网络诈骗牵涉区域多、部门多、监管协调难度大。不同区域公安机关打击网络诈骗过程中可能会出现信息沟通不畅和协作配合不够等问题。另外，网络诈骗法律惩处不到位，使诈骗分子犯罪成本较低，使其不择手段地实施诈骗。为了应对网络诈骗和减少信任创伤需要多方面的努力。政府要强化网络安全监管、健全相关法律法规、加大对网络诈骗处罚力度，明确网络诈骗法律界定及量刑标准提高诈骗分子犯罪成本。与此同时，强化区域内及部门间协作合作，构建跨区域信息共享、协同作战的网络诈骗打击机制。社交媒体平台与网络服务供应商应肩负起社会责任并加强平台管理。比如，审查用户公布的消息，及时发现并屏蔽虚假诈骗信息。运用技术手段对异常交易行为进行监控，例如大额资金突然转移，对用户及时进行提醒和采取冻结账户措施以确保用户的资金安全。另外，还应加强用户安全教育工作，并通过防诈骗知识推送和案例分析来增强其防诈骗意识。公众本身也应加强网络安全意识和防诈骗知识的学习。不要随便点击不明链接，不要轻易转账给陌生人，遇有疑义要及时咨询公安机关或者有关机构。比如当你接到陌生的中奖消息后，就应该通过官方渠道验证消息的真伪，以免被骗。

第四节　信任修复的策略方法

一、诚恳道歉的态度表达

面对社交媒体可能导致的信任危机，真诚地道歉成为恢复信任的关键手段。无论是个人间因为误会而产生的信任危机，还是平台由于管理不当导致用户信任受损，抑或社会层面由于不良现象导致的公众信任缺失，真诚的道歉都成为重建信任的重要途径。在面对个人信任危机时，真诚地道歉尤为重要。例如，在社交媒体的群体中，两个人因为观点不合而发生激烈的争执，其中一方的言辞过于激烈，伤害了另一方，从而导致了双方信任的破裂。在这种情况下，想要恢复与对方的信任，就必须展现出真诚的歉意。他可以私下与对方交谈，并表示："我之前在群聊中的行为太过冲动，我说的话实在是太过冒进，完全没有考虑到你的感受，我真心地向你表示歉意。"这样的道歉方式明确指出了自己的不当行为，即言辞过于激烈，同时也体现了对对方情感的关心，使对方深感道歉的真诚。例如，在社交圈子里，有些人在没有得到他人许可的情况下转发其隐私信息，从而损害了他人的权利。当意识到自己的错误时，可以在朋友圈里公开道歉："我不应该擅自转发（朋友名字）的个人内容，这是对他隐私的严重侵犯。我深刻认识到错误，向（朋友名字）郑重道歉，今后一定会尊重他人的隐私。"这样的公开道歉不仅是为了向当事人表示歉意，同时也是为了向所有的共同好友明确表达自己对错误的认知，并展示出改正错误的决心。真诚的道歉在恢复个人信任方面起到了明显的作用，首先，它有助于减轻对方的负面情绪。当受伤的一方听到真诚的道歉，内心的愤懑和不满情绪会有所减轻。比如当上述因争执而受伤的一方听到对方真心地道歉，会感到自己的情感得到了重视，愤怒的情绪会逐步消退，为重建信任奠定了坚实的心理基础。其次，真诚地道歉体现了道歉方所承担的责任。这显示了道歉方有勇气承认自己的过错，并愿意为自己的行为承担责任，这将促使受害的一方重新评价道歉方的品质，从而增强对其的信赖。比如一个人在未经许可的情况下转发了他人的隐私信息后公开道歉，这将有助于朋友和其他共同的好友看到他敢于承担责任的态度，并有助于重建他们之间的信任。从平台的角度看，当用户的信息因为平台的漏洞而被泄露，导致信任受到损害时，真诚地道歉也是至关重要的。该平台应当正式发表声明，并向用户表示歉意："由于我们在技术管理方面的疏漏，造成了部分用户信息的泄露，这给大家带来了巨大的困扰和安全风险，我们对此深感愧疚和自责。"声明详细阐述了问题的根源，也就是技术管理的疏漏，确保用户对事件的起因有清晰的了解。此外，该平台承诺将实施一系列措施来解决存在的问题，例如："我们已经组建了一个专门的小组，全力以赴地修补安全漏洞，强化信息安全防护措施，并将为受到影响的用户提供适当的补偿和安全保障。"这样的道歉不仅是一种歉意表达，同时也展示了平台解决问题的坚定决心和具体行动计划，从而有助于恢复用户之间的信任。该平台的真诚道歉对于恢复信任至关重要，它有助于稳定用户的情绪，防止因信任问题导致的用户流失。当用户看到该平台真诚的工作态度和实用的解决方案时，他们会对该平台未来的运营重燃信心。例如，对于那些因信息泄露而放弃使用该平台的用户，看到平台的积极响应和道歉后，他们可能会选择继续关注平台的后续改进情况，而不是直接离开。此外，真诚地道歉对于重建平台的公众形象大有裨益。在这个充满竞争的社会，一个勇于面对并主动纠正错误的平台，更有可能赢得大众的喜爱，从而提高品牌的好评度。为做到真诚道歉，有几个方面需要特别关注。首先，态度必须是真挚的，不能敷衍了事。不论是在个人场合还是在社交平台上，道歉的语气都应该是真诚的，以便让对方真切地感受到悔意。其次，我们需要清晰地指出错误行为和可能的后果。不能含糊其辞，只有清楚地认识到自身的错误时，才能使对方相信我们道歉的真诚。最后，需要提出相应的补偿措施和优化方案。让对方明白，道歉不仅仅是一种形式，更是真诚地解决问题的体现，以防止类似的失误再次出现。即便如此，真诚地道歉有时也会遭遇某些难题。例如，受伤的一方可能由于受到了严重的伤害，暂时难以接受道歉，且仍然对道歉方持有怀疑的态度。在这种情况下，道歉方不应失去信心，而应该给予对方更多的时间和空间，通过实际的行为来展示自己的诚意。例如，在平台表示歉意之后，有些用户可能会对平台所做的承诺持保留态度，担心这些承诺无法得到兑现。该平台有责任及时公开措施的执行情况，并接受用户的监督，以增强用户的信心。

二、实际行动的补偿措施

社交媒体环境中，信任关系出于种种原因而受到损害时，通过实际行动进行补偿是恢复信任的重要策略之一。既体现出人们对失误的深刻认知，又用切实可行的方式让受伤害方看到纠错决心，进而有效地促进信任恢复。从个体层面上看，当由于自身行为而造成与其他人信任关系断裂时，采取实际行动补偿就变得尤为重要。比如在一个社交媒体群组里，因为语言过激而伤害了自己的好友，除了真诚地道歉，还需要用行动弥补。可主动向朋友提供帮助，询问他最近有没有什么需要帮忙，比如帮他解决困难，或生活中关心他，给他一些切实可行的生活建议，推荐一本书等。这种行为补偿能使朋友真正体会到他的忏悔，以及他们想修补感情的真诚。再比如朋友圈中共享的私人信息没有得到好友的同意，除了公开致歉，还可以考虑对好友进行一定的补偿。例如，举办小型派对，邀请共同的好友出席，派对时再向好友道歉，派对期间制造轻松愉悦的气氛等，都有助于减轻好友因为隐私泄露而产生的不快。通过这些实际行动，表现出对于错误的重视和主动修补关系的姿态，从而逐步修补被破坏的信任感。在个体层面上采取实际行动的补偿措施对于信任修复具有重要意义，能够使受伤害方真正体会到致歉的真诚。比简单口头道歉更有说服力。比如在工作中给朋友排忧解难，这一特定的帮助行为使朋友们看到了他真心希望弥补过失而非仅仅停留在口头上。同时实际行动补偿也有利于重构相互间的情感联系。向好友给予关怀或是举办聚会，可以加强彼此的沟通与互动，使双方恢复亲密关系，继而恢复信任感。朋友们在感受了他真心的付出与努力后，渐渐放下了防备，重新接纳并信任他。从平台层面上看，当平台本身存在问题而引发用户信任危机的时候，切实可行的补偿措施必不可少。比如如果平台由于算法推荐错误而将大量不真实的信息推送给用户，造成用户的不满以及信任的破坏。平台需立即采取补偿行动。一方面，全面审查优化算法，保证推荐信息真实可靠。在技术团队的共同努力下，对算法漏洞进行了分析，并对推荐规则进行了调整，从而避免了同类问题的重演；另一方面，对受损害用户进行部分实质性赔偿，如延长用户平台会员服务时间或在平台内部派发部分消费优惠券等，以此来弥补不实信息给用户的麻烦。再比如，在平台发生数据泄露问题时，除真诚致歉外，平台还应快速采取相关措施确保用户的信息安全。比如强化数据加密技术、提高服务器安全防护等级、避免信息再外泄等。同时对受害用户进行身份盗窃保险以保障用户可能因为数据泄露而受到潜在损失。平台层面上切实的行动补偿措施在信任修复过程中起到了至关重要的作用，能够有效地安抚用户情绪并稳定用户群体。用户在看到平台主动解决问题和进行赔偿时会感觉自身权益受到了重视，进而减轻了对于平台的不满，提高了对于平台的好感度。比如由于算法问题而受到影响的用户在获得了平台会员服务延长或者消费优惠券之后，他们会对平台的办理方式感到满意，从而持续地使用平台。另外，切实的行动补偿也有利于提高平台信誉。在激烈竞争的市场环境下，能快速处理问题、采取有效补偿措施，更易为大众所接受与赞誉。平台主动解决数据泄露问题、提供身份盗窃保险等举措，将使用户相信平台对用户权益的重视，进而改善了平台在用户心目中的形象、吸引了更多潜在用户。但在落实实际行动补偿措施时也可能面临着若干问题。从个体层面上看，补偿措施可能与受伤害方的需求不相符。例如，给好友的帮助并不是好友真正所需，这样会使好友仍不满，达不到修复信任的目的。这时，有必要和朋友深入交流，了解其实际需求，并按需要调整补偿措施。从平台层面上看，它可能面临着实施成本过高或者技术难度大等问题。比如平台在求解算法问题时可能会花费很多人力、物力以及时间，同时强化数据加密也会遇到技术瓶颈。针对上述问题，平台需进行合理的资源规划，争取专业的技术支持以保证补偿措施的顺利进行。

三、信息澄清的真相还原

在社交媒体的复杂情境下，种种误解、谣言等往往会引发信任危机，对信息进行澄清真相还原就成了破解上述难题和修复信任危机的重要手段。个体间信任危机情景下澄清真相要有具体表现。例如，在一个社交群组中，就会有一些人错误地传播一些不真实的负面消息，称某些人在协作时私下牟取好处。被误解成员需要主动澄清信息以修复信任。他可以搜集相关证据，比如合作项目账目明细，与合作方交流记录等，并在群里讲述事情原委。"要知道，凡是涉及工程的账目，每笔收入和支出都一清二楚，完全没有我私下牟利的现象。而我与合作方的交流记录可以证明，我一直在为工程的进展而努力。此前传闻是因沟通不畅而产生误会，望知悉真实状况。"这样，扭曲了的事实就会得到纠正，群组成员也就知道了实情，进而解除了对自己的错误认识，也就建立了信任修复的基础。再如，朋友圈里，有人转发朋友虚假情感传闻，有损朋友形象。朋友知道了之后，可以选择发一篇文章，详细描述事情的真实情况，其中包括他的感情经历、事实真相等，并附上几张能够证明他陈述的截图或者证人证言，给朋友圈里的朋友澄清事实、还原真相，从而修复受损的信任感。个人层面信息澄清在信任修复中具有显著效果，可以直接排除误解并使别人重新认识自己。当受曲解的成员通过出示证据、解释情况等方式让群组成员知道真实情况并不像传闻中所描述的那样时，成员对他的负面认知也会发生改变，从而重建对自己的信任感。而信息澄清则反映出被误解者率真而有责任感。主动出面澄清事实说明他并不害怕正视问题，愿意在保持真实形象与信任关系上下功夫，这样的态度更容易获得他人认同并进一步推动信任修复工作。从平台层面上看，平台因为负面事件而导致用户产生信任危机后，信息澄清、真相还原也是重中之重。例如，某社交媒体平台遭到了泄露用户信息的质疑，网友们表示出了担心与不满。平台方迅速采取行动澄清信息。先发表官方声明对事件的调查过程进行详细描述。"当发现问题时，我们随即组成专门调查小组对该平台数据安全系统做了一次彻底调查。经深入调研后发现，这是因为外部黑客恶意攻击所致，而不是因为平台内部存在管理问题造成信息泄露。"同时，公布平台为保障用户信息安全所采取的措施，如"我们已经强化服务器防护措施、更新加密算法、配合专业网络安全机构不断监测、预防同类攻击"。这样，为用户还原了事件的真相，说明了问题的起因和平台采取的对策，减轻了用户的顾虑，恢复了用户对于平台的信任感。又比如在平台中传播了大量虚假内容而影响了平台声誉的情况下，平台应该调查虚假内容产生的根源，传播途径，将结果发布给用户。"经我公司技术团队跟踪发现，这些虚假内容被一些恶意用户蓄意杜撰并散布，以博眼球，获得流量。我们已经封禁涉事账号，同时强化内容审核机制以保证同类虚假内容不在本平台发生。"通过信息澄清使用户了解平台对于虚假内容所采取的态度及应对措施，重塑用户对于平台内容真实性的信任感。平台层面上的信息澄清对于信任修复具有重要意义，其能够稳定用户情绪并提升用户对于平台的信任度。用户得知平台信息泄露是因为受到外界黑客攻击以及平台已经采取了有效防护措施后，感觉平台正在主动解决这一问题，进而重新树立起了对于平台安全的信心。同时信息澄清也有利于维护平台品牌形象。一个能及时透明地把事实向用户澄清的平台更易在用户心目中塑造良好形象并和用户之间建立起长久而又稳定的信任关系。为切实开展信息澄清工作，应注意以下几点：首先，要保证信息真实，准确。不管是个人或平台，澄清时给出的证据与解释都要真实可信，否则就有可能造成更为严重的信任危机。其次，要选择适合自己的渠道与途径。个人可以依据误解传播范围及传播对象选择到对应群组、朋友圈等予以澄清。为了确保信息能有效地传达给广泛的用户群体，平台需要通过各种官方途径，包括但不限于官方网站和社交媒体账户来发布声明。表达应清晰易懂。避免用太过专业或者含糊的文字，使观众容易了解事件的真相及有关解释。但在澄清信息时可能遇到障碍。一方面，有些人对于澄清信息可能会产生疑虑，特别是当先前的信任被破坏得比较严重时。例如，尽管平台已经表明信息泄露是因为外部攻击，但是仍然有一部分用户对平台推卸责任表示质疑。有鉴于此，该平台还可进一步提供黑客攻击技术报告和与网络安全机构协作证明等额外证据以提高资料可信度。另一方面，信息传播迅速且分散，会使澄清信息不能得到有效传递。比如个人发朋友圈澄清长文都会因为好友信息太多被忽视。针对这种情况，个人可采取私信重点好友和在群内强调的方式来保证关键信息能够被接收。

四、时间检验的信任重建

在社交媒体情境中，当信任遇到危机时，通过时间检验来重构信任是至关重要和必需的程序。这不是一朝一夕的事情，是随着时间推移，经过不断的检验，被破坏了的信任关系逐渐得到修复。从个体层面上看，时间检验信任重建表现为日常生活与社交互动。当个体由于其行为而损害了他人信任时，比如在社交媒体交流中向好友许诺的事情没有履行，事后就需要用行动证明自己的改变。例如，承诺要帮助好友搜集一些信息，就应主动去寻找、整理并按时交付。每一次小小的承诺兑现就像给修复信任天平加上了一个砝码。时间一长，好友们看到了自己行为持续转变，就会渐渐放下内心的疑虑，信任得到重建。另外，当个体遇到误会的时候，还需要时间去厘清。如果被好友误会，除及时说明外，以后相处时需要时刻保持诚恳，不要涉及任何丑化好友的事情。通过长期的真诚行动，使朋友们体会到自己的正直、重视友情，以解除误会、重建信任。就个体而言，时间检验信任重建是关键。它给受伤害方以时间去观察，去感觉变化。信任被摧毁也许是一瞬间的事情，但是修复却需要对方真正看清自己行为上的变化。比如朋友们因承诺未兑现而失望，只有当他们看到承诺被多次认真履行时，才能确信许诺者已经真正意识到了自己的过错，并且做出了改变。而时间可以冲淡负面事件的影响。时光荏苒，由于信任危机而引发的负面情绪将逐步弱化，而新出现的积极互动与记忆将填补曾经的创伤，从而为信任重建营造良好的心理基础。从平台层面上看，时间检验也是信任重建必不可少的条件。当平台遭遇信任问题，例如在数据泄露导致用户感到不安的情况下，该平台有责任在接下来的一段时间内不断展示其改进方案的实际效果。一方面，不断加大数据安全防护技术投入与升级力度。定期发布安全检测报告使用户能够看到该平台为数据保护所做的不懈努力及取得的成绩。比如，定期公布数据安全防护升级信息，介绍新采用的新型加密技术和防火墙升级措施，以保证用户数据更加安全。另一方面，要积极回应用户反馈。对用户有关数据安全方面的问题及建议及时回答并处理。通过这些行为的长期坚持，用户们看到了平台对于数据安全的重视与担当，也渐渐恢复了对于平台的信任感。该平台经过时间的考验重构了信任并重塑了品牌形象。在激烈竞争的市场环境下，平台因为信任危机而被损害的品牌形象还需要时间与行动去修补。不断改进、积极应对，可以使用户对平台价值进行再认同，从而吸引到新用户并留住老用户。还可以提高用户的忠诚度。用户在危机之后看到了平台的积极变化，对其有了更加强烈的认同感与归属感，也更加倾向于长时间地使用这个平台。从社会层面看，社交媒体中发生了具有广泛影响力的信任危机事件后，信任重建的时间检验关涉到社会整体信任体系恢复。比如某个热点事件因社交媒体的不实报道导致大众对特定人群产生偏见与不信任感。随着时间的推移，媒体及有关机构持续深入地进行调查研究，并及时公布客观全面的消息，以还原事情的本来面目。大众在不断关注事态发展的过程中逐步得知真相并纠正了以往的错误认知。与此同时，社会各方面也通过各类活动增进了不同人群间的沟通和了解。例如，举办社区活动使受误解群体和其他公众获得更多的面对面交流的机会并加强相互理解。社会的信任氛围在这一进程中逐步好转，信任也得到了重构。在社会层面上经过时间的考验重构信任可以引导大众养成理性的思考方式。面对纷繁复杂的消息与事件，市民要学会等待全面信息公开，避免被片面信息误导。有利于提升全社会信息辨别能力和营造良性舆论环境。进而推动社会和谐稳定发展。不同团体间当信任度重新建立起来时，社会矛盾就会少一些，人与人之间就能更融洽相处，促进各项社会事业向前发展。但在时间检验下信任重建同样面临着一定的挑战。从个体层面上看，很难长期保持行为一致。例如，早期为了修复信任而主动履行自己的诺言，但是随着时间的推移出于种种原因而再次松懈。这要求个体必须时刻提醒自己要牢记修复信任的目标、构建自我监督机制以确保行为的持续性。

第七章
社交媒体对人际关系
社交资本的影响

第一节　社交资本的积累途径

一、人脉拓展的数量增长

在新媒体时代，社交媒体给社交资本积累提供了多种方式，人脉拓展是一个重要环节。在社交媒体特性的推动下，人们可以打破传统社交中的限制，获得人脉数量的迅速增长，继而为社交资本累积打下基础。社交媒体突破了时间和空间的限制，给人脉的扩张带来了广阔的天地，进而推动了人脉的增加。以微博为例，微博作为全球性社交平台，其用户遍布全球，覆盖了各个年龄段、各个专业、各种文化背景。某科技领域的博主在微博上分享前沿科技资讯、发表个人技术见解以及项目经验等信息，引起众多对技术有兴趣的爱好者关注。这些粉丝来自世界各地，专业背景各异。有的是高校的科研人员，专注于博主获得最新科研动态的研究；有一些科技企业的从业者想通过博主的分享得到行业趋势与技术应用思路。博主在和粉丝们互动的过程中，比如回复评论、私信沟通等，结识了很多志趣相投的朋友，大大地扩充了自己的人脉资源。又比如抖音，它以短视频的传播形式使信息得以快速传播。某美食博主发布的制作特色美食的视频不仅吸引了国内众多美食爱好者的关注，还引起海外华人和有志于中国美食的外国朋友的兴趣。博主在和这些爱好者交流中，不仅对不同地域饮食文化有了一定的了解，还结识了许多食材供应商、美食旅游机构等潜在合作伙伴，人脉数量大幅提升。这种突破了时间和空间限制的社交方式使得本来就很难接触的人与人之间产生了联系，也给社交资本的积累创造了更大的可能。社交媒体的多样化功能助力人脉拓展获得了数量上的增长。例如，微信的"摇一摇"和"附近的人"功能，为用户提供了认识陌生人的机会。在某些大型活动场所，例如展览会或音乐会，参与者可以利用"摇一摇"这一功能，与场地内的其他参与者建立联系。这类人群可能来自不同的行业和区域，由于一起参与活动中，所以他们便有沟通的机会。比如在一次科技展上，一个创业者通过"摇一摇"结识了一位人工智能领域的学者。两人经过沟通，发现双方在技术应用、商业推广等领域都存在合作潜力，由此建立联系、拓展了人脉。另外，微信群聊功能还可以迅速扩展人脉。用户可加入多个兴趣群和行业群，比如摄影爱好者群和互联网行业交流群。群里的会员互相交流经验、分享看法，增进彼此了解。一位互联网从业者在进入行业交流群之后，通过与群里成员交流，既可以了解行业的最新动向和趋势，又可以认识其他同行，以及上下游企业的从业者等，极大地增加人脉资源。社交媒体中丰富的主题与群组吸引着拥有相同兴趣或者目标的群体，推动着人脉数量的增加。就拿豆瓣团队来说，这个团队涉及多种题材，比如电影、图书、音乐和手工制作。某影迷加入了一个与电影有关的豆瓣小组，并在群里参加了电影讨论和影评分享。团队中的成员们来自不同的区域和专业，但都对电影有极大的兴趣。爱好者们在交流中结识了许多有着共同爱好的人。部分成员还会组织线上线下观影活动以进一步加深成员间的联系。爱好者们通过参加豆瓣小组活动，在丰富电影知识的同时也扩大人脉数量。类似地，QQ兴趣部落的用户也是围绕着一个具体的兴趣主题形成社群。例如在游戏兴趣部落中，玩家分享游戏攻略、交流心得、举办比赛等。一位游戏玩家积极参加部落里的各项活动，结识了国内的游戏高手及爱好者。在与他们沟通和合作的过程中，玩家不仅提升了游戏水平，还扩大了人脉圈，在社交资本的累积上又增加了全新的人脉资源。社交媒体平台推荐和匹配功能也助力人脉拓展获得数量增长。以领英为例，领英作为一个职场社交平台通过对用户职业信息、技能标签和工作经历进行数据分析，向用户推荐其可能结识的同龄人、潜在伙伴等信息。一位市场营销经理完善个人资料之后，该平台就会根据他的资料信息，向同行业中不同企业的市场人员、广告公司从业人员和相关行业专家进行推荐等。经理通过这些推荐人脉来建立和他人的联系，并围绕行业经验、市场趋势以及其他主题进行沟通。这一推荐功能有助于这位经理迅速结识很多职场人士并扩大人脉的数量。

二、资源整合的质量提升

在新媒体时代，社交媒体既对社交资本累积中人脉拓展起到了积极作用，又对资源整合质量提升起到了关键作用。借助社交媒体平台人们可以更加有效地对各种资源进行整合，以提高其利用价值并进一步增强其社交资本品质。社交媒体为信息资源整合提供了便捷渠道，极大地促进了信息资源质量的提高。以知乎为例，其是知识分享的平台，网友们在平台上提问和分享自己的观点。各领域专业人士、爱好者就各种议题进行了探讨。比如在讨论人工智能发展趋势这一主题时，计算机科学家们分享了专业技术成果，而行业分析师则给出了市场动态与商业应用前景分析，创业者从实际操作和商业宣传的视角分享了他们的观点。普通用户在浏览这类信息时，可以获得多维度、全方位地认知，从而有效地整合信息资源。与传统信息获取途径相比较，社交媒体中信息来源更广、视角更多元，信息资源质量得到很大改善。这一优质的信息整合为个人的学习、工作、生活等方面提供了更为丰富的知识储备并帮助其制定更为明智的决策，从而促进社交资本品质的提高。对于人脉资源的整合，社交媒体同样具有得天独厚的优势。以微信为例，通过添加不同群聊的方式，用户可以聚合不同职业和背景的人脉资源。例如，创业交流群内有技术专长工程师、善于市场营销专业人士、对金融投资了如指掌的投资人。通过交流与合作，群内成员可以深度融合人脉资源。例如，某创业者将其创业项目分享到群中，工程师给出技术支持建议、市场营销人员协助规划推广方案、投资人对项目投资价值进行评估。通过这种合作模式，各种类型的人际关系资源能够相互配合，充分发挥各自的优势，为项目的顺利进行提供了有力支持。这种人脉资源整合已经不局限在一个社交圈子内，它横跨各个领域，提高人脉资源使用效率与品质，给个人与项目带来更多的成长机遇，增强社交资本价值。社交媒体也促进了物质资源整合和分享，提高了物质资源使用质量。以闲鱼为例，作为二手交易平台，用户可以在上面销售闲置物品或购买别人闲置而自己所需的东西。该方法使物质资源得到重新配置与有效利用。比如，一位摄影爱好者想对摄影设备进行更新，把闲置的旧镜头挂到闲鱼上去卖，而到平台上去选购新镜头。而另外一个摄影初学者正需要一款入门级的镜头，就可以在闲鱼上购买摄影爱好者出售的旧镜头。这样，旧镜头又被重新使用，既符合初学者的要求，又能使爱好者有资金购置新装。这种以社交媒体平台为载体的物质资源整合在避免资源浪费的同时也提高了其使用价值并促进其合理流动。在这一过程中用户通过交易建立联系，扩大了社交圈子，实现了社交资本和物质资源整合的积极互动，提高了社交资本品质。但在社交媒体整合资源质量的提升方面也遇到了挑战。信息过载问题普遍存在，社交媒体中存在着海量信息，甄别有价值的信息要花很多时间与精力。比如微博中每天有海量新闻资讯和观点评论，用户很有可能被不相关的资讯所淹没，很难迅速发现对他们有用的资讯。用户可通过社交媒体平台搜索功能和关注某一领域优质账号来解决这一难题。同时，平台还对算法进行了持续优化，基于用户兴趣与行为习惯向其推送更具针对性的内容。此外，信任问题还是资源整合过程中面临的重大难题。社交媒体中的资源交易或者协作过程中，用户有可能对彼此的声誉与可靠性产生顾虑。例如，闲鱼交易过程中买卖双方都可能为商品的质量或者资金的安全而担心。针对这一问题，平台可构建一套完整的信用评价体系来记录并评估用户交易行为，使交易双方都能了解彼此信誉情况。同时，引入第三方担保交易机制以确保交易安全、提高用户间信任度、推动资源整合顺利进行。

三、声誉塑造的品牌价值

新媒体时代下，社交媒体对于社交资本的累积产生了深远影响，而声誉塑造产生的品牌价值更是不容忽视的一部分。借助社交媒体平台，个体和组织有能力以其独特的方式来塑造和提升自己的声誉，从而进一步提升品牌的价值，并为社交资本的累积提供强有力的支持。社交媒体给个体与组织塑造声誉提供多样化渠道，以微博为例，个体能够通过不断分享专业知识、行业见解及个人成长经历来彰显其专业素养与独特人格魅力。例如，某金融分析师每天都会在微博上发表宏观经济形势分析、热门金融产品解读和自己的投资策略。时光荏苒，在金融领域吸引了众多关观者。这些爱好者通过对该分析师微博内容的长期研读，对他专业能力与见解逐步认同，使其在业界树立了良好口碑。对一个组织来说，社交媒体还是一个展现企业形象与文化的重要窗口。以小米公司官方微博为例，其不仅会发布新品信息和技术亮点，也会分享企业研发故事和企业文化活动。这让消费者对小米有了一个更加全面的认识，也看到了小米在技术创新和用户关怀上所做的努力，进而在消费者心目中塑造了积极向上、勇于创新和亲民的企业声誉。社交媒体中的成功声誉塑造可以显著提高品牌价值，而对个人品牌而言，良好声誉则意味着更多的机遇与资源。就拿某美食博主来说吧，其通过抖音上高质量美食拍摄视频，采用趣味解说风格和主动并积极与粉丝互动，累积了众多粉丝并树立起个人良好信誉。这使其个人品牌价值越来越高，不但可以得到更多与厨具品牌和食品厂商广告合作机会，而且被邀请出席各种美食活动，进一步扩大了人脉资源、增强了自身在美食领域的影响力。对企业品牌来说，良好的口碑可以直接影响消费者购买决策及忠诚度。苹果公司通过社交媒体发布新品发布会预告、产品使用教程和用户故事来提升自己在消费者心目中高端、创新和高品质的品牌形象。这一良好声誉让消费者对于苹果产品有了极高的认同度，愿意为其支付高昂的价格，并成为苹果品牌忠实拥趸，甚至主动将苹果产品推荐给他人。这既提高了苹果市场份额与销售额，也增强了苹果品牌的全球影响力与竞争力。但是，在利用社交媒体塑造声誉和提升品牌价值的同时也遇到了许多挑战。信息传播速度快、不可控性强，是当前面临的重大问题。一则负面信息会在短期内快速传播，给个人或者机构的名誉带来严重伤害。比如，某位明星的负面新闻一经披露，很快就引发微博等社交媒体平台的热议，海量的负面评论与转发使其形象直线下降，品牌价值受到极大损害。为了解决这一难题，无论是个人还是组织都有必要建立一套完整的舆情监测机制并在社交媒体中及时关注与自身相关的资讯动态。当发现负面信息时，应快速采取应对措施并加以处理，公布真实准确的信息来澄清事实以降低负面影响。还要重视日常声誉维护、不断产出正面内容、塑造良好品牌形象等。社交媒体中的激烈竞争也成为声誉塑造中的一个难题，许多个人与机构对用户注意力展开了角逐，要想在竞争中取胜并不容易。比如电商方面，很多品牌通过小红书这样的平台做产品推广、品牌宣传。品牌要想赢得竞争，就必须不断进行创新，并提供有特色的内容以及高质量的商品或者服务。以完美日记为例，在小红书上通过发布精美的产品试用笔记、化妆教程等内容，吸引了大量年轻消费者的关注。与此同时，完美日记以产品质量为核心，以用户体验为导向，持续推出满足消费者要求的新品，以期在竞争激烈的美妆市场上塑造独一无二的品牌声誉、提升品牌价值。

四、知识储备的智力资本

新媒体时代下，社交媒体开辟了社交资本累积的新途径，而知识储备这一智力资本具有不容忽视的作用。借助社交媒体平台人们可以更加有效地获取和共享知识，充实自己的知识储备，增强社交互动的价值和影响力，筑牢社交资本积累的基础。社交媒体成了获取知识的重要来源，帮助人们丰富了知识储备和智力资本积累。以在线学习平台 Coursera 为例，该平台集合世界顶级大学课程资源，覆盖计算机科学、人文社科和艺术设计等诸多领域。学习者可以根据自己的兴趣和需要，在任何时间和地点选择合适的课程进行学习。比如某职场人士有志于人工智能领域的研究，在 Coursera 上选修过几门与人工智能有关的课，系统地研究过机器学习和深度学习算法。这既开阔了他知识视野，又给他工作与交往带来新话题与新感悟。在企业内部交流时，他能够借助所学，就人工智能在业界的应用发展趋势发表独到见解，获得同事、领导的认可，并提升自己在工作社交圈的位置。无独有偶，在知乎等知识问答平台上，用户也能对各类问题得到不同视角的专业解答。比如在对历史事件的讨论中，历史学者和爱好者们从不同的研究视角进行共享解读，使提问者能够对事件的来龙去脉、发展进程及影响有一个全面了解。这样用户就会不断充实历史知识并在和其他人进行历史话题交流时能进行更深一步的探讨，展现出丰富的学识，从而增加社交互动的价值。社交媒体中知识储备的共享和沟通进一步彰显其智力资本价值。在技术论坛 Stack Overflow 上，程序员会交流代码编写技巧和解决技术难题。一名经验丰富的程序员详细地记录了他在项目开发过程中遇到的各种复杂技术难题以及相应的解决策略，并在论坛上分享。这种做法不仅为其他编程人员解决了类似的难题，还让大家对这位经验丰富的程序员的专业技能和深厚的知识储备深感敬佩。通过这样的知识分享让资深程序员在技术社群树立起很好的口碑，并吸引更多的同行来和他进行沟通和协作。在协作的过程中互相学习、进一步充实知识储备、促进智力资本的发展。再比如在学术交流平台 ResearchGate，科研人员分享最新的研究成果，讨论学术前沿问题。某生物学研究者将其有关基因编辑技术研究的文章刊登于该平台，和其他同人深入探讨。通过这样的交流，研究者们不仅获得了全新的研究思路与建议，还结识到了来自海内外的优秀科研人才，扩大了学术人脉。这种建立在知识储备基础上的交流互动使知识持续升值，并为学术领域中个体社交资本的积累提供强大支撑。但是，社交媒体背景下知识储备向智力资本转换过程也遇到了一定挑战。首先是信息过载的问题，社交媒体中的知识繁杂，甄别有价值知识要花费很多时间与精力。以百度文库为例，某一专业领域内的文件数量庞大、质量良莠不齐。用户在查找有关知识的过程中可能受到大量低质量或者重复信息的干扰，很难迅速地发现真正有价值的东西。为了解决这一难题，使用者需掌握高效的信息筛选技巧，例如使用关键词进行精准搜索，查阅权威机构或者专家的推荐。同时平台还应该对搜索算法进行优化，以提高信息筛选精度与效率。知识更新速度快同样是个难题，从科技和金融的领域来看，知识的迭代速度非常快，刚刚获得的知识可能很快就过时了。以区块链技术为例，各种新型应用场景与技术标准层出不穷。个体要想与知识更新同步，就必须保持学习的状态。可通过关注业内权威专家社交媒体账号和订阅专业资讯平台了解最新知识动态。另外，积极参加线上和线下行业研讨会和培训课程都是知识储备迅速更新的有效方式。新媒体时代的社交媒体给知识储备向智力资本转换提供了广阔的天地。通过利用社交媒体进行知识获取与共享，人们可以不断地丰富知识储备并增强其社交互动价值与影响力，进而有效积累社交资本。尽管面临信息过载和知识更新快等挑战，但通过合理的应对策略，个人能够充分发挥知识储备作为智力资本的作用，以社交媒体为载体的社交网络实现了其自身的发展壮大，并建构了丰富而坚实的社交资本体系。

第二节　社交资本的运用策略

一、信息获取的资源利用

在社交媒体日益兴盛的今天，社交资本的利用对个人与组织发展都具有十分重要的意义。其中信息获取过程中的资源利用就是挖掘社交资本潜力最核心的一个环节。通过高效使用社交媒体来获得各种信息资源可以给个人以及组织带来很多实际价值。从专业知识层面来看，社交媒体为人们获取信息提供了渠道。以学术社交平台 ResearchGate 为例，科研人员在此可关注同行研究动态并获得最新学术论文与研究成果。一位生物医学研究专家通过聚焦该领域顶级科研团队账号，及时掌握了基因编辑技术的最新进展。这些资料不仅有助于学者们开阔研究视野，而且为他们的研究项目提供了新思路、新方法。学者们可从这些前沿成果中汲取营养并调整实验方案以提高研究效率。同时，学者们也可以通过平台参与学术讨论和同行们交流研究心得，进一步加深对于专业知识的理解。这种以社交媒体为载体获取信息的方式使科研人员可以充分利用全球学术资源，对其学术发展提供强有力的支撑。从行业动态的角度来看，社交媒体也扮演着举足轻重的角色。以商业资讯平台雪球为例，无论是投资者还是企业从业者都能从该平台上获得股票市场实时行情、行业政策变化及各个企业财务报告等信息。一位专注于新能源汽车行业发展的投资人在雪球平台上关注着众多新能源汽车企业官方账号以及行业分析师们的观点。当国家出台鼓励新能源汽车发展的政策时，投资者能第一时间从平台上获取到相关信息，并结合分析师对政策影响的解读，分析出哪些企业可能从中受益。根据这一消息对投资组合进行调整，购买有发展潜力的新能源汽车企业股票并取得可观回报。对企业从业者而言，行业动态信息有助于他们对市场趋势的认识和对企业战略的适时调整。比如某传统汽车制造企业管理者从社交媒体上了解到新能源汽车市场将迅速崛起，消费者对于智能化汽车的要求越来越高，只有增加对新能源汽车开发与生产的投资，并推出适应市场需求的新产品才能使其在激烈市场的竞争中占据有利地位。社交媒体还有助于获得人脉等资源信息，领英等职场社交平台用户可利用搜索功能发现与其具有相同职业兴趣或者背景的人群。一个市场营销人员想扩大海外市场，可以通过领英搜寻一些海外市场营销专业人士。通过查看对方的个人资料来了解其工作经历、专业技能和所在企业经营范围。从中筛选符合业务需求的人脉，并主动与其取得联系，介绍本企业产品及经营情况，寻找合作契机。营销人员在沟通中不但得到海外市场方面的宝贵建议，还能与对方建立良好关系。这种人脉资源信息获取方式给个人与企业业务拓展带来新渠道与机遇。但是，社交媒体中信息资源的获取和使用并非一帆风顺。信息过载是个常见问题。社交媒体中的信息繁杂，因此如何甄别有价值的信息就成了关键。以微博为例，每天有海量与各类主题相关的资讯出现，而用户很有可能被不相关的资讯所淹没，很难迅速发现对自己有帮助的东西。针对这一问题用户可通过社交媒体平台搜索功能与关键词相结合实现精准搜索。同时关注部分权威机构、专家学者、行业领袖的账号，以获得他们发布的优质资讯。此外，利用社交媒体的信息推荐算法，根据自己的兴趣偏好设置个性化推荐，提高信息获取的准确性和效率。信息的真实性与可靠性同样值得重视，社交媒体中虚假信息一旦扩散出去就有可能误导用户作出错误的决定。比如某些财经类社交媒体平台，就可能出现关于某只股票的虚假利好消息，引诱用户买入。用户若要保证信息真实，就必须通过各种渠道对信息来源进行核实。对于重要资料，可查阅官方网站、权威媒体报道和专业机构研究报告。在增强自己的信息辨别能力的同时，要学会对信息进行合理性、逻辑性分析，以免受到虚假信息的误导。

二、机会创造的关系调动

在社交媒体所建构的复杂社交网络下，有效利用社交资本成为个体和组织成长的关键动力。在这一过程中，以机会创造中的关系调动为核心战略，巧妙地借助人际关系网络来发掘和创造各种发展机会，从而给个体与组织带来了巨大的发展动力。就职业发展而言，关系调动可以产生晋升和合作的机会。就拿领英来说吧，这个职场社交平台聚集了各行业各岗位专业人士。一名在互联网公司做产品运营的员工渴望得到晋升机会或者参与更有挑战性的项目。他通过积极拓展在领英上的人脉，建立起了与企业内部高层领导、其他部门领导和业内资深专家之间的联系。日常沟通时，他都会分享工作上的收获和感悟，同时也会主动征求对方的意见并借鉴经验。当公司启动一个关键的新产品项目时，这名员工通过与负责该项目的领导在领英上进行良好的沟通，展示了他对项目的深入理解和相关经验，成功地获得了参与项目的机会。项目实施期间，他还借助与行业专家的联系获得了有价值的行业建议、前沿技术信息等，对该项目的顺利实施起到了重要的推动作用，从而得到公司内部的肯定，并为之后的晋升打下基础。类似地，社交媒体在公司之间的合作中扮演了一个重要的角色。举例来说，一家规模较小的软件公司的主管，在社交媒体平台上与大型企业的技术部门负责人建立了联系，得知对方企业正在寻求一种具有特定功能的软件解决方案。小型软件公司凭借以前所建立起来的良好关系成功地得到了与大型企业共同开发软件的机会，既达到了业务拓展的目的，又提高了其在业界的知名度。在创业领域中，关系调动给创业者带来资金筹集、合作和市场拓展等方面的机遇。就拿创业交流社群来说吧，很多创业者在其中交流心得和思想。一位从事创新电商项目创业的人，通过社群结识了几位天使投资人和相关产业合作伙伴。创业者与天使投资人进行深度交流，详细介绍其项目优势，市场前景和商业模式等，成功引起投资人的关注，获得天使轮投资机会。同时创业者与业内供应商和物流企业也展开合作。与供应商合作时，凭借前期建立的良好关系力争采购价格更加优惠、付款方式更加灵活，并降低了运营成本。在市场拓展方面，创业者通过和电商平台运营人员建立联系，得到平台推广资源的扶持，使项目能迅速入市并得到用户的认可。就个人技能的提高和兴趣的培养而言，关系调动也可以带来学习和展示的机会。在抖音、B站等社交媒体平台上，各种兴趣小组和学习社群迅速发展。比如某摄影爱好者参加抖音摄影交流群学习，在群里结识了很多摄影高手、专业摄影师。在与他们的沟通互动中，这位爱好者不仅学到了全新的摄影技巧、后期处理方法等，更有机会参与线下摄影比赛。大赛期间，爱好者们依靠自身的努力以及以前所学到的技术，取得了优异的成绩，进一步提高了他们在摄影领域里的知名度。与此同时，爱好者们也通过和群内其他成员一起组织线上摄影展览来展示作品，争取更多的曝光机会，吸引更多有共同爱好的好友，进一步扩大社交圈子等。但社交媒体情境中机会创造的关系调动同样面临着若干挑战。一是维持人际关系要花很多时间与精力。社交媒体中，要和众多联系人进行优质交流并不是一件容易的事情。比如微信里加了很多朋友之后，要经常了解其动态，并进行有意义的沟通，这就要求合理地安排时间，不然就会让感情渐行渐远。针对这一问题，用户可通过建立合理社交计划、定期甄别重点联系人等方式实现深度交流，并在此基础上借助社交媒体平台分组功能对联系人分类管理以提升交流效率。二是对机遇的鉴别和把握要敏锐。社交媒体信息纷繁复杂，如何在海量信息中挖掘潜在机遇并及时抓住才是重点。比如在一个行业交流群里，每天要发布很多信息，其中一些信息可能暗藏合作机会或者业务拓展线索。用户要想增强机会识别能力就必须关注行业动态、了解市场趋势、在发展信息敏感度的同时学会从中挖掘有价值的东西。

三、影响力扩大的资本增值

在社交媒体高度发达的今天，利用社交资本对个人与组织发展都具有十分重要的意义。影响力不断扩大的资本增值策略通过增强社交媒体中的影响力来吸引更多的观注和资源，使社交资本显著升值。从个体层面上看，社交媒体为个体拓展影响力、实现资本增值提供了广阔空间。以微博为例，很多领域意见领袖都会通过不断输出优质的内容来吸引众多粉丝关注。一个美食博主以其独到的美食制作教程，鲜活的视频讲解和深刻的美食文化解读，在微博中累积了大量粉丝。粉丝越来越多，博主影响力也越来越大。品牌方看到后，寻求合作给予其赞助推广机会。博主在获取经济收益的同时，还和更多的行业内人士建立起联系，扩大了人脉资源。这种影响力扩张所带来的经济收益提升和人脉资源拓展是社交资本不断升值的一种表现。无独有偶，知乎平台上专业人士也会通过回答问题来展现专业知识与见解，从而引起别人的关注。某法律专家通过知乎对各种法律问题进行了专业、细致而又切合实际的解答，渐渐成为这一领域著名的回答者。它的影响不仅表现为粉丝数量增加，更表现为专业声誉提高。一些公司、机构遇有法律问题就主动请该专家进行咨询服务，为专家带来新业务机会、新收入来源、实现社交资本升值。在商业领域中，公司借助社交媒体拓展影响力可以实现品牌价值的提升和市场的扩张，推动资本的增值。比如小米公司就在微博、抖音等社交媒体平台积极开展营销活动。通过新产品信息的发布，线上发布会的召开以及和用户的互动，引起了众多用户的关注。小米品牌影响力持续扩大，在提高品牌知名度的同时，也强化了用户的品牌忠诚。在品牌影响力不断增强的情况下，小米产品销量持续增长，市场份额也越来越大。与此同时，小米与多家供应商和合作伙伴的合作关系也更加密切，业务范围进一步扩大。这一由于品牌影响力不断扩大所导致的市场拓展与合作机会增多，使小米商业价值日益提升，社交资本也随之升值。又比如某新兴美妆品牌借助小红书推广。品牌于小红书中发布精美产品图片，分享用户使用心得和专业美妆教程，引起众多年轻消费者追捧。随着该品牌在小红书上的影响力不断扩大，其声誉也逐渐提升，并吸引着越来越多的潜在用户。与此同时，该品牌在小红书平台上获得更多推荐资源以进一步提高曝光度。在品牌影响力日益扩大的同时，品牌价值也随之提升，并吸引更多的投资来助力企业成长实现社交资本增值。在公益领域，社交媒体也是帮助公益组织不断扩大影响力、聚合公益资源、增加价值的工具。就拿中国扶贫基金会来说，它通过微博推出了"爱心包裹"

等多个公益项目。发布项目进展情况、受益人事迹及动人的照片与视频，引起众多网民的关注与参与。随着该项目的影响力不断扩大，越来越多的爱心人士踊跃捐款，商家也纷纷提供赞助。公益组织在获取更多物质资源的同时，也同更多志愿者、企业等公益机构达成合作。这类资源的聚合与合作关系使公益组织可以更好地开展公益活动、救助更多有困难的人群，进一步提高公益组织在社会上的影响力。这一影响力扩大带来的公益资源汇聚和合作关系拓展使公益组织的社交资本不断升值。但是，社交媒体中影响力不断扩大的资本增值同样面临着一定的挑战。一是内容竞争十分激烈，想从海量的资讯中脱颖而出并不容易。在社交媒体中，每天都会有大量内容发布，而如何创作出具有有独特性、吸引力以及价值高的内容是增强其影响力的重点。以抖音为例，其每天会发布海量作品，要想抓住用户的眼球，创作者就必须不断地进行创新以提高视频质量与内容价值。为了解决这一难题，个体与组织首先需要深入了解目标受众的需求，并结合自身优势创建差异化内容。同时关注行业动态与热点话题并及时调整内容策略以增强其时效性与吸引力。二是社交媒体平台上算法在不断变化，从而影响了影响力的提升。平台算法决定了内容的曝光度与传播范围，对算法进行调整会使以往行之有效的内容推广策略失效。比如在微信公众号推送算法进行调整之后，部分公众号文章阅读量就会出现波动。为适应平台算法的改变，个体与组织需时刻关注平台规则与算法的更新情况，并对运营策略进行及时调整。可通过参与平台组织的培训课程，与平台运营人员进行交流等途径了解算法调整方向及要点，并对内容创作及推广方式进行优化，以保证其平台影响力不断增强。

四、合作共赢的资本融合

当今社会，社交媒体日益兴盛，社交资本已经成为促进个体和组织成长的一个关键因素。其中，合作共赢资本融合策略通过整合各方面资源和发挥协同效应为共同目标的达成创造了良好的条件，大大丰富了社交资本内涵和价值。商业领域中，公司之间利用社交媒体展开合作与双赢的资本融合事例并不少见。拿电商行业来说，淘宝已经和众多品牌商家进行了深入的合作。淘宝作为一个用户流量巨大的电商平台给品牌商家提供了广泛的销售渠道以及曝光机会。品牌商户凭借高品质的商品和强大的品牌影响力，为淘宝平台增添了更多的商品选择，从而增强了该平台的吸引力。双方在社交媒体上进行宣传推广并联合开展促销活动，如"双十一"购物狂欢节等。活动期间，淘宝通过社交媒体平台广告投放和直播带货的方式对品牌商家做了大规模宣传，吸引了众多消费者。品牌商家则配合淘宝活动安排，提供优惠折扣和赠品，以吸引顾客购买。这一合作不但使得淘宝平台销售额大增，还使品牌商家订单增多、盈利丰厚。与此同时，合作期间双方也对用户数据和市场信息进行了资源共享，并对其运营策略进行了优化。通过合作共赢的资本整合，淘宝和品牌商家社交资本共同升值，增强双方在电商市场的竞争力。文化创意产业中，社交媒体同样给不同创作者带来合作机会和资本融合的机会。以动漫为例，漫画家和动画制作公司之间通过社交媒体建立起了联系并开展了合作。漫画家创作的优秀漫画作品在社交媒体上引起了众多爱好者的关注。动画制作公司发现了这些漫画潜在的商业价值，和漫画家一起将其改编为动画。合作期间由漫画家为漫画提供版权并参与创作，动画制作公司投入经费、技术与人力制作动画。双方在社交媒体平台上宣传推广以吸引更多的受众。动画一经播出，在赢得受众欢迎的同时也拉动了周边产品的热销。漫画家和动画制作公司一方面共享利益，另一方面又凭借彼此的资源及影响力来提高其知名度及商业价值。这一合作共赢模式将创意资本和制作资本结合在一起，给双方带来更多的发展机会并充实彼此社交资本。科研领域中，科研团队间通过社交媒体进行协作以整合知识资本和技术资本。以国际科研合作项目为例，各国科研团队在科研社交平台上共享研究成果和交流研究思路。在一支国际癌症治疗研究队伍中，有些人拥有基因编辑技术优势，有些人拥有药物研发经验。通过在社交媒体平台上进行交流和合作，各团队进行资源整合开展联合研究。基于基因编辑技术，研究小组承担了改造癌细胞基因、寻找治疗新靶点等任务；基于基因编辑的研究成果，药物研发团队致力于开发具有针对性的药品。研究数据、实验方法和其他资源在协作中实现团队间的共享，加快了研究进度。研究成果一经公布，各团队凭借合作项目提升了其在科研领域中的影响力，并吸引了更多的科研资金与人才。这种合作共赢资本融合在促进科研事业发展的同时，还能给科研团队带来社交资本，让他们在国际科研舞台有更多合作机会。但在以合作共赢的方式进行资本融合时也遇到了一定的挑战。首先，是合作双方目标与利益的协调问题。就商业合作而言，不同的公司可能有不同的发展目标与利益诉求。比如在品牌跟电商平台合作时，品牌商家或许会更加注重品牌形象塑造、产品高端定位等，而电商平台更关注销售额提升、用户流量获得等。要解决这一难题，合作双方在开展合作之前需充分沟通与磋商，明确双方的目的与利益并制订合理的合作计划。同时建立高效的沟通机制与利益分配机制以保证双方在合作中的利益均衡。其次，合作中存在着不可忽视的信任问题。跨领域，跨地区合作中因双方背景及文化差异可能产生信任障碍。以国际科技合作为例，各国科研团队对对方的研究能力与诚信度可能会产生怀疑。为建立信任感，双方从小范围合作项目入手，在合作过程中逐渐了解彼此的力量与声誉。同时在社交媒体平台帮助下进行互动与沟通，增进相互理解与情谊。最后，签订有法律效力的合作协议以明确双方的权利和义务是确保合作顺利进行的一个重要途径。

第三节　社交资本的竞争态势

一、个体竞争的优势争夺

在社交媒体所构建的错综复杂的社交生态下，社交资本竞争呈白热化趋势。对个人来说，怎样在这一角逐中赢得先机，关系到他们在交往、事业和个人发展诸多方面所取得的成绩。个体需要在竞争中多维度发力才能获得和巩固优势。在社交媒体中，向他人提供独特价值构成了个体竞争优势的关键因素。以抖音平台为例，很多创作者都力图从海量内容里脱颖而出。一位专注于手工皮具制作的创作者，凭借高超的技艺、独到的设计理念在抖音分享皮具生产过程视频。区别于其他手工类创作者，他不只是展示了制作步骤，还深入浅出地讲解各种材质的特点，不同技法的利弊，并介绍了如何根据个人需要来量身打造皮具。这一独特内容给对手工艺感兴趣的受众带来了深刻而又切实的体验，并引起了众多爱好者的关注。粉丝不仅从中得到了启发，更因为创作者独特的价值而乐于点赞、评论与转发，从而有助于扩大创作者的影响力。在专业社交平台领域中，个人也同样能够通过共享专业领域中的独特见解而彰显其独特价值。如某高级人力资源专家就目前流行的远程办公模式人才管理，发表了一系列具有前瞻性的论文，并提出了创新管理策略与办法。这些内容给企业管理者及人力资源从业者带来全新的理念与解决方案，也让该专家在业界树立起独特的职业形象，引起更多同行关注，赢得更多的合作机会，在事业发展上更具优势。有效的自我展示能力对个体参与社交资本竞争并取得优势至关重要，在微博等综合社交媒体平台中，个体需通过精心准备个人资料和发布优质内容引起他人关注。例如，某摄影师通过微博展示作品，他不但挑选了具有代表性的摄影作品进行发布，而且配发了详尽的拍摄背景简介、创作思路和拍摄技巧共享等内容，使受众更深入地了解作品背后所蕴含的故事与价值，增进他们对于自己摄影的认同。与此同时，摄影师们在微博日常交流中积极参加与摄影有关的话题探讨，发表了独到见解，并进一步表现出了专业素养与热情。在微信朋友圈里，个人还能通过分享人生精彩时刻、个人成长经历等，来塑造积极、丰富、有意义的个人形象。比如一个职场新人，在朋友分享自己在职场中的学习心得、参与项目所取得的收获、战胜困难的过程等，使他的朋友、同事们看到了他的付出与潜能，给他自己赢得良好的职场社交印象并为今后事业发展累积社交资本优势。在社交媒体中，保持良好的关系维护能力将帮助个体巩固竞争优势。在众多的社交群体中，不论是兴趣小组还是行业交流群，个体的积极参与和互动都是维系关系的基本要素。比如在摄影爱好者群中，成员之间常常会分享新作并相互点评。积极的成员不但会认真地欣赏他人的作品，给出诚恳的表扬与建设性意见，还会积极地分享拍摄经验与心得，帮助其他成员提高摄影水平。通过这种积极互动，同群内成员结下了深厚情谊，建立起良好关系。当有线下摄影活动或者合作项目的时候，他通常是重点邀约的对象。关系维护也是职业社交的一个重要方面。比如一个销售人员与顾客建立了联系之后，就会通过微信经常给顾客发一些与商品有关的资讯，比如行业动态、商品使用提示等，与顾客之间保持交流互动。在顾客过生日或者重大节日送上贴心祝福。这种良好的关系维护能赢得顾客的信任和好感，不但自己成了这位销售人员忠诚的顾客，而且会把他推荐给周围的好友、同事，给销售人员提供更多的业务机会和巩固销售方面社交资本优势。不断地提高自己的知识和技能是个人在社交资本竞争过程中维持优势的长久动力。在得到、喜马拉雅这样的知识付费平台上，个人有机会通过参与各类课程来拓展知识视角并提升专业技巧。比如一个做市场营销的人，他通过这些平台了解最新营销理论、案例分析和数字化营销技巧来更新知识体系。并将所学应用于项目当中，绩效提升明显。将这些成功经验通过社交媒体进行分享，更具有说服力与专业性，也引起了更多同人的重视与借鉴。与此同时，参与线上和线下培训课程和研讨会也成为个人提高知识和技能的一种有效方式。

二、群体竞争的资源博弈

在社交媒体所建构的社交生态下，社交资本争夺不仅仅表现为个人层面上的争夺，团体间也会围绕着资源展开博弈。不同人群根据各自的目标与特点对社交媒体展开全方位争夺，从而获得有限发展资源并实现壮大。在社交媒体平台上，商业企业群体为了争夺更多的市场资源、客户资源和品牌影响力展开了激烈的竞争。以电商行业为例，各大电商平台，如淘宝、京东、拼多多等，都通过社交媒体进行了大规模的营销推广。淘宝利用微博和抖音来发布各类促销活动信息和推荐热门商品，以吸引用户的流量。与此同时，淘宝还通过联合多家知名品牌，建立品牌专属活动利用品牌影响力来吸引顾客。京东在其社交媒体平台上，特别强调了其高效的物流服务和卓越的售后服务。他们通过公布物流配送的数据和用户的好评截图等信息，来确立自己在物流服务领域的领先地位，并努力吸引更多的客户。拼多多主要采用低价策略，并在各大社交媒体平台上宣传团购信息和拼单优惠等信息，以吸引那些对价格高度敏感的消费者。这些电商平台也借助社交媒体采集用户数据并加以分析，洞察用户需求与行为习惯，从而实现对商品与服务的准确推送，并进一步争夺市场资源。从品牌影响力来看，电商平台纷纷组织各种线上和线下活动，比如淘宝"双十一"购物狂欢节和京东"6·18"购物节，通过社交媒体的全方位宣传来提高品牌的知名度与美誉度，抢占竞争先机。行业协会及专业组织群体通过社交媒体争夺行业话语权、人才资源及合作机会等资源。博弈的案例主要有软件行业协会，协会以社交媒体平台为依托，发布行业研究报告和技术趋势分析，彰显自身在业界的专业权威性，争夺行业话语权。与此同时，社团通过社交媒体开展线上和线下技术交流活动，开设培训课程，以吸引软件行业专业人才加入，累积人才资源。比如协会将活动信息发布到领英这一职业社交平台，并邀请业内专家、从业者参与，以活动推动人才交流合作。就合作机会而言，协会通过社交媒体与其他行业协会、公司建立联系并争取合作项目。如软件行业协会和硬件制造行业协会就通过社交媒体进行交流，联合策划、组织跨行业技术研讨会等活动，给会员单位带来了合作契机，增强了其在本行业中的影响力、竞争力。兴趣社群群体围绕社交媒体中优质内容创作者、粉丝资源以及活动赞助进行了资源博弈，就摄影兴趣社群而言，不同摄影社群通过微博、抖音等平台吸引优质摄影创作者参与其中。社群为创作者提供展现作品的平台，组织摄影比赛并设置奖励来吸引创作者。比如某摄影社群发起抖音摄影大赛，丰厚的奖品吸引了大量摄影爱好者，赛后有部分优秀创作者选择加入这个社群。从粉丝资源来看，社群以发布优质摄影作品，组织线下摄影讲座及工作坊来吸引粉丝关注。比如社群通过微博定期刊登精选摄影作品、邀请摄影专家发表作品评论、分享摄影技巧等方式，吸引众多摄影爱好者成为粉丝。活动赞助中社群通过提升其社交媒体影响力来吸引品牌赞助商。比如某知名度很高的摄影社群就会和相机品牌进行合作，而相机品牌会对该社群所组织的线上线下摄影活动进行赞助，其中就包括相机设备的供应、经费扶持等方面，社群在活动中宣传推广品牌，实现双方互利双赢。但是，团体在社交媒体中的资源博弈同样面临着众多的挑战。一是社交媒体信息超载，群体所发信息易被淹没。比如微博上每天都会发布大量信息，商业企业营销推广信息和行业协会活动信息都可能难以引起目标受众关注。为了解决这一难题，团体有必要对信息发布策略进行优化，在社交媒体平台上运用算法规则选择恰当发布时间和采用热门话题标签来增加信息曝光度。二是群体间竞争会引发恶意竞争行为。比如在商业竞争当中，一些公司可能通过社交媒体发布虚假信息来诋毁对手。为了避免这一现象的发生，必须建立并完善社交媒体监管机制以强化群体行为规范与制约。与此同时，团体本身要强化自律、遵循道德与法律规范、以合法的方式开展资源博弈。

三、领域竞争的资本分化

在社交媒体繁荣发展的今天，社交资本竞争表现出复杂多变的态势，领域竞争导致资本分化尤为明显。基于其行业特点、发展需求以及市场环境等因素，不同领域对社交资本积累和使用表现出迥然不同的规律，这又造成了各个领域之间的资本流动和分化。科技领域社交资本竞争主要集中在技术创新、人才储备以及行业影响力等方面。以人工智能为例，企业及科研机构通过社交媒体主动展示研发成果、技术突破及创新应用。比如谷歌和百度这些科技巨头纷纷通过社交媒体平台发布人工智能算法优化和新应用场景开发的相关资讯，引起了全球顶尖人才的关注。这些公司通过社交媒体同高校和科研院所展开合作，共同开展前沿研究项目并聚集了各方面的技术、资金以及人才资源。正因为人工智能领域高速发展且潜力巨大，才吸引了众多风险投资与战略投资。大量资本流入促进了技术创新与人才培养，使社交资本在这一领域快速累积。相应地，传统电子制造行业等部分传统科技领域在社交资本竞争下也渐渐陷入劣势。这些公司在社交媒体中活跃度比较低，很难吸引顶尖人才也很难投入巨额资金，使资金逐步流出这些领域并向更有潜力的新兴科技领域转移，从而加剧科技领域内资金分化。就文化艺术而言，社交资本的争夺主要集中在作品影响力、艺术家知名度以及粉丝群体等方面。以影视行业为例，影视制作方、发行方和演员、导演都借助社交媒体进行宣传推广。影片上映前，制作方就会通过微博、抖音等平台放出预告片、幕后花絮以及主演访谈来引起受众的关注与期待。演员、导演还将借助社交媒体同粉丝们进行互动交流，交流拍摄时的趣事、感人故事，提升自身知名度、影响力。比如某国产大片在抖音首发预告片，播放量过亿，引起热议与关注，这也为该片的高票房奠定了基础。与此同时，部分知名艺术家在社交媒体平台上展出其艺术作品以吸引爱好者的关注并收藏，从而形成独具特色的粉丝经济现象。然而，一些较为小众的艺术形式，例如一些传统的手工艺和实验性艺术，由于在社交媒体上的传播难度较大，很难得到广泛的关注和支持，致使相关艺术家及从业者社交资本累积迟缓，资本投入相对不足，并与热门影视及流行音乐形成明显资本分化。金融领域社交资本竞争表现为品牌信誉、客户资源以及行业信息的获取。银行、证券和其他金融机构在社交媒体平台上发布金融产品信息和市场分析报告，塑造专业可靠的品牌形象以吸引客户资源。比如招商银行通过微博定期推出理财产品推荐和开展金融知识科普活动，与顾客互动交流，回答顾客提出的问题，增强顾客对于银行的信任和忠诚度。同时金融机构在社交媒体上与行业专家及分析师建立联系，了解市场最新动向及行业信息以供投资决策参考。从金融方面看，各大金融机构以强大的品牌影响力及资源优势主导着社交资本竞争，并吸引着众多客户资金及优质人才。而部分小型金融机构或者新兴金融平台则因社交媒体中品牌建设与客户拓展能力比较弱而面临客户流失、资金短缺等问题，资本逐步向大型金融机构聚集，导致金融领域资本分化增强。就教育领域而言，社交资本竞争表现为教育品牌知名度、师资力量以及学生资源等方面。知名高校及教育培训机构在社交媒体平台上传播本校办学理念、教学成果及师资队伍等信息，吸引学生申请及家长关注。比如清华大学通过社交媒体刊登优秀学生事迹、科研成果、校园文化活动，彰显学校综合实力与学术氛围，从而吸引大批优秀学生报考。与此同时，部分在线教育平台在社交媒体上开展了课程推广和名师直播，从而吸引了用户购买课程。而部分普通学校或者小型教育机构由于社交媒体宣传推广不够，很难吸引高质量的师资与学生，造成教育资源分配不均，资本向知名教育品牌与机构倾斜，进一步加剧了教育领域的资本分化。

四、竞争优势的保持策略

在社交媒体构建的社交资本激烈竞争的大环境下，要想维持竞争优势绝非易事，必须多维度地制定和执行行之有效的战略。持续创新是维持竞争优势的核心动力，而科技领域的创新速度则决定着公司或个人参与社交资本竞争的程度。就拿互联网科技企业来说，比如字节跳动旗下的抖音就通过对短视频的内容形式与功能不断地进行创新，由最开始单纯的视频分享到现在融合直播带货与知识付费以及互动游戏于一体，吸引着用户的关注。企业内部激励创新文化，在技术研发、产品迭代等方面投入了大量的资源。从个人角度来看，程序员们通过与 GitHub 等技术论坛共享研发的创新代码库以及参与开源项目等方式来展现自己的创新能力，从而获得业界的关注与合作机会。持续创新的产品与技术可以引起社交媒体的话题与热议，并吸引更多人脉资源与投入，进而巩固其社交资本竞争优势。精准定位对于竞争优势的维持非常重要，不管是个体还是机构都要清楚自己在市场或者社交网络的独特定位，这样才更能吸引到目标受众。就文化艺术而言，一个以古风绘画为主的艺术家通过社交媒体明确受众为对中国传统文化与古风艺术感兴趣的群体。他在微博和抖音平台发布优质古风绘画作品，并参与古风主题艺术展览及在线活动，与其他创作者及爱好者进行互动交流，从而形成独特艺术风格及爱好者群体。这样的精准定位策略让艺术家在众多的绘画创作者中脱颖而出，从而避免了与其他风格创作者的过度竞争。同样的道理，企业也需要精准定位。比如，某化妆品企业以环保理念为核心，针对关注环保、天然成分的消费者在社交媒体上进行推广，通过演示产品环保生产过程、天然原料来源及其他信息吸引目标客户，累积社交资本与商业资源以维持竞争优势。加强合作对保持竞争优势十分有效，商业领域中企业间战略合作借助社交媒体显得更为密切、更有效率。比如苹果公司和主要移动运营商通过社交媒体共同宣传 iPhone 的产品。苹果为用户提供高质量的商品，运营商为用户提供网络服务及营销渠道，双方在社交媒体上投放合作广告，共同开展促销活动，从而吸引用户购买。这一合作在扩大双方市场份额的同时，也提高了品牌的知名度与影响力。科研领域中不同科研团队的协作也越来越频繁。在科研社交平台上，各国各地区科研团队共享研究成果，联合开展实验项目。比如在克服癌症难题的研究中，医学、生物学、化学多领域科研团队通力协作，整合了各方面科研资源与技术力量，将研究进展与成果通过社交媒体进行传播，以吸引更多的科研资金与人才参与，增强整个团队的社交资本与科研竞争优势。社交媒体中树立良好品牌形象有利于维持竞争优势。对个人来说，塑造一个专业可靠的个人品牌形象非常关键。以职场人士为例，他们在领英平台完善个人资料，展现其工作经历、专业技能、所获奖项及成果等信息，积极参加行业话题探讨，发表见解，以此塑造职业职场形象。与人社交互动时，要保持诚实，有责任感，才能赢得他人的信赖和认可。对企业而言，品牌形象的好坏直接关系到企业的市场竞争力以及社交资本的积累。比如华为公司通过社交媒体主动展示自身在 5G 技术研发、产品创新和社会责任领域所取得的成就，塑造出科技领先、敢于创新和富有社会责任感的品牌形象。这一良好品牌形象，吸引了众多消费者、合作伙伴及投资者，也为华为赢得全球市场竞争优势奠定了基础。在以社交媒体为主体的社会资本竞争中，不断创新、精准定位、加强合作、打造品牌形象，是维持企业竞争优势的关键战略。无论是个人还是组织都需将这些战略结合起来，并不断地适应变化的竞争环境，才能在社交资本竞争中崭露头角并获得长久而稳健的发展。

第四节　社交资本的风险防范

一、关系断裂的资本流失

在社交媒体所建构的复杂社交网络上，稳定的社交关系对于社交资本的累积和保持具有重要意义。但关系断裂的情况经常发生，常常引发一系列资本流失的问题，对个人与组织都带来了许多不利的影响。从个体层面看，社交媒体上的言语冲突常常会导致关系断裂继和资本流失。微信朋友圈或者微博评论区中，由于对某个热点话题看法不同，朋友间可能发生激烈的争论。比如在讨论环保政策时，两个本来感情很好的朋友，一方主张采取激进的环保措施，而另一方却主张在经济发展和环境保护之间寻求平衡。双方在争论中言辞激烈，由理性的讨论发展到相互指责，终致感情决裂。这一关系断裂，使双方失去了相互交流生活、工作经验与资源的机会。本来职业发展中可能会相互给予帮助的两个人已经没有了配合和扶持的可能，比如一方正在求职，本来可以从另一方那里争取内推机会，但是由于关系破裂，这种潜在社交资本已无法再被利用，导致社交资本在职业发展中出现损失。利益的冲突也是造成个人社交关系破裂和资本流失的一个关键因素，在一些基于个人兴趣和爱好建立的社交媒体群体中，例如摄影爱好者群体，可能会涉及商业合作的机会。比如举办线下摄影比赛、与某个品牌建立合作关系、品牌提供奖品赞助、赛事作品使用权归品牌所有等。然而，在利益分配过程中，有些成员觉得组织者的分配并不公平，他们认为自己的创作为比赛吸引了大量的关注，但并没有获得应有的回馈。矛盾激化之后，这些成员和组织者以及一些支持组织者的成员之间的关系出现了裂痕并从群组中退出。这不仅破坏了原本融洽的社交氛围，也让群组中原可分享的摄影技巧、拍摄场地信息和其他资源不再畅通。对退出的会员而言，则会失去了群内累积的人脉资源和潜在的商业合作机会而使社交资本急剧萎缩。从商业层面上看，合作纠纷是造成社交关系破裂、资本流失等问题的关键因素，而商业合作方面，商业通过社交媒体实现与其合作伙伴的交流合作。比如某电商企业和某物流供应商合作为顾客提供配送服务。双方凭借社交媒体平台共享订单信息和物流进度。但随着业务量增长，由于物流供应商本身运力不足而不能准时完成配送，引发电商企业的顾客的大量投诉。电商企业和物流供应商在通过社交媒体交流解决方案的过程中，并没有达成共识，冲突不断升级并最终导致合作关系破裂。这种关系的破裂使电商企业失去了稳定的物流伙伴，要寻找新的物流供应商既费时又费钱。与此同时，社交媒体中这种合作纠纷也有可能扩散开来，从而影响电商企业的业内信誉，并引发其他潜在合作伙伴的担忧，减少未来合作机会并导致社交资本大量损失。另外，社交媒体平台规则的改变会间接造成社交关系断裂与资本流失。以抖音为例，平台算法调整有可能对商家或者个人账号曝光度造成影响。当一家公司旗下抖音账号本来是通过积极和粉丝互动来累积大量社交资本时，却由于平台算法的调整导致账号视频推荐量明显下降，粉丝增长停滞甚至流失。企业可能要转变运营策略以顺应平台规则，而在此过程中也可能和一些习惯于原有内容风格的爱好者产生冲突。比如商家为增加曝光度、加大广告投放比例、减少创意内容等，导致粉丝不满、取关账号等。这样不仅会让商家失去这部分粉丝支持，也会影响和其他潜在伙伴的合作，因为伙伴们会由于商家粉丝的流失而质疑其商业价值，从而降低合作意愿并导致社交资本损失。针对关系断裂所造成的社交资本流失，无论是个人还是企业均需采取适当的措施。个体在社交媒体中沟通时应学会控制自己的情绪，用理智、宽容的心态来处理各种意见。发生冲突的时候，及时沟通和解，避免感情恶化。企业进行商业合作时，应签订详细合同，以明确双方的权利和义务，避免因为利益分配和其他问题而引起争议。与此同时，商家应时刻关注社交媒体平台规则变化并适时调整自身运营策略，与粉丝及合作伙伴保持良好交流并维护稳定的社交关系。

二、负面事件的资本减值

在社交媒体环境中，社交资本虽然能够带来很多好处，但是负面事件的发生会导致资本严重减值，给个人、组织甚至整个社会关系网络带来不容忽视的影响。对个体来说，社交媒体中的不正当行为会诱发严重负面事件并造成社交资本显著减少。举例来说，一名职场人士在微博上发表了具有歧视性的言论，尽管可能是一时冲动，但由于社交媒体的快速传播，这条微博迅速引起了广泛的关注和谴责。同事们、朋友们都对他们的行为感到失望，有些本来已经建立起来的职场人脉关系也因此遭到了严重损害。他在公司的形象遭到了损害，与领导和同事之间的信任度下降，本来可能得到的升迁机会因为这件消极的事化为泡影。社交圈子中，好友也渐渐疏远了他，减少了跟他接触交往。这类由于个人不当行为而导致的消极事件使其在事业与交往中所累积的社交资本大幅减值，要想重塑良好的形象与关系网络还需付出很大的精力。企业也面临着负面事件引发的社交资本减值风险，以知名食品企业为例，其暴露出来的产品质量和安全问题比较严重。在社交媒体上，这一事件迅速引发了巨大的反响，众多消费者在多个平台上对这家企业表示了他们的不满和反对。这不仅导致现有客户流失严重，潜在客户也对自己的产品望而却步。企业品牌形象也受到了严重冲击，和供应商及合作伙伴之间关系也受到了影响。供应商会因为害怕企业信誉而在随后的合作中采取谨慎的态度甚至会终止协议。合作伙伴也会因为企业负面事件对其声誉的影响而选择降低合作力度或者结束合作。这一系列连锁反应使得公司在市场上的社交资本大幅减值，公司要投入巨资来做危机公关、产品整改等才能挽回被损害的形象以及社交资本的损失，但是往往很难在短时间内恢复原状。公众人物在社交媒体上的消极行为更容易引起人们的广泛关注，给他们的社交资本带来毁灭性的打击。比如某明星就被曝偷税漏税。这一负面事件通过社交媒体快速发酵，粉丝们对其信任崩溃纷纷脱粉。广告商们因担心明星负面形象会影响产品销售而终止了代言合同。这位明星凭借知名度、粉丝基础累积起来的海量社交资本，顷刻间化为乌有。他在娱乐圈中的地位直线下降，今后演艺事业的发展也困难重重。即便后续尝试以公益活动等方式来重塑自身形象，然而受社交媒体记忆效应影响，自身社交资本减值已成为既定事实，复苏之路也举步维艰。在更为宏观的社会层面，社交媒体中散布的不实信息、谣言和其他负面事件也可能给全社会社交资本带来减值效应。比如当一个区域遭受自然灾害后，社交媒体上出现救援物资分配不均的谣言。这一谣言很快扩散开来，引起当地居民不满与恐慌，损害了公众对于救援组织与政府部门的信任。民众间也因为谣言而产生猜忌与冲突，原本在灾难面前团结互助的社会关系网络受到了冲击。这类由于不实信息而导致的消极事件使社会总体社交资本减值、社会凝聚力降低。要重建社会信任、构建良好关系都需投入大量精力。针对负面事件导致的社交资本减值，各方面都需要采取切实有效的处理措施。

个体应随时关注社交媒体中的一言一行，增强自我约束，尽量避免发布不当内容。出现负面事件时，要及时、真诚地道歉并积极弥补过失。企业应建立健全质量管理体系与危机公关机制，一旦出现负面事件，应快速透明地回应公众关切并采取积极措施解决问题，减少社交资本损失。社交媒体平台要加强信息审核与管理、及时甄别不实信息与谣言、构建良性网络环境。与此同时，社会还应该加大社交媒体使用规范宣传教育的力度，提升大众媒介素养，合力防范负面事件给社交资本带来减值风险。

三、过度依赖的风险隐患

在社交媒体广泛普及的今天，越来越多的人开始频繁地使用社交媒体，但过多地依赖社交媒体将为社交资本带来许多风险隐患，并深刻地影响着个人和社会的发展。对社交媒体的过分依赖会使个体现实社交能力弱化，社交媒体为沟通提供方便，人与人之间能够用文字、语音和视频进行交流。但是长此以往，很多人习惯了这种线上交流的模式，而实际生活中面对面交流的能力渐渐减弱。比如，有些年轻人在社交媒体上滔滔不绝，能熟练使用表情包与网络流行语来表达想法，但在现实社交场景中，比如参与商务谈判、同陌生人进行沟通时，却显得紧张、不自然，不能确切表达观点和情感。这使其在现实社交过程中很难建立起深厚稳固的人际关系，进而影响了社交资本的累积。职场中，良好的沟通能力对于获得人脉资源、职业发展机会至关重要。而过分依赖社交媒体的人则会因缺乏现实社交能力而错失和同事及领导建立良好关系的时机，从而影响其在职业领域社交资本的累积。对社交媒体的过分依赖易使人深陷信息茧房而阻碍社交资本的拓展。社交媒体中的算法推荐功能会基于用户的浏览历史、点赞和评论等各种行为，为他们推送与其兴趣相匹配的信息。这虽在一定程度上满足了用户的要求，却又使用户所接触到的信息范围变得更加狭窄。比如一个用户专注于科技领域，社交媒体平台就会源源不断地为其推送与科技有关的消息、文章、视频等，几乎不显示其他方面的信息。久而久之，用户对其他方面的信息知之甚少，知识储备与眼界也就受到局限。社交互动时，因为缺乏多元化的认知和主题，所以跟不同爱好的人沟通起来会觉得很难，难以拓展新的社交圈子以及人脉等资源。并且，受信息茧房影响，用户的观点容易片面、偏激，与人探讨问题时也很难接受不同的看法、见解，这不利于构建与维持良好的社交关系，妨碍社交资本积累。对社交媒体的过分依赖也会造成虚假社交关系，使社交资本质量下降。在各种社交媒体平台上，人们往往轻易地添加大量的"好友"，但这些关系常常在深度和真实性方面存在不足。比如在微信里，许多人都有几百甚至几千个好友，但大多仅仅是点头之交，连真正意义上的沟通都没有。这些虚假社交关系表面上看是在扩大社交网络，其实并未给个体提供实质性帮助。这些假"好友"通常不能在个体遭遇困难或者需要资源的时候给予有效支持。而过度关注社交媒体中虚假的社交关系则使人们忽略了现实生活中真实存在的重要人际关系。例如，有些人花很多时间通过社交媒体与陌生人交流，却忽视了与亲人、朋友的沟通与陪伴，从而使现实亲密关系受到影响。这种过度追求虚假社交关系在浪费时间与精力的同时，也使社交资本质量下降，从而使真正宝贵的社交关系无法得到应有的维护与发展。社交媒体平台运行不稳定、数据安全等问题也成为对社交媒体过度依赖的风险隐患。由于技术故障或服务器维护，社交媒体平台有可能发生短暂或者长期无法访问的情况。若个体在社交活动和工作沟通中过分依赖社交媒体，平台故障可能造成信息传递受阻，错失重要社交机会或者工作任务。比如一个销售人员在社交媒体上和顾客保持紧密联系，若平台出了问题，不能及时回复顾客的需求，就会造成顾客的流失。另外，社交媒体平台数据安全也不容忽视。用户将大量个人信息与社交数据储存于平台中，当平台出现数据泄露情况时，会对用户隐私造成严重的威胁，个人信息也会被不法分子用于诈骗等活动，这样不但会使用户蒙受经济损失，而且会损害他们在社交圈子内的口碑，严重伤害社交资本。为应对过度依赖社交媒体所带来的风险，个体需合理安排社交媒体使用时间，重视现实社交能力培养，积极参与线下社交活动，锻炼当面交流技能。在保持批判性思维的前提下，积极拓展获取信息的途径，以免陷入信息茧房。对社交媒体平台而言，要加大技术研发力度，增强平台稳定性与数据安全性，给用户营造一个可靠的社交环境。另外，社会还应该加强对社交媒体使用的指导与教育，提倡健康合理地使用社交媒体，减少过度依赖社交媒体所导致的潜在风险，推动社交资本良性累积与发展。

四、投资回报的不确定性

社交资本在积累和使用过程中，存在着投资回报不确定这一不可忽视的问题。在社交资本建设上投入了大量时间、精力和资源，却不一定会收获预期的收益，这一现象给个体和组织带来了深刻的影响。拿职场社交来说，一个员工经常出席各种行业研讨会和社交聚会以拓展自己的人脉，并通过社交媒体主动与同行和前辈们交流。他努力维护与公司高层之间的关系，期望获得晋升推荐。但企业内部晋升机制并不单纯依赖于社交关系，还与工作业绩和团队协作有关。即使他有相当大的社交投入，如果工作业绩不达标，升职的机会还是很渺茫。从情感社交的层面看，个体通过社交媒体广交朋友，分享生活中的点点滴滴，投入感情维持关系。但是在他们遇到难题的时候，一些所谓"朋友"并没有提供实质上的帮助，投入的感情也没能换来期望中的支持。由此可见，个体在进行社交资本投资时，不论以职业为导向或以情感为导向都会遇到收益不确定的问题。商家对社交资本的投入也面临着很大的不确定性，为了提高品牌知名度和影响力，商家纷纷投入巨资在社交媒体上进行广告投放，组织线上和线下活动以吸引受众。比如一个新兴品牌斥巨资在抖音、微博上做营销推广，请网红做代言，希望能吸引一大批潜在顾客，提升产品销量。但是社交媒体用户的偏好和行为让人捉摸不透，市场竞争十分激烈，如果广告内容没有准确地触达目标受众，或者竞争对手引入了更具吸引力的营销策略，商家所投资金不一定能带来预期的品牌曝光度和销量增长。另外，商家和合作伙伴之间也建立了社交关系，希望通过协作达到资源共享、互惠互利的目的。但是也会因为多种因素导致合作的失败，比如合作方的经营情况不佳，双方的合作理念不同等。比如两家公司为了研发新产品而达成了合作，双方在合作初期都花费了很多的时间用于沟通交流和资源整合。然而，在产品研发中由于一方技术研发进度滞后，致使产品不能如期上市，而双方早期投入的社交资本也没有转化成现实商业利益，投资回报也就化为泡影。社交资本投资收益的不确定性还来源于社交媒体平台本身的改变。平台算法在不断地更新，直接影响着个人和企业内容曝光程度。比如在微信公众号推送算法进行调整之后，部分经过长时间精心制作的公众号在文章阅读量和点赞数等方面都出现了明显下降。公众号运营者在早期投入大量精力打造高质量的内容以引起粉丝们的关注，并期待广告合作和付费阅读来获取利润。但是算法变化使其内容不易被更多的用户看到，阻碍了盈利计划的实施，也使社交资本投资回报难以把握。另外，该平台用户活跃度和用户群体结构都处于动态变化中。如果一个平台核心用户群体渐渐流失并向其他新兴平台转移，那么将社交资本投入该平台中的个人和公司，投资回报势必会大打折扣。比如曾经火爆的人人网，当用户大量转移到微信、微博等平台后，个人和公司在该网积累的社交关系逐渐丧失了价值，早期投资也很难得到相应的收益。在社交资本投资回报不确定的情况下，无论是个人还是企业都需采取适当的策略。个人要多元化地进行社交资本投资，既要重视职场社交也要重视兴趣爱好社交和社区社交，拓展社交圈子的广度和深度。同时增强自身实力以保证社交关系的独特价值并提高收益的概率。企业应加强市场调研，洞察目标受众需求和社交媒体平台特性并制定准确营销策略。选择合作伙伴时应进行充分的尽职调查以降低合作风险。另外，个人和企业均要不断关注社交媒体平台动态并适时调整社交资本投资策略以应对不确定的投资回报，最大限度地保障社交资本的投资效果和回报率。

第八章
社交媒体与人际关系的未来发展展望

第一节　技术演进的潜在影响

一、虚拟现实社交的沉浸体验

在科技飞速发展的今天，虚拟现实（VR）社交逐渐脱颖而出，它所带来的沉浸式体验给社交媒体和人际关系发展带来新的生机。虚拟现实社交通过高度模拟真实环境，使用户仿佛身处真实场景中，大大丰富了社交体验。虚拟旅游场景下用户可通过 VR 设备，与远方好友一同"漫步"巴黎香榭丽舍大道，饱览街边时尚店铺、雄伟建筑，体验浪漫法式风情。两人可坐在虚拟咖啡馆中，点上一杯浓香咖啡，面对面交流生活趣事。这种沉浸式的体验是传统社交媒体不可比拟的。区别于单纯的文字、图片或者视频交流，虚拟现实社交使用户可以从各个角度感知周围的环境，包括声、光和空间布局，就像真正置身于异地，和好友们在一起度过美好时光。就社交互动而言，虚拟现实社交中的沉浸体验推动着更加自然和深入的沟通。虚拟职场会议上，参与者的每一个动作都可以被动作捕捉技术准确地呈现于虚拟环境之中。比如一个员工在发表意见的时候，能用自然的姿态和丰富的神情突出重点，其他成员则能直观感受到其激情和专注。这种基于真实肢体语言的交互使交流更顺畅、信息传递更精准。在一个虚拟艺术展览里，观众能够实时与艺术家们交流，并围绕艺术作品进行深入讨论。观众还能在展厅里自由穿梭，以不同的视角去欣赏作品，沉浸在身临其境的氛围中，更能引发思维碰撞，深化对于艺术的认知与感受，进而构建更加深厚的社交关系。在情感连接方面，虚拟现实社交沉浸体验具有增强效果。虚拟家庭聚会场景下，出为工作等原因不能团聚的亲人可以"围坐"虚拟空间。大家可以一起"品尝"虚拟美食、分享家庭故事，小朋友在旁边嬉笑打闹。这种身临其境的体验使亲人感到了一种久违的温馨和亲近。凭借虚拟现实技术即使亲人相隔很远彼此间的感情也能得到有效维系和加深。恋人间的虚拟现实社交也扮演着重要角色。比如身处异地的恋人可相约在虚拟星空下，携手漫步、互诉心事。沉浸式环境使他们似乎真正相伴左右，感情联系更密切。虚拟现实社交带来的沉浸体验也给特殊人群或者社交障碍者带来方便，对于残障人士而言，现实生活中因生理原因而难以参加社交活动。然而，在虚拟现实的社交场景里，他们能够摆脱身体的束缚，与他人自由地交流和互动。比如一个行动不方便的人，他能在一个虚拟运动场里和朋友们打篮球，尽情地享受运动和交往带来的愉悦。对社交恐惧症患者来说，虚拟现实社交为其提供较为安全和舒适的环境。他们能在虚拟世界里逐步克服心中的恐惧感、锻炼社交能力、建立和他人之间的联系。但虚拟现实社交中沉浸式体验同样面临着一定挑战。一方面，技术成熟度还有待提升。当前 VR 设备在分辨率、刷新率以及其他性能指标上都无法充分满足用户极致沉浸体验要求。画面出现延迟和眩晕感都会对用户体验造成影响；另一方面，虚拟现实社交中存在的隐私与安全等问题不可忽视。虚拟环境下用户个人信息、行为数据等都会存在泄露的风险。另外，对虚拟现实社交沉浸体验的过度依赖也会导致人的社交能力在现实中出现退化。虚拟现实社交中的沉浸体验给社交媒体及人际关系带来重大变革和机遇，丰富社交场景、进行更深沟通和情感连接，给特殊人群提供了社交机会。尽管面临一些挑战，但随着技术的不断进步和完善，虚拟现实社交有望在未来成为人们社交生活中不可或缺的一部分，进一步推动社交媒体与人际关系的发展。

二、增强现实社交的互动拓展

随着技术的不断进步，增强现实（AR）技术正在逐渐融入社交媒体的各个领域，为社交互动创造了前所未有的机会。区别于虚拟现实所强调的完全虚拟环境的建构，增强现实以虚拟信息和现实世界结合的方式给用户带来独特的社交体验并大大丰富了社交互动形式和内容。日常社交场景下，AR 技术给好友之间的交流增加了趣味性与创新性。比如在派对中，好友可以利用手机中的 AR 应用瞬间将现实空间转换为奇幻元素十足的场景。本来普通的居室里就可以装饰上虚拟星空、海洋生物或者卡通角色，大家可以在这种环境下照相、玩耍、共享快乐时刻。借助 AR 滤镜能让人扮成各种好玩的样子，比如动物，超级英雄等，给聊天、视频通话添加别样趣味。室外游玩、AR 导航既可以指引人们抵达目的地，又可以将虚拟历史文化介绍，有趣故事等内容叠加到沿途现实场景之中，使与朋友出行时既可以欣赏自然风光，又可以交流分享知识、加深相互理解。AR 技术还在商业社交领域扮演着重要角色，它扩展了公司与顾客和员工互动的途径。企业应用 AR 技术进行产品推广能给顾客带来更直观更形象的产品体验。比如某家具公司在社交媒体平台推出 AR 应用，顾客可通过手机对自己房间进行扫描，把心仪已久的家具虚拟地"放置"到室内，查看实际摆放效果，包括色彩、大小是否合适。这种互动式体验在加强顾客对商品了解和信任度的同时，也促进了顾客与商家的沟通。顾客可通过社交媒体平台将自己的体验感受与建议反馈给商家，商家也可根据反馈信息适时对产品策略进行调整。从企业内部来看，AR 技术为员工的培训与合作带来便利。以远程培训为例，工作人员可通过 AR 设备观看虚拟培训导师在现实场景中的操作演示情况，更直观地了解到繁杂的技术与过程。在团队协作项目下，来自不同地区的员工能够在相同现实场景下利用 AR 技术进行虚拟讨论、实时地标注并修改计划，就像面对面合作一样有效率。教育社交场景下 AR 技术给教师与学生、学生与学生之间的交互带来了一种全新方式。课堂教学中教师可借助 AR 技术把抽象知识变成形象逼真的三维模型呈现给学生。比如生物课中对细胞结构进行讲解时，同学们就能通过 AR 设备观察到细胞内各细胞器动态运行的过程，把书本中静态的知识转化为动态和可交互的内容。同学们可以就这些 AR 所呈现出来的内容展开探讨，激发学习兴趣促进思想碰撞。课外学习方面，AR 技术还能给学生提供更多学习资源与社交互动的机会。如学生可借助 AR 应用介入历史文化遗迹虚拟探究，将历史事件叠加到现实场景进行还原与解读，再将探究发现及心得体会分享到社交媒体平台，组建跨地域学习交流社区，扩大学习边界与社交圈子。尽管 AR 社交在互动拓展方面具有巨大潜力，但也面临一些挑战。一是技术的兼容性与稳定性是个关键问题。不同品牌手机，AR 设备的硬件性能及软件系统都有所不同，这可能会造成 AR 应用对不同设备运行的影响不均衡。比如有的 AR 滤镜会导致一些手机出现卡顿、加载慢的情况，从而影响用户体验。二是 AR 内容研发制作费用昂贵，需专业技术团队及大量时间投入。这就制约了 AR 社交应用内容的丰富性与多样性，也使当前市面上高质量 AR 社交内容比较匮乏。另外，在 AR 社交中，隐私问题同样值得重视。AR 应用过程中设备需获得用户位置信息、摄像头权限等，如何保证这些信息被安全合理地使用，避免用户隐私泄露是一个亟待解决的主要问题。增强现实社交以其新颖的互动方式给社交媒体和人际关系带来广阔发展前景。其拓展了日常、商业、教育等社交场景下交互的深度与广度，给人们的社交生活提供了更多可能。随着科技的不断进步，相关问题也逐渐得到解决，预计 AR 社交将会成为未来人与人之间社交互动的一种重要方式，并促进社交关系多元化与深化。

三、人工智能社交的精准匹配

在科技高速发展的今天，人工智能正在深刻改变社交媒体和人际关系模式。其中人工智能社交所具有的精准匹配功能给人们社交活动带来了空前的契机和变革。人工智能社交精准匹配凭借强大算法与海量数据处理能力，社交媒体平台以采集用户各类信息为手段，其中包含但不局限于个人资料、兴趣爱好、浏览历史以及点赞评论等行为，为用户构建全方位画像。在这些画像的基础上，人工智能算法可以对用户间相似性与互补性进行分析，进而为用户精准推荐出潜在社交对象。例如，经过平台的深入分析，发现用户 A 经常查看科技相关的信息，对人工智能的相关话题兴趣浓厚，并且对多篇关于机器学习的文章给予了高度评价。而使用者 B 也同样对科技领域有着深入的研究，并时常参与到有关议题的探讨中。人工智能算法就能据此判定两个用户兴趣爱好高度一致，并将其归类为潜在匹配对象并向对方进行推荐。日常社交场景下人工智能社交精准匹配大幅提升交友效率。对生活圈子较为固定且社交机会有限的用户而言，精准匹配功能犹如开启了新世界的门。比如一个上班族工作很忙，他的社交圈子也仅限于同事、同学之间。通过在社交媒体平台上进行人工智能准确匹配，他结识了一个也喜欢户外运动的朋友。两人因共同爱好迅速结缘，双休日相约登山，骑行，渐渐地成为好友。这种建立在精准匹配基础上的社交关系不仅更牢固，还为彼此带来了一种新的生活体验。精准匹配功能对于兴趣小组同样也至关重要。以摄影爱好者团队为例，人工智能能够根据会员的拍摄风格，擅长摄影领域、摄影器材喜好等来向会员推荐合适的拍摄伙伴及交流对象。会员可共同讨论摄影技巧、安排拍摄活动等，以进一步丰富摄影生活。在商业社交中，精准匹配人工智能社交有助于企业扩大业务、寻求合作伙伴。对企业而言，寻找一个适合自己的供应商、经销商或者合作伙伴是非常关键的。社交媒体平台借助人工智能技术可以针对企业业务需求、行业属性和发展阶段信息对潜在合作对象进行精准匹配。比如某新兴电商企业想找高质量物流供应商。该平台在对电商企业订单量、配送范围和服务要求进行数据分析的基础上，综合物流企业服务能力、覆盖区域和口碑评价，推荐多家适合电商企业发展的物流供应商。双方经过进一步的交流与磋商，达成合作意向实现互利共赢。就人才招聘而言，人工智能社交精准匹配还搭建起企业与求职者之间有效沟通的桥梁。企业可依据岗位需求运用人工智能对合格求职者进行甄别并向企业 HR 推荐。同时求职者还可以通过精准匹配寻找到与其职业规划、技能匹配的岗位，提高求职成功率。婚恋社交场景下，精准匹配人工智能社交让单身人士充满期待。婚恋平台采集用户个人信息、性格特点、价值观和择偶标准，并利用人工智能算法对其进行深度分析从而向其推荐理想恋爱对象。例如，该平台通过对用户 A 的性格进行分析，发现他性格乐观、热爱旅行和阅读，希望找到一个对生活充满责任感和热情的伴侣。与此同时，使用者 B 有着类似的性格特点及兴趣爱好，对伴侣的期待符合用户 A 的要求。随后人工智能算法对两个用户进行了匹配。通过精准匹配，很多单身人士能更快找到和自己心灵契合的伴侣，开启一段精彩的爱情旅程。但人工智能社交在精准匹配方面存在一定挑战。一是数据隐私是关键的隐患。由于精准匹配对海量用户数据具有依赖性，因此如何保证这些数据被安全存储并合理利用以防止数据泄露是一个迫切需要解决的问题。比如有些不法分子会利用黑客手段获取用户数据并非法使用，对用户造成了重大损失。二是算法偏见亦不可忽视。人工智能算法在匹配过程中可能受训练数据影响而出现偏差，导致匹配结果不够客观公正。比如有些时候算法会对特定性别、种族或者地域等用户产生偏差，从而影响社交体验。

四、量子通信社交的安全保障

随着技术的不断进步，量子通信作为一种颠覆性的技术，正在逐步进入社交媒体领域，为社交信息的安全保障提供了全新的解决方案。随着社交媒体在我们日常生活中的地位逐渐上升，信息安全问题逐渐成为大家关心的焦点。量子通信凭借其独有的理论和属性，有望从根本上增强社交数据的保密性，为用户创造一个更为稳定的社交场所。量子通信的核心原理是利用量子态的独特性质来完成信息的传递和加密工作。由于量子拥有不可克隆和量子纠缠的特性，对量子通信在信息安全领域赋予了天然优势。在信息通过量子信道传输的过程中，任何企图窃取或篡改这些信息的动作都将不可避免地对量子态造成干扰，从而使发送方和接收方迅速地察觉到异常。举例来说，在社交信息传播的过程中，假定发送者通过量子信道将一条加密的社交信息发送给接收方。当第三方试图监听这条信息时，由于量子的不可复制特性，他们不能准确地复制量子态所携带的数据。此外，测量量子态的任何行为都会导致其状态发生变化，这种变化会迅速地传达给发送者和接收者，使他们知晓在信息传递中可能出现的异常情况。这种依赖于量子属性的加密技术，为社交媒体信息的安全传输提供了前所未有的保护，彻底消除了传统通信方式中可能出现的信息被窃取或篡改的风险。在社交媒体的日常互动中，确保用户间的聊天记录、照片、视频等信息的安全性是非常关键的。量子通信的社交功能确保了这些信息在传递时的绝对的安全性。举例来说，在支持量子通信技术的社交应用程序中，用户间的文本对话内容会被转换为量子态以便进行加密和传输。用户在发送照片的过程中，照片的信息会受到量子加密技术的处理，并在网络上以量子状态进行传递。当接收方收到量子信息时，他们会利用特定的解密工具和算法，将这些信息恢复为原始图片。得益于量子通信的高度安全防护，图片在传输过程中不会被截取或篡改，从而确保了用户隐私的绝对安全。在视频通话的领域中，量子通信也扮演着不可或缺的角色。量子加密技术确保了视频通话中的音频和视频数据不会受到窃听或恶意的干扰，这使用户可以在一个安全的环境中交流，而无须担心隐私泄露。在商业社交领域中，企业间通过社交媒体进行的商务对话、合作协议等活动，对信息安全的要求非常严格。量子通信为商业社交活动筑牢了信息安全防线。举例来说，两家公司在社交媒体上针对一个关键的合作方案展开洽谈。他们之间分享的商务机密、合作协议、财务信息等资料，都是通过量子通信技术进行加密传输。因此，即便竞争者试图窃取这些数据，由于量子通信的安全策略，他们也无从下手。这样的安全措施不仅维护了企业的商业权益，还增进了互信，并推动了商务合作的顺利开展。在企业的内部社交环境中，量子通信技术也保障了员工间敏感信息交流安全，如公司的战略规划和技术研发资料等。这样做能帮助企业避免内部信息的外泄，并确保企业的核心竞争优势。在政务社交的背景下，政府各部门与普通民众借助社交媒体平台进行信息的发布和意见的收集等多种互动。量子通信的社交功能确保了政务信息能够安全地传输，从而保障了政府与公众之间的交流既流畅又安全。举例来说，当政府在社交媒体平台上发布关键的政策文件和民生信息时，会利用量子通信技术进行数据加密，以确保这些信息被准确且无误地传送到公众手中，避免被不法分子篡改或窃取。当公众向政府机构反馈建议时，量子通信也能保障信息的安全，使公众能够放心地参与到政务交互中。

第二节　社会文化变迁的作用

一、多元文化融合的社交包容

在社会文化变迁背景下，多元文化融合正在深刻改变社交媒体环境中的人与人之间的关系，社交包容性显著增强尤其令人瞩目。伴随着全球化进程加快，社交媒体平台中不同文化相互碰撞，交流和交融，给人们带来前所未有的多元文化接触机会，大大推进社交包容的发展。社交媒体构建了多元文化传播的广阔平台，让不同文化背景下的人都可轻松分享自己的文化特色。在抖音和微博平台，来自全球各地的用户都能发布展示本民族传统服饰、美食制作和节日庆典的视频。比如有印度博主在印度传统节日排灯节庆典上分享视频，视频里五颜六色的灯光、精致的服装和别具一格的宗教仪式，引起世界上很多网友的关注。通过这种分享，其他国家的人能更加直观地了解印度的文化，增进了对不同文化的理解和尊重。这一文化传播打破了地域与文化之间的隔阂，使人们认识到世界文化的多元性，从而在人际交往中更能包容来自不同文化背景下的人。多元文化融合推动社交互动的包容态度表现在社交媒体上的群组与社区里，不同文化背景的人就各类议题展开讨论。比如在国际环保交流群中，既有西方发达国家环保主义者也有发展中国家关心生态的人。人们在交流中不仅分享了本国环保经验与实践，也深入讨论了不同文化背景对于环保理念的认知差异。西方成员可能强调科技在环保中的作用，而东方成员则可能更注重传统生态智慧的运用。在这一沟通过程中，成员们逐渐意识到各种文化对于解决共同问题所具有的独特价值，并因此学会了尊重与包容各种观点与文化差异。这种包容的心态使社交互动更融洽、深入，也有利于跨文化友谊的建立。受多元文化融合的推动，社交媒体中小众文化被更多呈现，社交包容性进一步提升。一些原先处于主流文化边缘的小众文化，例如非洲部落的独特艺术表现形式、南美洲的传统手工艺等，已经通过社交媒体进入了大众的视野。在这个平台上，众多的小众文化爱好者汇聚一堂，形成了一个独特的社群。他们分享着对小众文化的热爱，并传播着有关的知识与技艺。比如以日本浮世绘为主题的社交媒体群组就吸引了各国艺术爱好者。群内成员不但交流了浮世绘历史、技法及代表作，还分享了各自珍藏的浮世绘照片。小众文化在这种交流中传播得越来越广，大众对于小众文化的接受度与包容度越来越高。在社交场合，人们倾向于理解与欣赏不同文化形式的事物，从而使社交氛围变得更为包容与多元。多元文化的整合不仅推动了文化的创新，这种创新还增强了社交的包容性。社交媒体中不同文化的碰撞和交融激发了创新思维。以时尚领域为例，设计师通过社交媒体接触到世界范围内多种时尚潮流与文化元素，融合并创新不同文化中的特征。部分设计师结合了中国传统刺绣元素和西方现代时尚设计理念，创作了别具一格的服装作品。这一文化创新既丰富了时尚文化，又使来自不同文化背景下的人在对这些创新作品进行鉴赏与探讨时增进了相互间的了解与宽容。在音乐和电影中，也同样有多元文化融合所产生的革新，它们成为人与人之间跨文化交流和推动社交包容发展的桥梁。但多元文化融合推动社交包容发展的同时也面临着挑战。比如文化误解与偏见依然存在。有的时候，因为对其他文化缺乏深刻的理解，就会误解一些文化现象，甚至产生偏见与歧视。社交媒体中某些不当言论也会引发文化冲突。另外，社交媒体上信息繁杂，其中一些不真实或片面的文化内容可能会误导人们对其他文化的认知。为应对上述挑战，必须强化跨文化教育以提升民众文化素养与理解能力。社交媒体平台还应强化内容审核并引导用户开展积极健康的跨文化交流。

二、价值观念转变的关系重塑

在社会文化不断变革的过程中，人们价值观念的变化正在悄然进行着，这种变化如涟漪般借助社交媒体深刻地重塑着人际关系。从个体社交圈子、家庭关系到职场和社会层面的人际互动，都在这一变革力量作用下有了新形式。从个体层面上看，伴随着社会文化的进步，个体层面对于自我价值的理解与追求也有明显的变化。以往，物质财富、社会地位常常是衡量个人成功的重要指标，人们在交往中更多地会同经济实力强或者社会地位高的个体建立联系。但是，在自我实现与个人成长价值观念越来越突出的今天。人们开始关注内心的精神追求、寻求兴趣爱好上的满足以及个人技能上的提升。在社交媒体中，很多人都会积极地参与到各种各样的知识分享社群以及兴趣小组中，比如摄影、绘画以及编程。他们与这些社群里志趣相投的朋友们交流互动，分享经验和心得体会。这种建立在共同兴趣与价值观基础上的社交关系，更加纯粹和牢固。比如某上班族本来是金融行业出身，由于酷爱摄影，便通过社交媒体进入某摄影爱好者社群。在社群中他认识了不同职业但同样热爱摄影的朋友。两人一起探讨摄影技巧、交流拍摄经验、相互鼓励与支持。这一新型社交关系既丰富了其业余生活，也使其在追逐摄影梦想的路上得到更大的动力与帮助，从而达到重构个人社交关系的目的。价值观念的转变也深刻影响着家庭关系，传统家庭观念注重长辈权威与家族整体利益，家庭成员间关系等级分明。但随着社会与文化的发展，平等、尊重与交流等价值观念已经逐步深入人心。受社交媒体影响，家庭成员间的交流方式变得更多样、更方便。比如在某些家庭微信群里，长辈与晚辈之间能够平等地沟通各种各样的话题，包括社会热点、文化娱乐。晚辈们能够更加自由地表达观点和想法，而长辈们则开始对晚辈们的选择和决定表示尊重。这一价值观念的变化，使家庭关系变得更加和谐融洽。另外，现代社会对家庭责任的认知也在转变，已不限于物质供养，情感陪伴、精神支持等成为家庭责任重要内容。家庭成员间通过社交媒体交流生活点滴，给予彼此以感情支持与鼓励，从而进一步提升家庭凝聚力。职场中价值观念的变化对于人与人之间关系的重塑也是显而易见的。以往职场关系都是围绕上下级指令和服从来展开，员工间竞争通常比较激烈而协作比较少。但是现在团队合作、创新以及个人发展等价值观念得到了重视。企业日益重视对员工团队合作精神的培养，鼓励他们相互协作和共同创新。基于社交媒体平台，很多公司都会成立内部交流群组，员工可在其中分享自己的工作经验，沟通项目的进展情况，并提出创新想法。这一公开的沟通环境有利于员工间的协作和交流，打破部门间的障碍。以某软件开发项目为例，企业内部社交媒体群组内各部门员工就项目需求与技术难题进行实时交流。共同探讨解决方案并利用自己专业优势最终顺利完成工程。这种建立在团队合作与创新基础上的价值观念使职场人际关系变得更密切、更活跃，给企业发展带来新生机。在社会层面，价值观念变化促进社会公平、公正与公益意识提升。社交媒体的普及使社会问题得以快速传播，并引起了大众对社会问题的关注与讨论。人们对于社会公平、公正的追求促使其积极地参与各种社会活动，并建立起与来自不同背景人群的联系，共同推动社会变革。比如，有的环保公益活动通过社交媒体推广举办，不同区域、不同专业的人汇集起来参加植树造林、垃圾分类宣传等活动。大家在这个过程中结识了很多志趣相投的朋友，并建立起跨越阶层、地域的社交关系。这种建立在共同价值追求基础上的社交关系在帮助解决社会问题的同时，也推动了社会和谐进步。

三、代际差异的社交变革

在社会文化变迁大潮中，代际差异是社交媒体环境社交变革的主要动力。出生于不同时代的群体因成长环境、教育背景及社会经历等的影响，其社交行为与理念存在明显差异。这一代际差异受社交媒体影响而产生一系列社交变革并深刻改变了人与人之间的社交方式与关系。从沟通方式来看，代际差异推动了社交媒体平台的持续创新。年轻的一代，例如千禧一代和"Z世代"，从小就开始接触互联网和社交媒体，对新兴的沟通方式有很高的接受度，并且擅长使用各种数字工具来表达自我。他们喜欢用表情符号、表情包和短视频来沟通，这种方式简洁有趣而又别出心裁，能迅速地传递出复杂的情感和想法。比如在与朋友的日常对话中，他们经常使用各种有趣的表情包来表达情感，一个"大笑"的表情会立刻让聊天的氛围变得轻松愉快。相比之下，年纪较大的一代，例如"婴儿潮"一代和"X世代"，更倾向于使用传统的文字交流方式，对新兴交流方式的掌握和应用则显得较为迟缓。然而，随着社交媒体的广泛普及，他们也开始逐步适应并学习。有些长辈开始尝试用表情符号表示关心与问候，虽然使用频率与种类比较少，但是这种变化已十分明显。这一代际差异促使社交媒体平台在沟通功能上持续优化，并提供更加多元的沟通选项来满足各年龄段的用户需求。比如有些社交平台为老年人设置了简化的操作界面，语音转文字等功能便于老人交流。社交观念代际差异也带来社交变革，年轻一代更注重个人价值实现与自我表达，并在社交媒体中，主动展现生活、爱好与看法，寻求个性化社交体验。他们倾向于同志趣相投者建立关系，而不是囿于传统社交圈子及身份地位。比如某青年喜欢滑板，在社交媒体上结识了各地的滑板发烧友，建立线上社群分享滑板技巧、交流心得甚至一起举办线下活动等。这种基于兴趣的社交模式，打破了地域、社会阶层等因素的制约。年长一代社交观念较为保守，更加强调社交关系稳定实用，其社交媒体中更多地与亲属、朋友及同事保持联系并维持传统社交网络。不过随着社会和文化的改变，年长一代受到年轻一代的影响，渐渐意识到扩大社交圈子的重要性。有些长辈通过社交媒体开始关注感兴趣的领域，并和不同背景的人士交流以开阔视野。代际差异也使社交圈子发生改变，年轻一代借助社交媒体，很容易超越地域限制结识世界范围内的朋友，建立一个巨大的多元化社交圈子。他们通过社交媒体参加各类兴趣小组和粉丝社群，并与年龄、性别和职业各异的人群进行互动。比如在国际动漫粉丝社群里，会员来自不同国家，因喜爱动漫而聚在一起交流动漫作品、探讨情节、创作同人作品等。这种跨地域，跨文化的社交圈子，大大丰富了年轻一代社交体验。相比较而言，年长一代社交圈子则局限于现实熟人之间。但是在社交媒体蓬勃发展的过程中，他们也开始借助社交媒体平台与多年不见的同学、战友等重新取得联系，扩大社交圈子。与此同时，部分家庭借助社交媒体组建家庭群，使散居在外的家庭成员更方便沟通和互动，提升家庭凝聚力。但代际差异也会给社交媒体背景下社交变革带来一定的困扰，如代际间对社交媒体的不同使用方式可能造成沟通障碍等。年轻一代所常用的一些网络流行语以及新出现的沟通方式可能会让年长一代难以理解，进而影响到信息的精准传达以及感情的高效交流。另外，代际间社交观念冲突也较为常见。年轻一代对自由和个性化社交方式的追求可能会和年长一代的传统保守社交观念相抵触。例如，有些长辈担心年轻人在社交媒体上过多地呈现个人生活，觉得这不够沉稳；而青年却认为，自我表达方式不应受到限制。要解决上述问题就必须增进代际间的交流和了解。年轻一代要耐心向长辈们介绍社交媒体的使用方法以及新兴的沟通方式，以帮助长辈们更好地适应。长辈们也应该尊重年轻人的社交观念与选择，并努力了解年轻人的需求与想法。社交媒体平台还能起到积极的促进作用，通过组织线上和线下的活动来增进代际间的沟通和互动，营造更加融洽的社交氛围。

四、社会思潮的社交影响

在社会文化变迁过程中，社会思潮这一强大思想力量深刻地影响了社交媒体环境中的人际关系。各种社会思潮像涟漪一样扩散至社交媒体平台，影响着人们社交互动时的所思所想，所议所行，继而改变了社会的模式和氛围。社会思潮给社交媒体提供了丰富多彩的社交话题，而伴随着社会的进步也出现了多种新的社会思潮，例如环保主义、女权主义、多元文化主义。这些思潮成了社交媒体热议的焦点，并吸引了众多用户参与讨论。就环保主义思潮而言，社交媒体中对气候变化、资源保护和可持续发展的话题进行了广泛的探讨。用户们在日常生活中采取的环保措施，例如垃圾分类和使用环保袋等，同时也关注全球的环保动态和政策。这些主题在引起人们对于环境问题深刻思考的同时，也推动着来自不同地区和背景的人们相互沟通和相互影响。通过这些探讨，人与人之间在社交媒体中建立起一种新型社交联系并拓展了社交圈子。社会思潮推动着社交媒体中形成了许多有着共同观念的社会群体，当某种社会思潮受到社交媒体的广泛关注后，认同这一思潮的人就会逐渐集聚起来，从而产生特定的社会群体。如受女权主义思潮影响，社交媒体中涌现出许多女性权益讨论小组与社群。其中，女性成员分享了她们在生活中和工作上遇到的性别不平等现象，交流了应对策略并共同努力促进性别平等。

新媒体时代社交媒体对人际关系的数字重塑与多维影响

这些社交群体在给成员们提供情感支持与交流平台的同时，也以集体行动产生较大社会影响力。他们通过社交媒体开展话题讨论以及线上与线下活动，引起更多人对女权主义话题的重视，社交群体规模与影响力得到进一步扩大。同理，受到其他社会思潮，例如民族主义和科技进步主义的影响，社交媒体上也出现了一些社交团体，这些团体在共同思想的纽带下凝聚了成员间的情感。社会思潮塑造着社交媒体用户的社交价值观，不同社会思潮中包含着不同的价值观念与道德准则，用户在接触和接受一定社会思潮的过程中，社交价值观就会受到一定程度的冲击。比如受共享经济思潮影响，资源共享、互利共赢等价值观念逐步被认同。在社交媒体中，这一价值观表现为用户间更倾向于共享知识、技能与资源。部分知识付费平台用户不仅买课程学知识，还通过社交媒体把所学内容与他人分享，营造出知识共享的社交氛围。这一社交价值观的变化使人与人之间的社交互动更多地强调合作和互助，增强了相互间的信任与友好。但社交媒体中社会思潮的传播也带来了一定的挑战。一方面，各种社会思潮可能会产生冲突与对抗，极易引起社交媒体中的激烈争论与冲突。比如在移民政策讨论上，各种社会思潮都持不同看法，多元文化主义思潮主张接纳移民和推动文化融合；然而，某些民族主义思想强调国家文化的独特性，致力于保护国内的就业机会，反对大规模的移民活动。这些意见碰撞会导致社交媒体中用户间的纷争与对抗，破坏社交和谐。另一方面，社交媒体中一些极端社会思潮也会对用户产生误导，从而产生一些不良行为。比如极端个人主义思潮会使部分用户过分注重自身利益而忽略他人感受与社会责任，并在社交媒体中表现出攻击性与不友善的态度。社交媒体平台要应对上述挑战，就必须加强对社会思潮中有关内容的治理与引导。通过建立合理的社群规则来规范用户对社会思潮话题探讨中的言论与行为，避免过度争议与矛盾的产生。同时，该平台还能通过推荐优质内容和组织主题讨论活动来引导用户理性客观地沟通。另外，用户本身要增强批判性思维能力，深入地分析与反思各种社会思潮，切忌盲从或被极端思想所左右。

第三节　用户行为变化的趋势

一、隐私意识的增强与社交

在社交媒体迅猛发展的今天，伴随着一系列数据隐私问题被揭露出来，用户的隐私意识也逐步提高。这一意识上的变化，在社交行为、社交平台、社交关系的诸多维度上影响深远。社交互动中隐私意识的提高使用户对信息的共享更为慎重。以往用户很有可能在社交媒体中任意公布个人的生活细节和行踪信息。但现在，鉴于隐私泄漏可能带来的潜在风险，他们开始筛选分享的内容。比如有些用户已经不实时共享其地理位置了，以防因信息泄露而遭遇安全威胁。发布图片的时候也注意不要透露太多的个人信息，比如家庭住址和工作单位的详细信息。这一转变对社交互动内容与模式都产生了影响。用户进行群组聊天时，不像过去一样毫无保留地分享生活琐事，他们更愿意共享一些筛选出来的相对安全的话题，比如兴趣爱好和文化娱乐。虽然这样做在一定程度上降低了个人隐私被过分暴露的危险，但是会让社交互动的亲密度下降。不过，从另一个角度看，这种谨慎的分享方式促使社交互动更加注重质量和深度。由于用户共享的内容更具有针对性、思考性，双方之间的沟通更容易围绕着具有价值的主题展开，进而促进深度互动。隐私意识的加强给社交平台运营带来新挑战与新需求，平台需更多关注用户隐私保护问题并优化隐私政策与设置。比如很多社交平台都提供了更为详尽且容易理解的隐私政策描述，使用户能够清楚地了解平台是怎样搜集、使用并储存个人信息的。与此同时，平台还进行了更详细的权限设置，用户可根据需要准确地掌控平台获取个人信息的权限。但同时对平台运营带来成本压力。为满足用户隐私保护要求，平台需投入更多的资源进行数据安全技术研发、隐私政策的制定与审查。另外平台还要寻求隐私保护与用户体验之间的平衡。若隐私设置太过繁杂，则会给用户带来使用上的不方便，影响用户体验；但是如果设定得太简单，又可能无法满足用户保护隐私的需要。所以社交平台要想顺应用户隐私意识提升的发展趋势，就必须对产品进行持续优化设计。在社交关系建构中，隐私意识的提升改变了用户选择社交对象以及建立信任的模式。当用户加他人为好友或者关注他人后，更注意对方对待隐私的方式和表现。用户对那些经常共享别人隐私信息或者不尊重自己隐私的人会保持警觉，避免与他建立亲密社交关系。比如在某些社交平台中，一旦有某用户暴露了曾经泄露过别人聊天记录的事实，其他的用户就有可能减少与它的交互，甚至直接拉黑他。反之，重视隐私保护和尊重他人隐私的人则更易得到用户信任并由此构建牢固社交关系。这种以隐私态度为核心的社交选择使社交关系更注重信任与尊重这一根基。与此同时，人们隐私意识的提高推动着社交关系向着更健康和更平等的方向发展。以往某些社交关系中可能会出现一方过多窥探对方隐私的问题，如今双方对彼此隐私边界给予了更多的尊重，有利于构建更融洽和稳定的社交关系。但隐私意识的提高也会产生一定的负面效应。如隐私保护过度会造成社交隔离。部分用户可能因为对隐私太过敏感而降低在社交媒体上的活跃度甚至彻底退出部分社交平台。他们害怕任何一个举动都会导致隐私泄露而选择自我封闭。这一现象会对个体社交圈子的扩大、人际关系的发展产生不利影响。另外隐私意识的提高还会造成社交信息不对称。社交互动方面，有的用户隐私保护太过严格，不愿共享任何个人信息，有的用户比较开放。这种信息不对称会影响到双方之间的交流与了解，从而影响到社交关系进一步发展。为解决上述问题，用户需寻求隐私保护与社交互动的平衡点。积极参加社交活动、适度共享个人信息、增进社交关系，同时保护个人隐私。社交平台还应该加强指导，以宣传教育的方式帮助使用者正确认识隐私保护的重要性与方法，避免过度保护。同时平台还可设计若干机制来促进用户间信息对称，如对隐私设置进行引导与推荐，使用户可针对不同社交场景与对象对隐私权限进行合理设定。

二、个性化需求的定制社交

社交媒体发展过程中用户行为趋势显著，其中由个性化需求衍生出的定制社交是其重要发展方向。在社会多元化的今天，用户已经不满足千篇一律的社交模式了，他们期望能按照自己特有的需求量身打造专属社交体验。在社交平台的功能视角下，个性化的需求促使平台持续优化并引入定制化功能。从信息获取上看，用户不愿被动地接收平台的统一推送。以微博为例，用户可基于自身兴趣通过关注某一领域博主、话题标签等来自定义自己的信息流。热爱技术的用户可以使微博首页充满最新科技资讯和产品评测；热衷于时尚的网友们，可以查看时尚品牌的动态、穿搭分享等信息。这种定制化的信息获取方式大大提高了用户对有价值的信息的获取效率。从社交互动的形式来看，也呈现出定制化的倾向。部分社交平台在不同情景下引入互动功能。例如对游戏爱好者来说，平台提供了游戏内社交互动的功能，让玩家们可以在游戏中进行战术的实时沟通和游戏成就的共享。对商务人士而言，平台设有商务社交专区用于行业报告分享及商务合作对接。这些定制化的互动功能满足不同用户群体对具体场景的社交需求。从社交关系建构层面上看，个性化需求催生了定制社交关系。用户不再一味地添加好友，而会根据自己的兴趣、价值观等，准确地找到志趣相投的朋友。以豆瓣团队为例，网友们根据各自兴趣爱好参加诸如电影、阅读、音乐等各种主题团队。在这些团体里，成员之间围绕着共同的兴趣进行着深入的沟通，并建立了密切的社交关系。这种以兴趣为导向的定制社交关系使沟通变得更深刻、更有意义。职业方面，领英和其他平台帮用户量身打造符合职业发展要求的人脉圈。用户可通过搜索行业关键词和职位，积极与同行业专业人士建立联系，构建职业社交关系并获得职业发展机会，例如内推信息和合作项目邀请。另外，部分新兴社交平台也借助大数据与人工智能技术实现了基于用户填报的个人信息、行为数据等来对用户潜在社交对象进行精准匹配，满足了用户不同层面的社交需求，比如寻找创业伙伴或运动伙伴。但是，定制社交的个性化需求也带来了一定挑战。一方面，在技术上存在难度。为了达到精准个性化定制的目的，社交平台必须具备较强的数据分析与算法推荐能力。例如，准确分析用户在不同场景下的需求，并将合适的内容、社交对象推荐给用户，这需要对海量数据进行深度挖掘和分析，对平台的技术团队提出了极高要求。另一方面，也不能忽视隐私问题。定制社交依赖于海量的用户个人信息，包括兴趣爱好、行为习惯和职业信息。若平台的数据安全措施不到位，就可能导致这些数据的泄露并对用户的隐私造成威胁。另外，过分强调个性化定制会使用户深陷信息茧房的泥潭。在平台基于用户喜好持续推送类似内容并匹配类似社交对象的过程中，用户接触到的信息与群体趋于单一，制约着视野拓展与多元化交流。为了解决上述难题，社交平台需加大技术研发的投入。不断对算法进行优化，提升数据分析精度与效率，从而更好地实现个性化定制功能。还要十分重视对用户隐私的保护。构建完善的数据安全管理体系，利用加密技术保障用户数据的存储与传输安全，并明确数据的使用规则，保障了用户信息的安全性。为了解决信息茧房的难题，该平台在个性化推荐的基础上，适当地融合一些多元化的内容，引导用户接触对不同方面的信息。比如向科技爱好者推荐科技资讯的同时，也适时推送一些与文化艺术有关的内容以拓宽用户的眼界。用户本身要保持开放的态度，积极地在不同的领域中进行探索，切忌自我封闭。

三、便捷性追求的高效社交

在社交媒体日益兴盛的今天，用户越来越追求便捷性，这种倾向深刻影响了社交行为并推动了高效社交的发展。便捷性不仅仅体现为信息传递速度快，还渗透到社交活动中的每一个环节，无论是沟通交流还是人脉拓展都朝着效率更高的方向迈进。从交流方式来看，即时通信工具不断更新换代，以满足用户方便、高效交流的需求。人们不再依赖传统的短信和电话进行沟通，各种社交软件的即时通信功能成为首选。以微信为例，语音消息、视频通话等功能使用户可以在任何时间、任何地点与人交流。不管是上下班途中还是繁忙的工作间隙，只要掏出手机就可以很方便地和亲朋好友聊天。语音转文字的功能更进一步提升沟通效率，使用者不需要手动输入文字即可迅速把语音内容转成文字发出，特别是在语音交流不便的情况下，该功能格外实用。除此之外，某些社交应用还新增了智能回复功能，能够根据用户的聊天内容自动生成合适的回复选项，用户只需简单点击，就能迅速做出回应，这极大地节省了用户的时间和精力。便捷性的追求同时也使社交活动组织方式发生了变化，以往举办一个派对或者活动都要花很多时间与精力去做线下的交流与协调。而如今社交媒体平台为活动组织提供方便。以活动策划平台为例，用户可创建一个活动页面，对活动的时间、地点和内容进行详细描述，通过社交媒体与好友分享。受邀者可通过活动页面直接答复确认参与。该平台也可以实现参与人数的自动统计，便于组织者的后续安排。与此同时，部分社交软件支持在线表决功能，主办方可发起让参与者共同决定活动的具体情况，比如聚餐地点和活动主题，从而提升决策效率。这一便利的活动组织方式使社交活动策划与参与变得更加轻松高效，也吸引着越来越多的人参与到活动中来。在人脉拓展上，对便捷性的追求使社交网络边界越来越宽，在社交媒体平台的帮助下，用户能够很容易结识到不同地区、不同职业的人。比如在领英这样的职业社交平台中，用户通过搜索关键词和加入行业群组就能迅速发现潜在人脉资源。平台将基于用户个人资料及行为数据向用户推荐潜在熟人或者相关专业人员。用户只要点击即可发出好友申请建立联系。这一便利的人脉拓展方式，打破了传统社交在地域、行业等方面的局限，给用户带来更多的发展机遇。在某些兴趣社交平台中，用户还可以通过寻找自己感兴趣的主题或者群组来寻找志趣相投的朋友，一起交流兴趣和爱好，扩大社交圈子。然而，对便捷性的追求所带来的高效社交同样面临着一定的挑战。一方面，信息过载现象越来越严重。由于社交媒体平台上信息传递的高度便捷性，海量的信息像潮水一样涌入，导致用户常常难以筛选出具有实用价值的信息。比如微博用户关注的博主较多，每天都有很多推文被接收，其中有些推文质量不高，重复较多，这样既浪费用户时间，也会影响到用户获取重要资讯。反之，线上社交便捷性也会使线下社交能力退化。人与人之间过多地依赖线上沟通而减少了面对面的交流机会，这在某种程度上可能影响到人际交往对情绪的表达与理解。另一方面，虚假信息、网络诈骗等现象频发，借助社交平台便捷性，不法分子有可能发布虚假信息骗取用户信任，使其蒙受损失。为解决上述难题，使用者需提升信息筛选能力。学习使用社交平台搜索、筛选等功能，留意可靠的信息来源，减少无效信息干扰。还要重视线下社交活动，维持并促进面对面交流。对于社交媒体平台，应加强内容的审核与管理，构建完善的信息筛选系统，以避免虚假信息的传播。另外，平台也可引入一些线下活动来推动用户进行线下沟通，增强社交关系的真实性与稳定性。

四、社交倦怠的应对策略

在社交媒体日益成为人们日常生活核心的当下，社交疲劳的问题也变得越来越明显。它不只是对用户的社交互动产生了影响，还对心理健康和人与人之间的关系产生负面影响。为了有效地解决社交疲劳问题，我们需要从多个维度出发，寻找切实可行的解决策略。当我们从用户的视角出发，首要任务是调整社交心态。很多人在社交媒体上过分关注他人生活，把自己和他人做比较，这导致了他们的焦虑和疲惫。用户需要树立正确的价值观，意识到每个人的生活轨迹都是不同的，社交媒体展示的通常只是生活的片段，而不是全部。举例来说，当你看到他人在社交媒体上频繁分享旅游照片和美食体验时，不应盲目羡慕或自卑，而应聚焦自己生活中的每一个美好瞬间，关注自己的成长和进步。与此同时，用户需要学习合理管理自己的社交时间和精力。制订合适的社交媒体使用计划，以防止长时间沉溺其中。用户可以设定每天浏览媒体的固定时间，例如早晨醒来后和晚上入睡前各半小时，而在其他时间则专注于工作、学习或日常生活中的人际关系。这种做法不仅可以满足人们的社交需求，还可以避免过度消耗精力。为了有效地应对社交疲劳，优化社交环境是关键，用户需要清除不必要的社交联系，并对那些长时间缺乏深入交往、可能带来负面情绪的朋友进行清理。比如在微信平台上，可以删除一些从未互动或频繁发布不良信息的联系人。此外，还可以主动寻找并加入与自己有相同兴趣和爱好的社交团体，这类团体使得交流更为深入和有意义，为用户带来了社交的愉悦体验。例如，对于那些热爱阅读的人来说，可以参与读书俱乐部的群组，与其他的书友分享读书经验、推荐好书，并在互动中获取新的知识和灵感，从而增强社交的满意度。在应对社交疲劳的问题上，社交平台也肩负着重要责任。平台需要对内容推荐的算法进行优化，以防止信息过载。通过对用户行为数据进行深入分析，平台能够准确地推送与用户兴趣相符且具有高品质的信息。举个例子，抖音平台能够依据用户的点赞、评论和观看时长等数据，筛选出真正满足用户期望的视频内容，从而减少低质量和重复内容的推送。此外，平台需对不良信息进行严格管理，并为用户营造一个健康的社交氛围。平台应对用户发布的内容进行严格的审查，并对虚假、恶意或低俗的信息进行及时处理，以确保不会给用户造成负面影响。除此之外，平台还可推出一系列旨在加强线下社交互动的功能和活动。例如，可以组织同城兴趣小组的线下聚会，这样可以为用户提供面对面交流的机会，从而增强社交关系的真实性和稳定性，减轻线上社交带来的疲劳。从更广泛的社会视角出发，我们应当重视并加强社交教育。教育机构和家庭应当注重培养青少年的正确社交观念和能力。学校可开设相关课程，指导学生如何在社交平台上进行健康互动，如何鉴别信息的真实性，以及在社交活动中如何应对人际关系的挑战。在家庭环境中，家长应当身体力行，指导孩子合理使用社交媒体，密切关注孩子的社交状况，并及时给予适当的指导。与此同时，社会各界都可以组织各式各样的线下社交活动，鼓励人们走出虚拟的社交环境，积极参与现实生活中的各种社交互动。例如，社区举办的文化节和志愿者活动等，都为大众提供了一个面对面的交流和互动的场所，这不仅丰富了社交经验，还有助于减少对社交媒体的过度依赖。除此之外，心理健康机构可以发挥积极作用。提供专门针对社交倦怠问题的心理咨询服务，旨在帮助用户更深入地了解自己的情感和心理状况，并找出有效应对社交倦怠的方法。心理咨询师有能力通过与用户深度交流，来探究社交倦怠产生的各种因素，例如是否有社交焦虑或对社交媒体的过度依赖等问题，并据此提供有针对性的心理咨询和建议。

第四节　行业规范与治理

一、平台责任的明确界定

在社交媒体日益兴盛的今天，厘清平台责任对规范产业发展和保持良好社交生态具有重要意义。社交媒体平台是信息传播、社交互动等活动的关键媒介，肩负着诸多职责，对这些职责进行清晰界定，有利于维护用户权益、推动社交媒体及人际关系良性发展。平台的主要职责是对内容的监督，社交媒体中的信息数量大，传播速度快，虚假信息和不良内容很容易泛滥，造成不良的影响。平台有责任建立一套完整的内容审核机制并投入人力和技术资源来全面筛查用户所发布的各类内容。平台对虚假新闻要运用先进算法对关键词、信息来源和传播路径进行分析，迅速识别并标注。当发现虚假新闻时，应立即对它的传播范围加以限制，以避免更多的用户受到误导。与此同时，对暴力、色情和恐怖主义等不良内容，各平台一定要坚决删除，从源头上杜绝这类信息扩散。比如平台监测到某个用户发布暴力血腥的视频时，要第一时间删除该视频，同时依据平台规则给予发布者警告或封号的惩罚，从而起到警示的作用。另外，平台需要关注内容合规性问题，以保证所发布内容都符合法律法规和社会道德规范。从用户权益维护的角度来看，平台的责任是重大的。一方面，平台应保障用户言论自由权利，但并不意味着对不正当言论听之任之。平台要在保证用户正常表达意见的前提下，防止用户利用平台进行恶意攻击和诽谤。在发生网络暴力事件等用户间争议时需要平台进行快速干预。通过考察事件真相，按照平台规则处罚网络暴力实施用户，比如限制用户账号功能，发出警告乃至永久封禁等。同时平台应向受到侵害的用户提供一个有效的申诉与投诉渠道，以保障用户合法权益能及时得到维护。另一方面，平台要保护用户的隐私安全。用户信息采集必须遵循合法、正当、必要等原则，清楚地告知用户采集目的、途径及使用情况，并且得到其明确同意。平台应使用先进加密技术来存储并发送用户数据，以避免数据泄露。一旦发生数据泄露，平台要及时通知受影响用户并采取帮助用户认证和修改密码等积极措施减少损失。平台自身安全保障同样是它的重要职责，平台需要保证自身系统稳定安全，避免由于技术故障或者受到攻击等造成业务中断或者用户信息外泄。平台应投入充足的技术力量对系统进行定期维护与升级，并加强网络安全防护以防止黑客攻击和恶意软件入侵对安全造成威胁。如通过建立防火墙，入侵检测系统来实时监控并防御外部攻击。同时平台应建立应急响应的机制，在发生安全事故时能快速采取应对措施，将损失降到最低。另外平台需要注意交易安全问题。对涉及电商交易和虚拟货币交易的平台应制定严格交易规则及安全保障机制，保障用户交易资金安全，杜绝诈骗等不法行为。平台应该肩负起社会责任，主动传播正能量、引领正确价值观。平台可通过推荐优质内容和组织主题活动来激励用户分享正面健康资讯。比如推出"分享正能量的故事"活动，将用户投稿的正能量十足的故事筛选出来并推荐到平台显著位置上，从而激励更多的用户传递正能量。同时平台应关注社会热点，当重大事件发生时及时发布权威信息以引导用户合理看待，以免因不实信息造成社会恐慌。

二、法律法规的完善健全

在社交媒体行业快速发展的今天，健全和完善法律法规对实现行业规范和治理具有重要的意义。以社交媒体为核心平台的信息传播及社交互动具有业务复杂、用户广泛及信息传播快速等特点，需要有相应的法律体系对其进行规制及指导。健全的法规首先要注重内容管理，社交媒体信息庞大而繁杂，虚假信息和不良内容恣意泛滥，容易引发社会问题。法律应当明确平台在内容审核中的职责和义务，并要求其构建高效、严谨的审核机制。对虚假新闻，法律可以规定，如果平台不能及时认定和制约虚假新闻的传播则需要承担法律责任。与此同时，对暴力、色情、恐怖主义等不良行为，法律应当明令禁止这类行为进入社交媒体平台，并对发布者及不履行监管职责者予以严惩。如果平台中存在大量暴力色情内容而没有得到及时处理，有关部门可以根据法律规定给予该平台高额的罚款和责令限期整改的处罚。另外，法律还应当对内容传播范围和途径加以规范，以避免不良信息迅速传播。就用户权益保护而言，完善法律法规是重中之重。在用户隐私保护问题上，法律应当厘清社交媒体平台对用户信息进行采集、利用与储存的规则与界限。平台须遵循合法、正当和必要原则采集资料，并取得用户的明确同意。如平台违规、私自泄露用户信息要承担民事赔偿责任，情节严重者需追究刑事责任。如果某一平台向第三方销售用户个人信息，造成用户被骗遭受损失，该平台就需要向用户提供补偿，同时也要面对法律的严厉制裁。关于言论自由，法律应确保用户能够合法合规自由表达意见，但不允许用户使用社交媒体进行恶意攻击、诋毁和造谣。在发生这种情况时，受害人可以根据法律对侵权者进行追责，而平台则应当配合调查并提供所需证据。网络安全在社交媒体的发展过程中不容忽视，健全法律法规要强化网络安全保障。法律应当要求社交媒体平台在确保系统稳定与安全的前提下，采取必要技术措施与管理措施以防止黑客攻击和恶意软件入侵。如平台须建立防火墙、入侵检测系统及其他安全防护设施并定期对系统进行安全评估及漏洞修复。如果平台由于安全措施问题而造成用户信息外泄或者服务中断等情况发生，则要承担法律责任。与此同时，对利用社交媒体平台实施网络诈骗和网络盗窃的犯罪行为，法律应当明确定罪量刑的标准，并加强打击力度，以保障网络安全秩序。随着社交媒体对经济活动影响越来越大，法律法规也需要规范社交媒体平台的商业活动。对涉及电商交易、广告推广和虚拟货币交易的商业行为，法律应当作出详细规定。比如电商交易时，应明确平台审核商户的职责，以维护消费者合法权益。如果商家将假冒伪劣商品拿到平台出售，则该平台需要承担连带责任。就广告推广而言，法律应当对其形式及内容真实性加以规范，严禁虚假广告传播。对虚拟货币交易，考虑到它的高风险性以及金融监管的需要，法律应当明令禁止或者严厉限制以避免投资者的损失。为保证法律法规得到有效执行，还要加大执法力度，提高监管能力。相关部门要有专业执法人员，不断提升执法人员技术水平与法律素养，以满足社交媒体行业飞速发展的需求。同时构建跨部门协同监管机制以增强各部门间信息共享与协作，提升监管效率。比如网信部门、公安部门和市场监管部门要加强合作，联合打击社交媒体领域的违法犯罪行为。此外，鼓励公众积极参与监督工作，设立奖励举报机制，以增强公众在社交媒体管理中的参与热情。

三、行业自律的规范引导

在社交媒体行业发展过程中，规范引导行业自律对实现高效的行业规范和治理起着无可取代的作用。尽管法律法规是保障行业健康发展的坚实后盾，但行业自律能够从内部激发社交媒体平台的主动性和责任感，形成更为灵活且贴合行业实际的规范体系。社交媒体行业应该主动制定全面而详细的自律规范，涵盖内容管理、用户权益保护和数据安全几个关键领域。从内容管理上看，自律准则要比法律要求更严格规范平台审核各种资料的标准。比如，在严禁法律明文规定的虚假信息、暴力色情和恐怖主义等不良行为的同时，还可以限制某些会引起社会争议和宣扬负面价值观的行为。平台可在内部设置内容评级制度并按内容性质和影响范围分级。对低质量，低价值但不违规的内容可以通过减少其曝光度和限制传播范围来处理。就用户权益保护而言，自律准则可以对用户隐私保护具体措施进一步细化。比如，平台获取用户敏感信息时，既需要得到用户明确的同意，又需要向其详细说明信息使用模式及可能存在的风险，保证用户做出明智的决策。社交媒体平台要加强内部管理机制，保证自律准则得到有效落实。其中包括组建专业审核团队实时监控并审核平台中内容。审核团队成员要受过严格培训，有较好的法律素养、道德判断能力和敏锐的社交媒体内容洞察力。同时平台应健全内部监督体系，定期检查、考核审核过程，杜绝审核漏洞或者权力滥用现象。如成立内部监督小组、定期抽查审查记录、纠正并惩处审查不严或者违规操作的行为。另外，平台还应加强员工职业道德教育，让每位员工深刻意识到保持平台健康生态、自觉践行自律准则的重要性。对行业自律进行规范引导也表现为促进社交媒体平台间的沟通和协作，并通过成立行业协会或者相关机构等方式实现平台间的经验共享和最佳实践交流，共同应对行业面临的各种挑战。比如定期召开行业研讨会，请各个平台代表一起讨论优化内容审核算法，改善用户体验，强化数据安全保护等问题。在这些交流活动中，各平台之间能够互相借鉴成功经验，避免重复犯错。同时行业协会可发挥协调作用，在平台间发生争议或者冲突时通过协商、调解等形式来解决问题，保障产业整体利益。另外，行业协会也可与政府部门和社会组织开展交流与协作，对行业需求及存在问题进行及时反馈，为制定合理政策和法规制定提供借鉴。行业自律应以教育引导用户为主，社交媒体平台可通过各种途径向用户宣传网络安全知识、法律法规及正确社交行为规范等。例如，在某平台上，有一个专为教育设计的板块，发布了关于维护个人隐私、识别不实信息以及文明上网等主题的文章和视频。同时采用推送通知和弹窗提醒两种方式将重要安全提示及行为准则传达给用户。另外，平台还可通过线上、线下宣传活动，提高用户参与度与关注度。通过这些教育引导措施培养用户的自律意识与责任感，让用户在社交媒体的使用过程中能自觉地遵守相关法规，共同创造一个良性的网络环境。社交媒体行业在自律方面也遇到了一定挑战。一方面某些平台可能因商业利益不严格执行自律准则而存在侥幸心理；另一方面在社交媒体技术持续创新、业务模式不断转变的背景下，自律准则也需及时更新与调整以应对新形势。为解决上述难题，行业协会要强化平台监督与评价，揭露并处罚那些不符合自律准则要求的行为。同时行业协会要建立灵活多样的准则更新机制，及时追踪行业动态，结合实际情况修订完善自律准则。

四、社会监督的有效实施

在社交媒体行业的规范和治理体系中，有效地执行社会监督是必不可少的一环。它具有弥补法律和行业自律不足的能力，能够在社会的多个层面上形成强大的监督力量，保障社交媒体行业能够健康、有序地发展，并维护良好的社交生态环境。作为社交媒体主要用户的大众，其监督力量不容小觑。

为了让公众有效地进行监督，首要任务是搭建一个既方便又用户友好的举报平台。各大社交媒体平台要将举报入口设在醒目位置，简化举报流程并保障用户快速准确提交举报信息。比如当用户浏览内容的时候发现了虚假新闻和不良信息，只要点击举报按钮选择举报类型并对问题进行简单的说明就可以完成举报。同时平台应对举报信息及时作出处理与反馈。成立举报处理专业队伍，在规定期限内核查举报内容。一经查实，应立即采取删除不良内容和封禁违规账号的措施，并向举报人反馈处理情况。这样既可以使大众感知到监督行为的有效性，又可以激发他们参与监督的热情。另外还可通过网络素养教育活动来增强大众辨别能力与监督意识。学校和社区等可举办网络安全教育讲座教市民如何分辨虚假信息，识别网络诈骗和保护个人隐私，让市民在日常便用社交媒体时能积极发现和反映问题。媒体在社会监督方面有着得天独厚的优势，无论是传统媒体还是新媒体都应该利用自身优势揭露并监管社交媒体行业存在的不良问题。媒体可通过深入的调查报道曝光社交媒体平台的内容管理漏洞和数据安全隐患。如果某个社交媒体平台上发生了大规模用户数据泄露，那么媒体就可以详细地报道该事件发生的过程、起因、影响等，从而吸引社会的广泛关注。同时媒体还应宣传和推广业内优秀事例，发挥积极的示范作用。例如，报道某平台在内容审核和用户权益保护方面的成功案例，为其他平台提供参考。另外，媒体还可通过设置评论专栏、组织线上探讨等形式引导大众参与社交媒体行业的探讨与监管，营造良好舆论氛围。社会组织同样可以对社交媒体进行监督，互联网专业行业协会和消费者权益保护组织都可通过制定行业标准、开展自律检查等方式监管社交媒体平台。如互联网行业协会可定期开展社交媒体平台内容管理和隐私政策评估工作，出具评估报告并对业绩突出的平台给予奖励，对有问题的平台提出整改意见。消费者权益保护组织有权针对社交媒体平台侵犯用户权益的行为，代表用户与平台进行沟通和协商，以维护用户的合法权益。另外，社会组织可组织志愿者开展活动，在社交媒体平台上开展日常检查，及时发现存在的问题并向有关部门、平台反馈。为确保社会监督得到有效落实，必须建立和完善监督协调机制。政府相关部门要加强同公众、媒体和社会组织等各方面的交流合作，形成监管合力。比如网信部门可定期召开社会监督座谈会等，听取各方面意见和建议，掌握社交媒体行业发展过程中出现的各种问题。同时，搭建信息共享平台使监督信息互通，公众、媒体、社会组织查找到的问题能及时上传到平台，政府部门等监督主体能实时获取信息并协同监督。另外，对在社会监督工作中有突出成绩的个人或单位，也要予以适当奖励、表彰，以鼓励更多力量加入社会监督行列。

参考文献

［1］韩聪聪. 新媒体时代社交媒体对人际关系的数字重塑与多维影响［J］. 现代交际，2019（22）：152-153，151.

［2］彭兰. 网络传播概论［M］. 北京：中国人民大学出版社，2017.

［3］陈力丹. 新媒体概论［M］. 北京：中国人民大学出版社，2013.

［4］匡文波. 新媒体概论［M］. 北京：中国人民大学出版社，2019.

［5］谢新洲. 媒介经营与管理［M］. 北京：北京大学出版社，2011.

［6］周葆华. 新媒体与社会变迁［M］. 上海：复旦大学出版社，2018.

［7］丁未. 社会传播视野下的新媒体素养教育［J］. 现代传播，2013，35（7）：114-119.

［8］李彪. 网络舆情：内容与管理［M］. 北京：中国人民大学出版社，2018.

［9］喻国明. 网络新媒体导论［M］. 北京：人民邮电出版社，2015.

［10］胡泳. 众声喧哗：网络时代的个人表达与公共讨论［M］. 桂林：广西师范大学出版社，2008.

［11］黄少华. 网络空间的社会行为：青少年网络行为研究［M］. 北京：人民出版社，2008.

［12］曹晋，张楠华. 新媒体、社会性别与赋权：新技术与女性主义研究［J］. 妇女研究论丛，2015（1）：5-16.

［13］王斌. 新媒体技术与网络人际关系重构［J］. 当代传播，2017（4）：80-82.

[14] 赵曙光，李鼐. 社交媒体时代人际关系的转变与影响［J］. 新闻爱好者，2018（6）：44-47.
[15] 张静. 新媒体环境下人际关系的新特点及引导策略［J］. 传媒，2016（17）：83-85.
[16] 白淑英，何明升. 基于 Cyber 空间的互动——对网络人际关系的社会学考察［J］. 自然辩证法研究，2002，18（7）：58-61.
[17] 郭玉锦，王欢. 网络社会学［M］. 北京：中国人民大学出版社，2005.
[18] 童星，罗军. 网络社会：一种新的、现实的社会存在方式［J］. 江苏社会科学，2001（5）：116-120.
[19] 李岩，曾维伦，何海涛. 新媒体概论［M］. 北京：中国传媒大学出版社，2010.
[20] 张咏华. 媒介分析：传播技术神话的解读［M］. 上海：复旦大学出版社，2002.
[21] 吴满意. 网络生存与社会控制［M］. 北京：新华出版社，2010.
[22] 崔保国. 媒介变革与社会发展［M］. 南京：南京师范大学出版社，1999.
[23] 王水雄. 结构博弈：互联网导致社会扁平化的剖析［M］. 北京：华夏出版社，2003.
[24] 杨伯溆. 全球化：起源、发展和影响［M］. 北京：人民出版社，2002.
[25] 孙玮. 微信：中国人的"在世存有"［J］. 学术月刊，2015，47（12）：5-18.
[26] 常晋芳. 网络哲学引论［M］. 广州：广东人民出版社，2005.
[27] 陈卫星. 传播的观念［M］. 北京：人民出版社，2004.
[28] 赵月枝. 传播与社会：政治经济与文化分析［M］. 北京：中国传媒大学出版社，2011.
[29] 胡正荣. 传播学总论［M］. 北京：清华大学出版社，2024.
[30] 邵培仁. 传播学［M］. 北京：高等教育出版社，2007.
[31] 张国良. 传播学原理［M］. 上海：复旦大学出版社，2009.